发明初审及法律手续

国家知识产权局专利局专利审查协作北京中心
组织编写

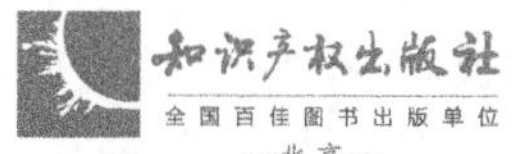

图书在版编目（CIP）数据

发明初审及法律手续450问/国家知识产权局专利局专利审查协作北京中心组织编写. —北京：知识产权出版社，2023.9

ISBN 978-7-5130-8904-3

Ⅰ. ①发… Ⅱ. ①国… Ⅲ. ①专利权法—研究—中国 Ⅳ. ①D923.424

中国国家版本馆 CIP 数据核字（2023）第 174363 号

内容提要

本书结合近年来法律政策修改及审查实践，设置了 450 个问题，对专利初审流程业务中的发明初审及法律手续相关内容进行全面详细的解答。本书分为三大部分共七章，主要介绍专利基础知识、专利申请文件、明显实质性缺陷及特殊专利申请的手续、著录项目变更、专利费用、撤回专利申请与放弃专利权及其他法律手续的基本知识、办理要求及注意事项等。

本书适合专利申请人或专利权人、专利代理师、法律工作者及科技管理人员阅读使用。

责任编辑：李海波　　**责任印制**：孙婷婷

发明初审及法律手续 450 问

FAMING CHUSHEN JI FALÜ SHOUXU 450 WEN

国家知识产权局专利局专利审查协作北京中心　组织编写

出版发行：知识产权出版社有限责任公司	网　　址：http://www.ipph.cn
电　　话：010－82004826	http://www.laichushu.com
社　　址：北京市海淀区气象路 50 号院	邮　　编：100081
责编电话：010－82000860 转 8582	责编邮箱：laichushu@cnipr.com
发行电话：010－82000860 转 8101	发行传真：010－82000893
印　　刷：北京中献拓方科技发展有限公司	经　　销：新华书店、各大网上书店及相关专业书店
开　　本：787mm×1092mm　1/16	印　　张：19.75
版　　次：2023 年 9 月第 1 版	印　　次：2023 年 9 月第 1 次印刷
字　　数：430 千字	定　　价：98.00 元

ISBN 978-7-5130-8904-3

本书编委会

前　言

党的二十大报告指出，要加快实施创新驱动发展战略。2020 年 11 月 30 日，习近平总书记在中央政治局第二十五次集体学习时强调“创新是引领发展的第一动力，保护知识产权就是保护创新”，要“全面加强知识产权保护工作，激发创新活力推动构建新发展格局”。2021 年 9 月，中共中央、国务院印发了《知识产权强国建设纲要（2021—2035 年）》；2021 年 10 月，国务院颁布了《“十四五”国家知识产权保护和运用规划》。国家正以前所未有的力度统筹推进知识产权保护工作。专利是一项重要的知识产权，专利保护工作亦非常重要。

第四次修正的《中华人民共和国专利法》（以下简称《专利法》）已于 2021 年 6 月 1 日施行，国家知识产权局近些年陆续发布了多项公告，例如，2019 年发布了关于修改《专利审查指南》的决定部分内容的第 328 号公告、2020 年发布了《关于专利、商标、集成电路布图设计受疫情影响相关期限事项的公告》（第 350 号）、2021 年发布了《关于规范申请专利行为的办法》的公告（第 411 号）、2023 年发布了《关于全面推行专利证书电子化的公告》（第 515 号）等。为了使创新主体、专利代理师及广大社会公众及时准确地理解相关法律和政策修改的内容，国家知识产权局专利局专利审查协作北京中心结合近年来的法律政策变化及审查实践精心编写了本书。本书一方面结合法律、政策变化和审查实践，解决社会公众关注的“急难愁盼”的专利初审流程问题，服务创新主体；另一方面通过规范化的流程及法律手续知识详细讲解，提高专利申请和法律手续办理质量，助力提质增效，服务和推动知识产权事业高质量发展。

本书主要介绍专利初审流程业务中发明初审及法律手续相关内容，结合近年来法律政策修改及审查实践，将社会公众普遍关注的实践中的易错、疑难问题，结合案例进行全方面详细的解答。本书分为三大部分共七章，第一部分为基础知识篇共 1 章，具体包括专利概述、专利申请审批流程及实务问题解答。第二部分为发明初审篇共 3 章，包括第二章“专利申请文件”、第三章“明显实质性缺陷”及第四章“特殊专利申请的手续”。其中，第二章主要从专利申请文件概述、发明专利请求书及相关手续、权利要求书、说明书、摘要及附图等方面详细阐述了专利申请文件的基本知识、文件填写、撰写的要求及注意事项；第三章主要从明显实质性缺陷的基本知识及实践中遇到的疑难问题进行有针对性的介绍和分析，例如，涉及区块链中虚拟货币交易或“挖矿”、涉及禁用原材料、涉嫌侵犯他人合法权益、涉及地图及涉及特殊标志图案的专利申请等；第四章主要介绍了涉及优先权、分案申请、不丧失新颖性宽限期、生物材料样品保藏、遗传资源等特殊项的专利申请的基本知识、办理手续要求及注意事项。第三部分为法律手续篇共3章，包括第五章“著录项目变更手续”、第六章“专利费用相关手续”、第七章“撤回、放弃及其他法律手续”。其中，第五章主要包括著录项目变更手续的基本知识、权利转移、权利人“更名”、连续变更、专利代理事项、联系人及其他事项、发明人的变更等内容；第六章主要介绍了专利费用的基本知识、收费减缴、退款、费用种类转换及国家知识产权局《关于专利、商标、集成电路布图设计受疫情影响相关期限事项的公告》（第350号）适用中与专利费用相关的知识；第七章主要介绍了撤回专利申请、放弃专利权及期限的延长、申请日的更正等法律手续的基本知识、办理手续要求和需要注意的问题等。

每章由一系列的问题组成，共450个问题，通过图文并茂的方式、通俗易懂的语言进行解答。对于比较复杂的专利手续，本书提供了大量的实践案例，以便于申请人实际的实务操作。

本书各章撰写分工为：第一章：第一节，李紫峰；第二节、第三节，荆杨轶。第二章：周学平。第三章：许彤彤。第四章：郭强。第五章：第一节，苏敏；第二节至第六节，肖彭娣；第七节，李紫峰。第六章：第一节，周学平；第二节至第五节，刘文静。第七章：第一节、第二节，赵晓丹；第三节，李紫峰。

由于时间仓促及水平所限，本书中难免会存在一些瑕疵，恳切希望广大读者提出宝贵的意见和建议。

目　录

第一部分　基础知识篇

第二部分　发明初审篇

第三部分　法律手续篇

第一部分
基础知识篇

第一章 专利基础知识

本章主要介绍专利的基础知识，包括专利的特点、类型、保护期限等基本知识，也包括专利申请审批流程，主要有专利申请的提交与受理、发明专利申请的初步审查、公布与实质审查、授权等重要流程环节的基础知识，还包括实务问题解答，主要对实践中出现问题较多、社会公众普遍关注的问题进行有针对性的解答，多角度全方位地阐述专利基础知识。

第一节 专利概述

一、专利的特点

1 专利权有哪些特点？

专利权有三个基本特点：独占性、时间性和地域性。

独占性是指：专利制度给予专利权人确权范围内的专有性权利，使其形成一段时间一定区域内独占性或排他性的市场优势。任何单位或个人未经专利权人许可，不得实施其专利。

时间性是指：专利权只在一定期限内有效。专利权期限届满或在期满前终止，所保护的发明创造就进入公有领域，成为全社会的共同财富，任何人都可以自由利用，而且无须付费。

地域性是指：由于专利法由各国自行立法，因此一个国家或地区授予的专利权只在本国或地区有效，对其他国家或地区没有任何法律约束力。

2 专利与知识产权是什么关系？

根据《中华人民共和国民法典》（以下简称《民法典》）第123条的规定，知识产权是权利人依法对作品、发明、实用新型、外观设计、商标、地理标志、商业秘密、集成电路布图设计、植物新品种及法律规定的其他客体享有的专有的权利。其中，权利人对发明、实用新型、外观设计享有的专有权利就是专利权。专利权是知识产权的一种，除专利权外，知识产权还包括著作权、商标权等其他权利。因此，专利与知识产权的关系，是后者包含前者的关系。

二、专利的类型

3 我国的专利包括哪些类型？

根据《专利法》第2条的规定，我国的专利包括三种类型：发明、实用新型和外观设计。

发明，是指对产品、方法或者其改进所提出的新的技术方案。

实用新型，是指对产品的形状、构造或者其结合所提出的适于实用的新的技术方案。

外观设计，是指对产品的整体或者局部的形状、图案或者其结合以及色彩与形状、图案的结合所作出的富有美感并适于工业应用的新设计。

三者之间的区别与联系见表1-1。

表1-1 三种类型专利的区别与联系

项目	发明	实用新型	外观设计
保护客体	产品、方法或者其改进	产品的形状、构造或者其结合	产品的整体或者局部的形状、图案或者其结合 色彩与形状、图案的结合
保护期限	20年	10年	15年
审查方式	初步审查+实质审查	初步审查	初步审查
授权要求	相对较高	相对较低	相对较低
审查周期	相对较长	相对较短	相对较短
缴纳费用①	申请费900元 实质审查费2500元	申请费500元	申请费500元

注：①此处仅列出申请费及实质审查费的比较，其他费用参见本书第六章第一节问题345的相关内容。

4 发明和实用新型有什么区别？

发明和实用新型都是保护技术方案的专利，其有一定区别：

保护客体不同。发明保护产品、方法或者其改进，而实用新型仅保护产品的形状、构造或者其结合，由此可见，发明的保护客体范围比实用新型大，可以申请实用新型的，必然可申请发明，而可以申请发明的，未必能申请实用新型。

提交文件不同。有的发明可以不提交说明书附图，即附图不是必须提交的文件；而实用新型则必须提交说明书附图。

审查制度不同。发明实行初步审查+实质审查制，即发明专利申请须经初审、实审后才可获得授权。而实用新型实行初步审查制，即经过初步审查后即可获得授权，其稳定性如何，可通过专利权评价报告来体现。

审查标准不同。具体而言，在创造性评判中两者有所区别。《专利法》第 22 条规定，授予专利权的发明和实用新型，应当具备新颖性、创造性和实用性。对于新颖性和实用性而言，两者评判标准一致；而对于创造性而言，发明须具有突出的实质性特点和显著的进步，实用新型仅须具有实质性特点和进步，即实用新型专利创造性的标准低于发明专利创造性的标准。从现有技术领域来看，对于发明专利而言，不仅要考虑该发明专利所属的技术领域，还要考虑其相近或者相关的技术领域；对于实用新型专利而言，一般着重考虑该实用新型专利所属的技术领域。从现有技术数量来看，对于发明专利而言，可以引用一项、两项或者多项现有技术评价其创造性；对于实用新型专利而言，一般情况下可以引用一项或者两项现有技术评价其创造性。

专利稳定性不同。由于实用新型未经过实质审查，故一般情况下，实用新型较发明的稳定性差。但是对于相同技术方案的实用新型而言，因评价其创造性的要求较高，如限定相同技术领域且限定两项以下现有技术等，故实用新型不容易被无效，呈现较强的稳定性。

审查周期不同。相比发明，实用新型审查周期短，授权快。

保护期限不同。发明专利保护期限 20 年，而实用新型专利保护期限为 10 年。

缴纳费用不同。具体参见问题 3 的表 1-1 中的缴纳费用。

5 如何通过专利号来辨别专利类型？

现行专利号一般包括 12 位数字编号和 1 位校验位，校验位为数字或字母 X。

其中，前 12 位数字编号的编制规则为：前四位为申请年份，第五位为申请类型位，如 1 表示发明，2 表示实用新型，3 表示外观设计，8 表示进入中国国家阶段的 PCT 发明，9 表示进入中国国家阶段的 PCT 实用新型。

三、实务问题解答

6 专利的保护期限是多少年？

根据《专利法》第42条的规定，发明专利权的期限为20年，实用新型专利权的期限为10年，外观设计专利权的期限为15年，均自申请日起计算。

该条同时规定了专利权期限补偿，自发明专利申请日起满4年，且自实质审查请求之日起满3年后授予发明专利权的，国务院专利行政部门应专利权人的请求，就发明专利在授权过程中的不合理延迟给予专利权期限补偿，但由申请人引起的不合理延迟除外。

该条还规定了药品专利权期限补偿，为补偿新药上市审评审批占用的时间，对在中国获得上市许可的新药相关发明专利，国务院专利行政部门应专利权人的请求给予专利权期限补偿。补偿期限不超过5年，新药批准上市后总有效专利权期限不超过14年。

7 专利的有效期是从申请日起计算的吗？

根据《专利法》第42条的规定，专利权的期限均自申请日起计算。根据《专利法》第39条和第40条的规定，专利权自公告之日起生效。

因此，专利的保护期限自申请日起算，但是专利权自公告之日起生效。

8 什么是有效专利？

有效专利是指专利申请被授权后仍处于专利权维持状态的专利，即该专利既未因未缴纳专利年费而终止，也未被国家知识产权局专利局复审和无效审理部宣告无效，且未超过专利保护期。国家知识产权局按期发布有效专利数量。

9 如何判断一件专利是否为有效专利？

可以直接从中国及多国专利审查信息查询系统（https://cpquery.cponline.cnipa.gov.cn）进行查询，查询办法详见本章第三节问题47。如专利状态为专利权维持状态，则专利有效。

此外，根据《中华人民共和国专利法实施细则》（以下简称《专利法实施细则》）第89条的规定，国务院专利行政部门设置专利登记簿，登记与专利申请和专利权有关的事项，包括专利权的授予、终止等法律状态。根据规定，专利权授予之后，专利的法律状态的变更以专利登记簿上记载的法律状态为准。

《专利法实施细则》第118条规定，经国务院专利行政部门同意，任何人均可以查阅或者复制已经公布或者公告的专利申请的案卷和专利登记簿，并可以请求国务院专利行政部门出具专利登记簿副本。根据规定，专利登记簿副本依据专利登记簿制作，请求出具专利登记簿副本的，应当提交办理文件副本请求书并缴纳相关费用。

由此可见，通过查询或复制专利登记簿也可以准确获得专利是否为有效专利的信息。

第二节　专利申请审批流程

一、审批流程概述

10 专利申请的主要审批流程是什么？

发明专利申请的审批程序主要包括受理、初步审查、公布、实质审查及授权五个阶段。实用新型或者外观设计专利申请的审批程序主要包括受理、初步审查和授权三个阶段，如图 1-1 所示。

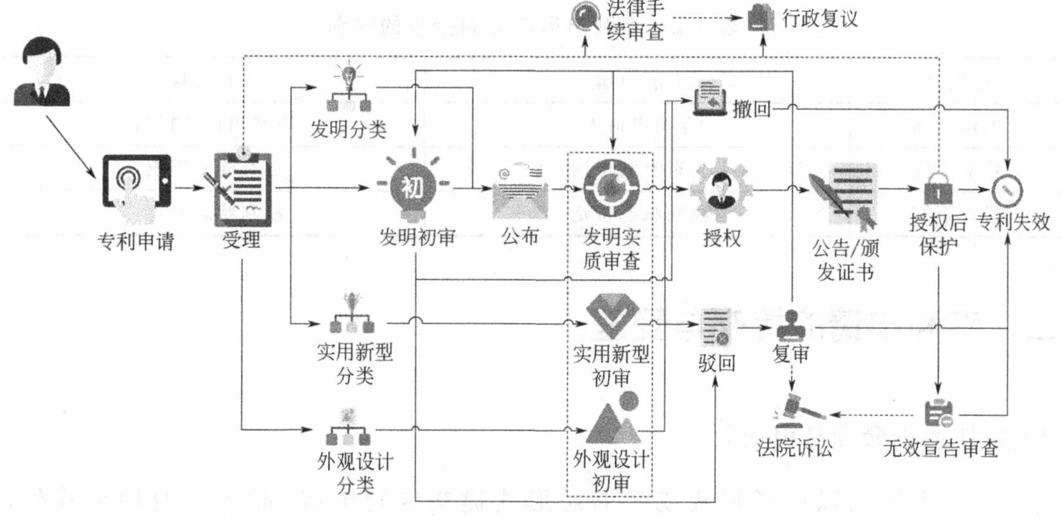

图 1-1　专利申请流程[1]

11 如何启动专利审批程序？

首先，要向国家知识产权局提交专利申请文件，可以通过电子申请、当面提交或邮寄的方式向国家知识产权局递交。电子申请可通过专利业务办理系统（https://cponline.cnipa.gov.cn）提交；当面提交可通过国家知识产权局知识产权业务受理大厅、各地方知识产权综合业务受理窗口（专利代办处）提交。[2]递交成功后会获得带有申请号的专利受理通知书。

其次，还要根据缴纳申请费通知书通过网上缴费、当面缴纳或者银行、邮局

[1] 详见国家知识产权局专利业务办理系统 https://cponline.cnipa.gov.cn。
[2] 国家知识产权局于 2023 年 2 月发布的《知识产权政务服务事项办事指南》。

汇款向国家知识产权局缴费，缴纳申请费通知书上有具体的缴费方式说明，也有需要缴纳的费用。如果在提交申请后2个月内，没有缴纳申请费，该申请将视为撤回。关于费用的详细解答参见本书第六章专利费用相关内容。

12 专利申请与专利授权的区别？

专利申请，是指按照要求向国家知识产权局递交申请文件，要求专利管理部门对其技术进行审查，以获得授权保护。国家知识产权局对申请文件进行形式审查或者实质审查，判断申请文件所记载的技术是否符合授予专利权的条件。如果符合，则予以授权，如果不符合，则不予授权。

专利授权，是指专利申请经过审查没有发现驳回理由的，由国家知识产权局作出授予专利权的决定。专利授权首先要由申请人向国家知识产权局提出申请，经国家知识产权局审查，没有发现驳回理由的，则国家知识产权局作出授予专利权的决定，发给专利证书，同时予以登记和公告。[1]

专利申请与专利授权的区别见表1-2。

表1-2 专利申请与专利授权的区别

区别点	专利申请	专利授权
主体不同	专利申请人	国家知识产权局
环节不同	先有专利申请	后有专利授权
状态不同	权利状态待定	权利状态确定

二、专利申请的提交与受理

13 如何提交专利申请？

申请人应当以电子形式或者书面形式提交专利申请。除了这两种形式外，以口头、电话、实物、电子邮件、传真等形式办理的文件，均不产生法律效力。

（1）以电子形式申请专利的，应当通过专利业务办理系统以电子文件形式提交相关专利申请文件及手续，提交文件的格式应符合《电子申请文件格式要求说明》和《关于外观设计专利电子申请提交规范注意事项》的相关要求。[2]

（2）以书面形式申请专利的，可以当面提交申请文件至国家知识产权局专利局业务受理大厅、专利局各代办处受理窗口，或将申请文件邮寄到专利局受理处、专利局各代办处。[3]

目前，国家知识产权局在北京、沈阳、济南、长沙、成都、南京、上海、广

[1] 尹新天. 中国专利法详解［M］. 北京：知识产权出版社，2012：333.
[2] 国家知识产权局《专利申请受理和审批办事指南》（2021-06）：8.
[3] 国家知识产权局《专利申请受理和审批办事指南》（2021-06）：8.

州、西安、武汉、郑州、天津、石家庄、哈尔滨、长春、昆明、贵阳、杭州、重庆、深圳、福州、南宁、乌鲁木齐、南昌、银川、合肥、苏州、海口、兰州、太原等城市都设立有代办处。查询国家知识产权局代办处信息可登录国家知识产权局网官方站 http://www.cnipa.gov.cn。

14 什么是专利电子申请？

专利电子申请，是指以互联网为传输媒介，将专利申请文件以电子文件形式向国家知识产权局提出的专利申请。申请人可通过专利业务办理系统向国家知识产权局提交专利申请和中间文件。目前，已经有99%的专利申请采用电子申请方式提交。

15 专利电子申请有什么优点？

与书面形式提交的专利申请（即纸件申请）相比，电子申请最大的优势在于时效性和便捷性。申请人可以在最短的时间内获得申请日、申请号、受理通知书等相关信息。同时，无须申请人携带专利申请文件到国家知识产权局受理处或各地方代办处。此外，电子申请可以避免申请人或专利权人未及时收到国家知识产权局发出的通知书等情形（表 1-3）。

表 1-3　电子申请与纸件申请对比

类型	文件形式	提交形式	提交途径	优点
电子申请	电子形式	网络传递	通过专利业务办理系统提交	方便快捷，节约邮寄成本
纸件申请	纸件形式	纸质实物	向国家知识产权局受理处或代办处面交或邮寄	稳定

16 提交电子申请的注意事项有哪些？

首先，根据《关于专利电子申请的规定》（国家知识产权局令第 57 号）第 5 条的规定，申请专利的发明创造涉及国家安全或者重大利益需要保密的，应当以纸件形式提出专利申请。

其次，提交电子申请文件或者材料的，应当遵守规定的文件格式、数据标准、操作规范和传输方式。

最后，当事人提交电子申请后，国家知识产权局不再接受以纸件形式提交文件，但是必要时可以要求当事人在指定期限内提交对应的纸件材料和实物证据等。

17 邮寄申请文件要注意什么？

（1）向国家知识产权局提交文件，应当使用国家知识产权局统一制定的表格。

（2）向国家知识产权局提交的各种文件，建议申请人留存底稿，确保申请审批过程中文件填写的一致性，并以此作为答复审查意见时的参照。

（3）申请文件是邮寄的，应当用挂号信函。无法用挂号信邮寄的，可以用特快专递邮寄，请勿用包裹邮寄申请文件。

（4）挂号信函上除写明国家知识产权局或者国家知识产权局代办处的详细地址（包括邮政编码）外，还应当标有“申请文件”及“国家知识产权局专利局受理处收”或“国家知识产权局专利局××代办处收”的字样。

（5）申请文件通过快递公司递交的，以国家知识产权局专利局受理处及国家知识产权局专利局各代办处实际收到日为申请日。

（6）一封挂号信内应当只装同一件申请的申请文件或其他文件。邮寄时，应当请邮局工作人员盖清邮戳日，并应妥善保管好挂号收据存根。

18 专利申请被受理需要满足哪些条件？

专利申请被受理需要满足以下条件：

（1）申请人要具备申请资格。

一般情况下，申请人可以是自然人、法人或其他组织。

（2）申请人信息要明确。

申请人应当在请求书中写明申请人的信息，包括申请人姓名或名称、地址和组织机构代码等。

（3）专利申请的类型要明确。

申请人要明确专利申请的类别是发明、实用新型还是外观设计。

需要注意的是，对于提交分案申请的，应当保证分案申请的申请类别与原案相同。

（4）申请文件要齐全。

发明专利申请的申请文件中至少应当包含请求书、说明书及权利要求书；实用新型专利申请的申请文件中至少应当包含请求书、说明书、权利要求书和说明书附图；外观设计专利申请的申请文件中至少应当包含请求书、图片或者照片和简要说明。

关于专利申请文件的详细介绍，请见本书第二章的内容。国家知识产权局受理处或国家知识产权局代办处收到专利申请后，对符合受理条件的申请，将确定申请日，给予申请号，发出受理通知书；不符合受理条件的，将发出不受理通知书。

19 收到受理通知书后应当核实什么？

申请人收到受理通知书后，应当认真核对通知书中的信息，对通知书中的信息有异议的，应当及时向国家知识产权局提交意见陈述书。申请人或专利权人的地址有变动的，应当及时向国家知识产权局提出著录项目变更请求；如果申请人与专利代理机构解除或更换专利代理机构，也应当及时向国家知识产权局办理著录项目变更手续。关于著录项目变更，详见本书第五章相关内容。

20 申请日的作用和意义？

申请日在法律上具有十分重要的意义。从实体角度而言，根据《专利法》第9条第2款的规定，两个以上的申请人分别就同样的发明创造申请专利的，专利权授予最先申请的人。而且申请日是专利申请与现有技术区分的时间节点，影响对发明创造是否具备新颖性、创造性的判断。从程序角度而言，申请日是确定一些法定期限和指定期限的起始日期。例如，申请日是专利权保护期限的起算日，是确定所需缴纳专利年费数额的依据等。[1]

21 如何确定申请日？

根据电子申请与纸件申请提交方式的不同，申请日的确定方式见表1-4。

表1-4 申请日的确定方式一览表[2]

<table>
<tr><th>申请文件递交方式</th><th colspan="2">申请日的确定</th></tr>
<tr><td>电子</td><td colspan="2">以提交符合要求的电子申请文件之日为申请日</td></tr>
<tr><td rowspan="3">面交</td><td colspan="2">以国家知识产权局受理处或各代办处的实际收到之日为申请日</td></tr>
<tr><td rowspan="2">邮局邮寄（挂号信等）</td><td>邮戳清晰的，以邮件的交寄日，即邮戳日为申请日</td></tr>
<tr><td>邮戳不清晰的，以国家知识产权局实际收到日为申请日</td></tr>
<tr><td rowspan="3">寄交</td><td rowspan="2">EMS</td><td>邮戳清晰的，以邮件的交寄日，即邮戳日为申请日</td></tr>
<tr><td>邮戳不清晰的，以国家知识产权局实际收到日为申请日</td></tr>
<tr><td>其他快递</td><td>以国家知识产权局实际收到日为申请日</td></tr>
</table>

三、发明专利申请初步审查程序

22 什么是发明专利申请的初步审查程序？

发明专利申请的初步审查程序（以下简称“初审程序”）是在受理专利申请之后，公布及进入实审程序之前的必经程序。初步审查的范围主要涉及以下几个方面：

（1）申请文件的形式审查；

（2）申请文件的明显实质性缺陷审查；

（3）其他文件和手续的形式审查，如涉及优先权、不丧失新颖性宽限期、生物材料样品保藏等特殊项的审查；

（4）部分费用及期限的审查。

---

[1] 国家知识产权局专利局专利审查协作北京中心．专利初审流程事务实用手册［M］．北京：知识产权出版社，2017：76．

[2] 国家知识产权局专利局专利审查协作北京中心．专利初审流程事务实用手册［M］．北京：知识产权出版社，2017：76．

23 初步审查的主要内容是什么？

（1）审查申请人提交的申请文件是否符合专利法及其实施细则的规定，发现存在可以补正的缺陷时，通知申请人消除缺陷，使其符合公布的条件。

（2）审查申请人提交的与专利申请有关的其他文件是否是在专利法及其实施细则规定的期限内或者国家知识产权局指定的期限内提交；期满未提交或者逾期提交的，根据情况作出申请视为撤回或者文件视为未提交的决定。

（3）审查申请人缴纳的有关费用的金额和期限是否符合专利法及其实施细则的规定，费用未缴纳或者未缴足或者逾期缴纳的，根据情况作出申请视为撤回或者请求视为未提出的决定。

（4）发现存在不可克服的缺陷时，发出审查意见通知书，指明缺陷的性质，必要时通过驳回的方式结束审查程序。

四、发明专利申请公布与实质审查

24 什么是发明专利申请公布？

发明专利申请的公布，是指国家知识产权局将发明专利申请请求书中记载的著录事项和说明书的摘要刊登在《发明专利公报》上，并将发明专利申请的说明书及其附图和权利要求书另行全文出版。国家知识产权局收到发明专利申请后，经初步审查认为符合专利法要求的，自申请日起满18个月即行公布，国家知识产权局也可以根据申请人的请求早日公布其申请。

专利申请公布前申请人撤回专利申请或专利申请被视为撤回的，申请人日后仍可以就相同主题向国家知识产权局提出专利申请。申请人撤回专利申请或专利申请被视为撤回是在专利申请公布后的，该技术进入公知技术领域。

25 什么是发明专利申请的提前公布？

如果申请人希望早日公布其发明专利申请，则可以提出相应的请求，办理相关手续，专利申请即可在初审合格后进入公布准备程序，无须等满18个月。请求提前公布是申请人在专利审批程序中享有的一项权利。

提前公开声明只适用于发明专利申请，申请人提出提前公开声明不能附有任何条件。

提前公布的有利之处：

（1）根据专利法规定，发明专利申请公布后，申请人可以要求实施其发明的单位或者个人支付适当的费用，也就是获得临时保护。

（2）对该专利进入市场、占领市场有可能起一定帮助作用。

提前公布的不利之处：

（1）过早公开申请内容，他人就可能利用该申请，有可能损害申请人的利益。

（2）申请人撤回专利申请或专利申请被视为撤回的，由于该技术已被公开，失去了再次申请的机会。

26 什么是发明专利申请实质审查程序？

相对于初步审查程序，实质审查程序的重点是对发明专利申请文件的实体内容进行审查，通过检索找到与申请的主题密切相关的对比文件，从而确定申请的主题是否应当被授予专利权，尤其是确定申请的主题是否符合专利法有关“新颖性、创造性和实用性”的要求。

根据《专利法》第 35 条的规定，发明专利申请自申请日起 3 年内，国务院专利行政部门可以根据申请人随时提出的请求，对其申请进行实质审查；申请人无正当理由逾期不请求实质审查的，该申请即被视为撤回。国务院专利行政部门认为必要的时候，可以自行对发明专利申请进行实质审查。申请人启动实质审查程序需要办理的相关手续如图 1-2 所示。

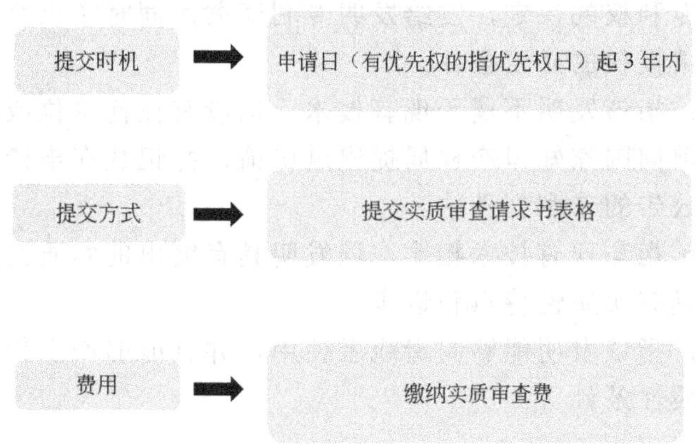

图 1-2 提出实质审查请求的手续示意[1]

27 如何确认申请已经进入实质审查程序？

进入实质审查程序的前提通常是由申请人提出实质审查请求，经审查符合规定后进入实质审查程序，由国家知识产权局发出发明专利申请“进入实质审查阶段通知书”。

如果申请人没有办妥实质审查请求手续，那么国家知识产权局则等待申请人办理实质审查请求手续；从申请日起满 3 年，申请人未提出实质审查请求的或者实质审查请求未生效的，该申请即被视为撤回。

进入实质审查程序的申请将按照进入先后顺序等待实质审查。实质审查审查员将对该专利申请是否具备新颖性、创造性、实用性及专利法规定的其他实质性条件进行全面审查。

发明专利申请经实质审查后，不符合专利法规定的，应当在指定的期限内陈

[1] 国家知识产权局专利局专利审查协作北京中心．专利初审流程事务实用手册［M］．北京：知识产权出版社，2017：97.

述意见，或者对其申请进行修改；无正当理由逾期不答复的，该申请即被视为撤回。

发明专利申请经申请人陈述意见或者进行修改后，仍然认为不符合专利法规定的，应当予以驳回。

发明专利申请经实质审查没有发现驳回理由的，由国家知识产权局作出授予发明专利权的决定，发给发明专利证书，同时予以登记和公告。发明专利权自公告之日起生效。

五、发明专利申请授权

28 什么是发明专利申请授权？

发明专利申请授权，是指经实质审查没有发现驳回理由的，由国家知识产权局作出授予发明专利权的决定，发给发明专利证书，同时予以登记和公告。

发明专利申请授权的必要条件：

（1）新颖性：指该发明不属于现有技术，也没有任何单位或者个人就同样的发明在申请日以前向国家知识产权局提出过申请，并记载在申请日以后公布的专利申请文件或者公告的专利文件中。

（2）创造性：指与现有技术相比，该发明具有突出的实质性特点和显著的进步，该实用新型具有实质性特点和进步。

（3）实用性：指该发明能够制造或者使用，并且能够产生积极效果。

（4）其他实质性条件。

29 什么是办理登记手续？

发明专利申请经过国家知识产权局初步审查、实质审查均未发现驳回理由的，国家知识产权局将发出“授予发明专利权通知书”和“办理登记手续通知书”，通知申请人办理登记手续。申请人按期办理登记手续的，国家知识产权局将授予专利权，并同时予以公告。专利权自公告之日起生效。期满未办理登记手续的，视为放弃取得专利权的权利。所以，办理登记手续是专利授权阶段申请人应当办理的一项必要手续。

30 如何办理登记手续？

登记手续从国家知识产权局发出“授予发明专利权通知书”和“办理登记手续通知书”之日起启动。申请人接到通知书以后，应当在规定的时间内办理登记手续。办理登记手续时，不必再提交任何文件，申请人只需按规定缴纳授权当年的年费。

办理登记手续的流程如图1-3所示。

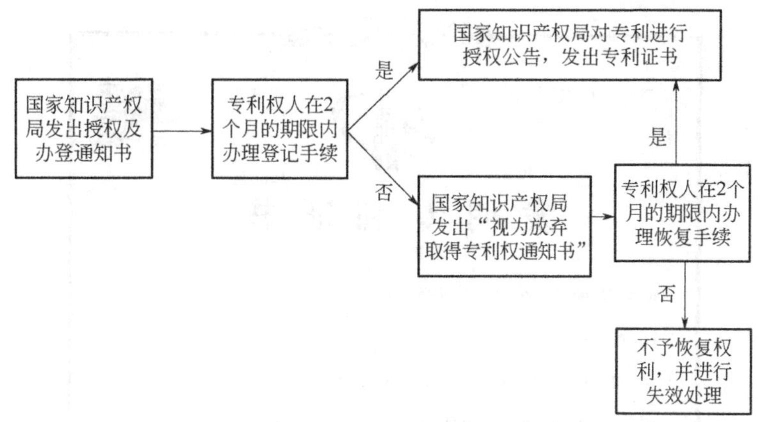

图 1-3　专利授权流程[1]

31 未及时办理登记手续导致视为放弃专利权怎么办？

国家知识产权局作出授予专利权的通知后，申请人在规定期限内未办理登记手续的，视为放弃取得专利权。如果申请人耽误期限是有正当理由的，可以请求恢复权利。恢复权利的请求应当在接到国家知识产权局视为放弃取得专利权通知书之后 2 个月内提出，同时应当补办登记手续，必要时缴纳规定的恢复权利请求费。[2]

32 什么是专利证书？

专利证书是专利申请经审查合格后，由国家知识产权局发给申请人的法律证明文件。专利证书记载了发明创造名称、专利权人姓名或名称、专利申请日、专利号等。专利证书分为发明专利证书（图 1-4）、实用新型专利证书及外观设计专利证书。

33 什么是电子专利证书？

根据国家知识产权局 2023 年 1 月 19 日发布的《关于全面推行专利证书电子化的公告》（第 515 号），为贯彻落实党中央、国务院关于数字政府建设的决策部署，持续提高专利审查服务信息化和便利化水平，国家知识产权局自 2023 年 2 月 7 日（含当日）起，全面推行专利证书电子化。当事人以电子形式申请并获得专利授权的，通过专利业务办理系统下载电子专利证书；以纸质形式申请并获得专利授权的，按照《领取电子专利证书通知书》中告知的方式下载电子专利证书。

专利权人认为专利证书有误的，应当提交更正错误请求书或意见陈述书陈述意见。

---

[1] 国家知识产权局专利局专利审查协作北京中心．专利初审流程事务实用手册［M］．北京：知识产权出版社，2017：100．

[2] 关于权利恢复，详见本章第三节相关内容。

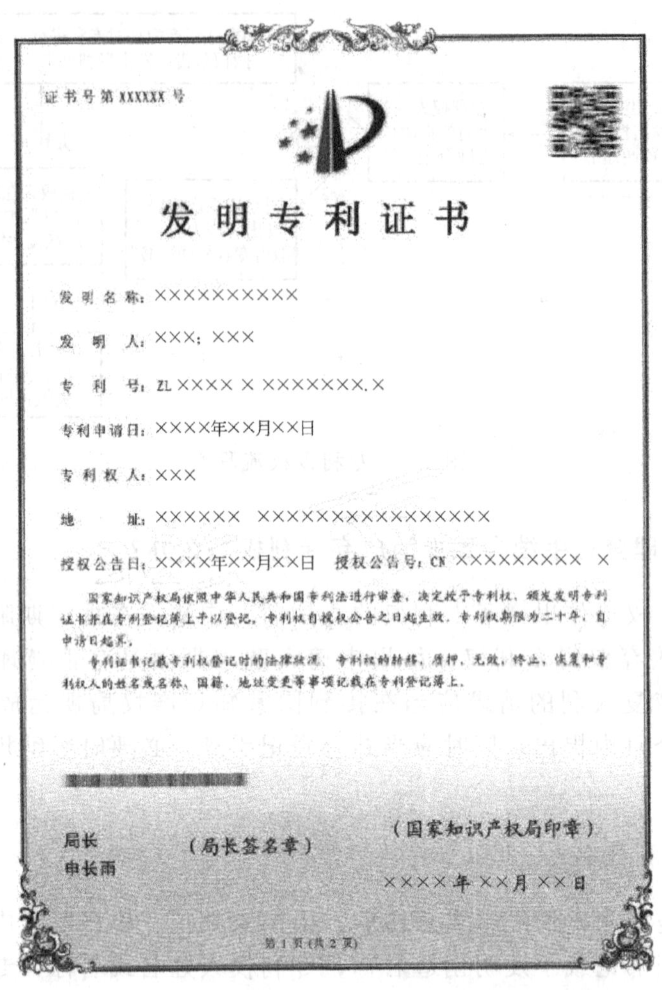

证书号第XXXXXX号

发明专利证书

发明名称：××××××××××

发明人：×××；×××

专利号：ZL×××× × ×××××××.×

专利申请日：××××年××月××日

专利权人：×××

地址：×××××× ×××××××××××××××

授权公告日：××××年××月××日　授权公告号：CN ×××××××××　×

国家知识产权局依照中华人民共和国专利法进行审查，决定授予专利权，颁发发明专利证书并在专利登记簿上予以登记。专利权自授权公告之日起生效。专利权期限为二十年，自申请日起算。

专利证书记载专利权登记时的法律状况。专利权的转移、质押、无效、终止、恢复和专利权人的姓名或名称、国籍、地址变更等事项记载在专利登记簿上。

局长　（局长签名章）　（国家知识产权局印章）

申长雨

××××年××月××日

第1页（共2页）

图 1-4　发明专利证书

34 什么是专利登记簿？

专利登记簿是授予专利权后，国家知识产权局记录其法律状态及其有关事项的法律文件。当一项专利申请被授予专利权时，国家知识产权局除了向专利权人颁发专利证书以外，还会相应地建立专利登记簿。专利登记簿相当于一个档案，记载了专利几乎所有法律状态的变化。专利登记簿在国家知识产权局授予专利权时建立，并以电子形式存储于国家知识产权局的数据库中。

国家知识产权局设置专利登记簿，登记下列与专利申请和专利权有关的事项：专利权的授予，专利申请权，专利权的转移，保密专利的解密，专利权的无效宣告，专利权的终止，专利权的恢复，专利权的质押、保全及其解除，专利实施许可合同备案，专利实施的强制许可及专利权人姓名或者名称、国籍、地址的变更。

专利权授予公告之日后，任何人都可以向国家知识产权局请求出具专利登记簿副本。专利登记簿副本依据专利登记簿制作。请求出具专利登记簿副本的，应当提交办理文件副本请求书并缴纳相关费用。

35 专利证书和专利登记簿有什么区别？

专利证书是专利申请被授予专利权的法律证明文件。专利登记簿是授予专利权后，国家知识产权局记录其法律状态及其有关事项的法律文件。专利登记簿与专利证书在授予专利权时，记载的内容是相同的，因而在法律上具有同等效力。但授予专利权以后，专利的法律状态的变更仅在专利登记簿上记载。专利的法律状态应当以专利登记簿为准。专利证书与专利登记簿的区别见表 1-5。

表 1-5 专利证书与专利登记簿的区别

区别点	专利证书	专利登记簿
时机不同	授权时一次颁发	授权后一直存在
内容不同	授权时状态	授权后状态
人员不同	专利权人	任何人

36 如何办理专利登记簿副本？

请求人可以通过专利业务办理系统（https://cponline.cnipa.gov.cn）办理，或者到国家知识产权局业务受理大厅、各地方知识产权业务受理窗口（专利代办处）办理，或者邮寄办理［邮寄地址：北京市海淀区蓟门桥西土城路 6 号，国家知识产权局专利局初审及流程管理部专利事务服务处（或专利局初审流程部服务处），邮政编码：100088］。办理时应：

（1）提交办理文件副本请求书，请求书可通过国家知识产权局网站政务服务部分下载；

（2）缴纳专利文件副本证明费。每份 30 元，请求人需要在提交办理请求 1 个月内缴纳，且缴费人应当与请求人一致。[1]

第三节 实务问题解答

一、期限

37 期限的类型有哪些？

为了保障专利审批程序的正常运行，专利法及实施细则中规定了各种期限，具体可以分为法定期限和指定期限两种。

[1] 国家知识产权局于 2023 年 2 月发布的《知识产权政务服务事项办事指南》。

法定期限是指专利法及其实施细则中明确规定的各种具体期限。例如，对于发明专利申请，申请人提出实质审查请求的期限是自申请日（有优先权的，自优先权日）起3年内。

指定期限是指国家知识产权局在根据专利法及其实施细则作出的各种通知和决定中，规定申请人（或专利权人）、其他当事人作出答复或者进行某种行为的期限。指定期限都会在相应的通知或决定中写明。

38 如何确定期限的起算日和届满日？

期限的起算日是期限的第1天，期限的计算自起算日之日起第2天开始（表1-6）。

期限起算日加上法定或者指定的期限即期限的届满日（表1-7）。

表1-6 确定期限起算日的示例❶

针对的期限	期限起算日	示例
大部分法定期限	申请日、优先权日、授权公告日等固定日期	对于在12个月期限内提出在后申请的要求优先权的情形，该期限的起算日为首次提出专利申请之日（即优先权日）
指定期限和部分法定期限	自通知和决定的发出之日起满15日，推定为当事人收到文件之日	国家知识产权局于2022年9月12日发出的通知书，其推定收到日为2022年9月27日，该日为期限起算日
公示送达	在专利公报公告之日起满1个月推定为收到日，即期限起算日	国家知识产权局于2022年9月13日作出公告，其推定收到日为2022年10月13日，该日为期限起算日

表1-7 确定期限届满日的示例❷

届满日	示例
期限以年或者月计算的，以其最后一月的相应日（与起算日相对应的日期）为期限届满日	申请人于2022年8月31日提出一件发明专利申请，若要求以该申请为优先权基础，则最迟在2023年8月31日提出在后申请
期限以年或者月计算的，最后一月无相应日的，以该月最后一日为期限届满日	某发明专利申请的申请日为2022年2月29日，则实质审查期限届满日为2025年2月28日
期限届满日是法定休假日或者周休息日的，以法定休假日或者周休息日后的第一个工作日为期限届满日	国家知识产权局于2022年8月31日发出第一次审查意见通知书，指定期限4个月。则其推定收到日是2022年9月15日，在此基础上加4个月为2023年1月15日，该日为周休息日，期限届满日顺延至该休息日之后的第一个工作日，即2023年1月16日

❶ 国家知识产权局专利局专利审查协作北京中心．专利初审流程事务实用手册［M］．北京：知识产权出版社，2017：14.

❷ 国家知识产权局专利局专利审查协作北京中心．专利初审流程事务实用手册［M］．北京：知识产权出版社，2017：14.

二、权利恢复

39 什么情况下可以请求恢复权利？

根据《专利法实施细则》第 6 条的规定，在专利审批流程中，如果专利申请因“不可抗拒的事由”或“正当理由”造成申请人（或专利权人）延误一些法定期限或者指定期限，导致其权利丧失的，在规定的期限内申请人（或专利权人）可以办理请求恢复权利的手续，挽回失去的权利。

“不可抗拒的事由”也称为“不可抗力”，是指当事人不能预见、不能避免和不能克服的自然因素或社会因素所引起的客观情况，如水灾、地震、瘟疫、战争、动乱等。或者因自然灾害或社会因素造成通信中断，使申请人（或专利权人）不能在规定期限内办理与专利申请有关的手续或者缴纳专利费用，造成权利丧失。因疫情原因延误法定期限或者指定期限，导致权利丧失，当事人请求恢复权利的，详见本书第六章第五节相关内容。

“正当理由”是指不是申请人（或专利权人）的责任造成耽误期限的，如申请人生病、提交的文件在传递过程中丢失等原因，一般理解为非当事人故意造成期限延误、权利丧失。

40 延误哪些期限不能请求恢复权利？

若延误以下期限，不能请求恢复权利：

（1）不丧失新颖性的 6 个月的宽限期；

（2）作为优先权基础的首次申请之日起 12 个月内提出在后申请的期限；

（3）专利权的保护期限；

（4）侵权诉讼时效。

三、优先审查及延迟审查

41 什么是优先审查？

为了促进产业结构优化升级，推进国家知识产权战略实施和知识产权强国建设，服务创新驱动发展，完善专利审查程序，国家知识产权局对符合一定情形的专利申请，进行优先审查。可以进行优先审查的专利申请包括：实质审查阶段的发明专利申请；实用新型和外观设计专利申请；发明、实用新型和外观设计专利申请的复审；发明、实用新型和外观设计专利申请的无效宣告。

42 哪些情形的专利申请可以请求优先审查？

根据国家知识产权局发布的 2017 年 8 月 1 日起施行的《专利优先审查管理

办法》（第 76 号）第 3 条的规定，有下列情形之一的专利申请，可以请求优先审查：

（一）涉及节能环保、新一代信息技术、生物、高端装备制造、新能源、新材料、新能源汽车、智能制造等国家重点发展产业；

（二）涉及各省级和设区的市级人民政府重点鼓励的产业；

（三）涉及互联网、大数据、云计算等领域且技术或者产品更新速度快；

（四）专利申请人或者复审请求人已经做好实施准备或者已经开始实施，或者有证据证明他人正在实施其发明创造；

（五）就相同主题首次在中国提出专利申请又向其他国家或者地区提出申请的该中国首次申请；

（六）其他对国家利益或者公共利益具有重大意义需要优先审查。

根据上述规定可以看出，并非所有的专利申请都可以提交优先审查，申请人在请求专利优先审查时，应当事先判断所提交的专利申请是否属于上述情形。

43 办理优先审查有什么注意事项？

（1）请求优先审查的专利申请应当是电子申请。

（2）发明专利申请应当进入实质审查阶段。

（3）对专利申请提出优先审查请求，应当经全体申请人同意。

（4）除《专利优先审查管理办法》第 3 条第（五）项的情形外，优先审查请求书应当由国务院相关部门或者省级知识产权局签署推荐意见。

（5）提交现有技术或者现有设计信息材料。

（6）提交相关证明文件。

44 什么是延迟审查？

发明专利延迟审查请求，应当由申请人在提出实质审查请求的同时提出，但发明专利申请延迟审查请求自实质审查请求生效之日起生效；外观设计延迟审查请求，应当由申请人在提交外观设计申请的同时提出。延迟期限为自提出延迟审查请求生效之日起 1 年、2 年或 3 年。延迟期限届满后，该申请将按顺序待审。必要时，国家知识产权局可以自行启动审查程序并通知申请人，申请人请求的延迟审查期限终止。

四、其他问题

45 专利发明人、专利申请人、专利权人有什么区别？

专利发明人，是指专利法所称发明人或者设计人，是指对发明创造的实质性特点作出创造性贡献的人。在完成发明创造过程中，只负责组织工作的人、为物质技术条件的利用提供方便的人或者从事其他辅助工作的人，不是发明人或者设计人。

专利申请人，是指对某项发明创造依法律规定或合同约定享有专利申请权的自然人、法人或者其他组织。专利申请人享有申请专利的权利，即一项发明创造完成后，作为民事主体的申请人有权决定对该发明创造是否申请专利、申请何种专利以及何时申请专利。

专利权人，是指当专利申请被授予专利权时，申请人即专利权人。

专利发明人只能是个人不能是单位，享有获得奖励、报酬的权利和署名的权利，却没有独自使用、占有、处分专利的权利，只能变更不能转让；专利申请人或专利权人可以为个人和单位，拥有独占权、许可权、转让权。

46 专利申请号、专利号、专利公开号、专利公告号有什么区别？

专利申请号，是指专利申请文件提交到国家知识产权局时，国家知识产权局在专利申请受理通知书中给出的一个号码。申请人后续提交补正文件、答复通知书、缴纳费用及办理各项手续等都以申请号为依据。

专利号，是指专利申请人获得专利权后，国家知识产权局颁发的专利证书上的号码，其组成为：ZL+申请号。

发明专利从申请到授权的过程中会公告两次，初审合格后会公布公告一次，授权时会授权公告一次，公布时是公开号，授权公告时是公告号。因为实用新型和外观设计专利申请没有公布公告，经审查后直接授权公告，因此没有公开号，只有公告号。

具体区别见表 1-8。

表 1-8　申请号、专利号、公开号、公告号对比

类型	产生时间	示例
申请号	专利申请受理时	202212345678X
专利号	专利授权时	ZL202212345678X
公开号	发明专利公布时	CN 112234678 A
公告号	授权公告时	CN 210246789 U

47 在网上怎样进行专利查询？

对于社会公众，查询已公开专利的信息，可以从中国及多国专利审查信息查询系统（https://cpquery.cponline.cnipa.gov.cn）进行查询；或者从国家知识产权局官方网站（http://www.cnipa.gov.cn）进入，点击首页【政务服务】—【专利审查信息查询】进行查询。

第二部分
发明初审篇

第二章

专利申请文件

本章重点以发明专利申请为例，主要介绍专利申请文件的基本知识，发明专利请求书的填写及应注意的问题，权利要求书、说明书等专利申请文件的形式撰写要求及需要注意的问题。对于涉及优先权、分案、不丧失新颖性宽限期、生物材料样品保藏及遗传资源等特殊项的专利申请，由于相关内容较多，其在请求书中的填写注意事项及相关手续的办理，将在本书第四章进行重点介绍。

第一节　专利申请文件概述

48 什么是专利申请文件？

专利申请文件是申请人向国家知识产权局提出专利申请需要提交的文件。对于不同的专利申请类型，由于其特点不同，所需要提交的文件种类也不同，具体见表 2-1。

表 2-1　三种类型专利申请文件对比

专利类型	专利申请文件
发明	发明专利请求书、说明书及其摘要、权利要求书，必要时还需要提交说明书附图、指定摘要附图
实用新型	实用新型专利请求书、说明书及其摘要、权利要求书、说明书附图、摘要附图
外观设计	外观设计专利请求书、图片或者照片、简要说明

请注意对于发明专利申请，请求书、说明书及其摘要和权利要求书是必要文件，缺一不可，必要时才需要提交说明书附图、指定摘要附图。但对于实用新型专利申请，则说明书附图和摘要附图均须提交。

49 专利申请文件的作用是什么？

专利申请文件是专利审查及授权的基础，其作用主要是公开发明创造的内容和申请人所要求的保护范围。以发明专利申请为例，各类申请文件的作用见表2-2。

表2-2 各类申请文件作用对比❶

文件名称	基本作用
请求书	表达请求授予专利权愿望的正式文件
权利要求书	表达所请求保护的范围的法律文件，也是确定专利保护范围的依据
说明书	权利要求书的基础和依据； 充分公开发明技术内容的法律文件； 可用于解释权利要求
说明书附图	补充说明书文字部分的描述； 使公众能够更为直观地理解发明的整体技术方案和具体技术特征
说明书摘要	不具有法律效力，仅为说明书记载内容的概述，使公众快捷地获知发明创造的简要技术信息
摘要附图	最能说明发明技术特征的一幅说明书附图，方便公众快速了解发明的主要技术方案

50 专利申请文件有哪些基本要求？

（1）请求书应使用规范表格，完整、准确地填写必要信息，并由当事人签字或盖章。

（2）权利要求书要清楚、简要地写明构成技术方案的技术特征，并以说明书为依据，即保护范围与说明书所公开的内容相适应。

（3）说明书（包括附图）要充分公开，即对所要求保护的技术方案作出清楚、完整的说明，以所属技术领域的技术人员能够实现为准。

（4）说明书摘要应当写明发明名称和所属技术领域，体现所要解决的技术问题、技术方案要点及主要用途。若有摘要附图，要选择最能说明发明技术特征的一幅说明书附图。

当然，为获得专利授权，除了满足专利申请文件的形式要求，还需要注意所申请的发明或实用新型专利应当符合《专利法》第22条的规定，具备新颖性、创造性和实用性，外观设计应符合《专利法》第23条的规定。

❶ 国家知识产权局专利局专利审查协作北京中心．专利初审流程事务实用手册［M］．北京：知识产权出版社，2017：21-22．

51 发明专利申请文件提交后还可以修改吗？

根据《专利法实施细则》第 51 条的规定，发明专利申请文件提交后可以在规定的主动修改时机提交修改文件，即发明专利申请人在提出实质审查请求时以及在收到国务院专利行政部门发出的发明专利申请进入实质审查阶段通知书之日起的 3 个月内，可以对发明专利申请主动提出修改。如果申请人提交的修改文件符合上述期限要求，在实质审查阶段实审员将在修改文件的基础上进行审查。但是请注意根据《专利法》第 33 条的规定，修改不能超出原说明书和权利要求书记载的范围。

如果申请文件存在形式缺陷，国家知识产权局在初审阶段针对形式缺陷发出了补正通知书或审查意见通知书的，申请人应当针对通知书指出的缺陷进行修改。当然，在初审阶段发出通知书前，如申请人发现了递交的申请文件存在形式缺陷，也可以进行主动修改克服该形式缺陷，以减少审查流程及审查时间。

根据《专利法实施细则》第 51 条第 4 款的规定，国务院专利行政部门可以自行修改专利申请文件中文字和符号的明显错误。对于发明专利申请文件中文字和符号的明显错误，例如，修改明显的错别字、遗漏的标点符号，删除明显多余的信息等，国家知识产权局可以依职权修改，且会在通知中告知申请人修改的内容。但可能导致原始申请文件记载范围发生变化的修改，则不属于依职权修改的范围。

第二节　发明专利请求书及相关手续

一、发明专利请求书概述

52 什么是发明专利请求书？

发明专利请求书是提交发明专利申请的基本文件之一，是申请人向国家知识产权局表达请求授予专利权愿望的正式文件。请求书是一份规定格式的表格，其中主要涉及专利申请的著录项目信息、委托关系、特殊审查项、各类声明及请求、文件清单等内容。

53 发明专利请求书在哪里可以下载或者获取？

（1）电子申请。

申请人如果是电子申请用户，可以直接在专利业务办理系统选择申请文件中的“发明专利请求书”直接进行填写、提交即可。

（2）纸件申请。

申请人可以登录国家知识产权局官方网站（http://www.cnipa.gov.cn），点击首页【政务服务】中专利栏目下的标签【表格下载】，然后选【通用类】中的“110101 发明专利请求书”进行免费下载，如图 2-1、图 2-2 所示。

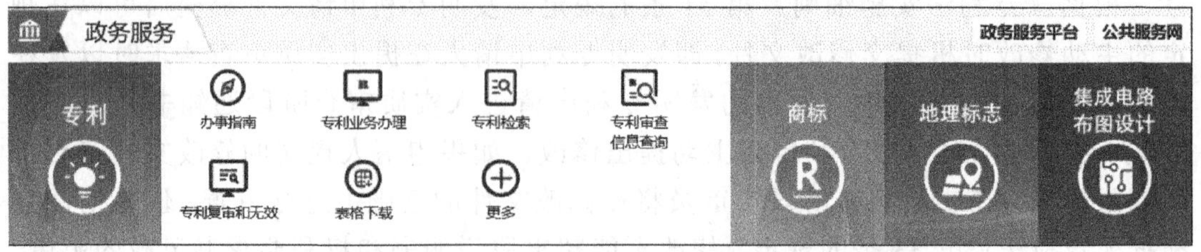

图 2-1　政务服务页面截图

首页　机构　新闻　政务　服务　数据　互动

当前位置：首页>服务>表格下载>与专利申请相关>通用类

表格下载

与专利申请相关
通用类
优先审查类
向外国申请专利保密审查专用类
服务类
电子申请专用类
复审及无效类
行政复议类

100001权利要求书	2010-02-01
100002说明书	2010-02-01
100003说明书附图	2010-02-01
100004说明书摘要	2010-02-01
100005摘要附图	2010-02-01
100006补正书	2019-08-02
100007专利代理委托书	2023-01-11
100008费用减缴请求书	2023-01-11
100009延长期限请求书	2023-01-11

图 2-2　表格下载页面截图

54 发明专利请求书中包含哪些项目？

发明专利请求书中申请人应填写的信息见表 2-3，具体表格见附录二。

表 2-3　申请人应填写的请求书信息一览表

名称	填写信息
发明名称	发明创造的名称，表明发明创造的主题
发明人	发明人的姓名、是否公布发明人姓名
第一发明人	第一发明人的国籍或地区、身份证件号码
申请人	申请人姓名/名称、居民身份证件号码/统一社会信用代码、是否请求费减且已完成费减资格备案、国籍、详细地址等
联系人	联系人姓名、详细地址、电话、邮编等
代表人	声明第*署名申请人为代表人
代理机构及代理师	专利代理机构名称、机构代码、代理师姓名、执业证号、电话

续表

名称	填写信息
分案申请	原申请号、针对的分案申请号（如果有）、原申请日
生物材料样品	保藏单位代码、是否存活、保藏编号、保藏日期、分类命名（包括中文命名及拉丁文命名）
序列表	本专利申请是否涉及核苷酸或氨基酸序列表（勾选项）
遗传资源	本专利申请涉及的发明创造是否是依赖遗传资源完成的（勾选项）
要求优先权声明	原受理机构名称、在先申请日、在先申请号
不丧失新颖性宽限期声明	如涉及不丧失新颖性宽限期声明，则勾选涉及的相应的不丧失新颖性宽限期声明（勾选项）
保密请求	本专利申请可能涉及国家重大利益，请求按保密申请处理；已提交保密证明材料（勾选项）
同日申请	声明本申请人对同样的发明创造在申请本发明专利的同日申请了实用新型专利（勾选项）
提前公布	勾选或不勾选请求早日公布该专利申请（勾选项）
摘要附图	指定说明书附图中的图__为摘要附图
申请文件清单	填写请求书、说明书摘要、权利要求书、说明书、说明书附图、核苷酸或氨基酸序列表等份数和页数，权利要求的项数
附件文件清单	实质审查请求书、实质审查参考资料、优先权转让证明、保密证明材料、专利代理委托书或总委托书备案编号、在先申请文件副本、生物材料样品保藏及存活证明、向外国申请专利保密审查请求书、各类中文题录、其他证明文件等的份数和页数
签字或盖章	全体申请人或专利代理机构签字或者盖章

55　发明专利请求书中哪些项目是必填项？

表 2-3 中的发明名称、发明人信息、申请人信息、提前公布声明、申请文件及附件文件清单、全体申请人或专利代理机构签字或者盖章信息都属于任何一件发明专利申请必须填写的项目。

其他栏为选填项，申请人应根据专利申请的实际情况确定填写或不填写。例如，若本申请委托了代理机构，就应填写相应的代理机构信息；若要求优先权，就应填写优先权相关信息。

56　填写专利请求书时应注意什么？

请求书的信息填写方式包括填写和勾选两种。

填写信息时应注意：

（1）信息完整、准确、真实，例如，地址信息应填写完整，满足邮件能够迅速、准确投递的要求；申请人及发明人姓名应当准确、真实，不应使用笔名或者其他非正式姓名。

（2）应当使用国家公布的中文简化汉字填写，表格中的文字应当打字或者印刷，字迹应为黑色。外国人姓名、名称、地名无统一译文时，应当同时在请求书外文信息表中注明。

（3）对于请求书中涉及的关联信息，填写时应注意核实信息是否一致。例如，申请人和发明人为同一人时，国籍应填写一致；请求书中的代理信息应与委托书中的填写一致；申请人姓名或名称应与请求书中或委托书中的签章一致等。

勾选信息时应注意：

（1）核实该专利申请是否确实涉及相应选项。例如，若勾选“不丧失新颖性宽限期声明”中“他人未经申请人同意而泄露其内容”一栏，需要确认在申请日前6个月内他人是否确实未遵守与申请人明示或默示的保密协议而将发明创造公开。

（2）勾选后还应注意核实对应文件是否已经提交，例如，勾选“本专利申请涉及核苷酸或氨基酸序列表”选项应提交核苷酸或氨基酸序列表，勾选“本专利申请涉及的发明创造是依赖于遗传资源完成的”选项应提交遗传资源登记表等。

57 专利请求书附页如何填写？

（1）电子申请。

申请人如果是电子申请注册用户，可以直接在专利业务办理系统选择申请文件中的“附页”进行填写、提交即可。

（2）纸件申请。

当请求书中发明人、申请人、要求优先权声明、生物材料保藏信息等因人数或项数过多而无法在正表中填写完整时，申请人应当使用“规定格式的附页”进行续写。该附页可到国家知识产权局官方网站（http://www.cnipa.gov.cn）下载，点击国家知识产权局官方网站【政务服务】中专利栏目下的【表格下载】，然后选【通用类】中的“100014 附页”可进行免费下载。在填写格式方面，可以直接将原表格相关栏复制到附页里，继续填写即可。

58 提交专利请求书应重点注意哪些方面？

应当注意的是，对于请求书中的部分声明或信息，若申请日时未填写或勾选，申请日之后是无法补救的，会给申请人造成无法挽回的损失，填写时务必准确填写，例如：

（1）申请人未在申请日提交的发明专利请求书中勾选同日申请声明，申请日之后即使提交勾选同日申请声明的发明专利请求书，也无法获得认可；

（2）申请人在申请日时未在请求书中填写要求的优先权声明，申请日之后则无法再增加未填写的优先权项。

因此，对于专利法及其实施细则、专利审查指南中规定必须提交专利申请的同时提交或声明的内容，当事人应仔细核对，在申请日当天及时补交，否则后续无法补救；对于专利法及其实施细则、专利审查指南中未规定必须提交专利申请的同时提交或声明的内容，不必在申请日当天立即补正，可以在随后主动补正，或在收到国家知识产权局发出的通知书后在通知书中规定的期限内提交。

二、发明名称

59 如何撰写规范的发明名称？

发明名称应当简短、准确地表明专利申请要求保护的主题和类型，还应注意以下几点：

（1）《专利法》第 2 条规定，发明是指对产品、方法或者其改进所提出的新的技术方案。因此，规范的发明名称中应表明该发明创造属于产品还是方法，或者既有产品也有方法。

案例 2-1：产品类发明名称

一种可以调节 EPS 的计量装置、面向公共安全现场监测的车载终端、一种高抗冲聚丙烯阻燃绝缘片。

案例 2-2：方法类发明名称

一种基于数学分解理论的光学矩阵运算模块实现方法、基于递归图和深度学习的雷达有源干扰信号识别方法、一种 2′-β-萘基桍酮的制备方法及其抑菌活性应用。

案例 2-3：既有产品也有方法的发明名称

一种机械清洗装置及其清洗方法、一种电力需求响应调度方法及装置。

（2）发明名称可以较为直观地体现发明创造的技术信息，因此应当将准确概括的发明创造的主题作为发明名称，应当体现发明创造要求保护的所有主题，既不能有所遗漏，也不应概括过宽。

案例 2-4：

一件专利申请其发明名称为“一种地效船”，其中“地效”属于“自创词汇”，一般技术人员难以理解，应当予以修改。

60 撰写发明名称应注意什么？

（1）发明名称不应含有宣传用语，不应夸大发明创造的功能，如“一种销量第一的指甲刀”“一种包治百病的中药”等。

（2）发明名称中不应含有错别字，如“秸杆”“天然汽”中的“杆”和“汽”均为错别字，应为“秆”和“气”。

（3）发明名称中可以含有顿号、逗号、连字符等标点符号，一般不应含有省略号、书名号、引号、破折号、感叹号等标点符号。例如，“一种降噪方法、设备”是规范的发明名称，而“一种高效洗衣机！”是不规范的发明名称。

（4）发明名称不应含有副标题，如“一种羊肚菌大棚栽培方法——新高产方法”。

（5）发明名称中的上下角标应规范填写，不应将上下角标内容填写为与其他内容大小一致，如Fe_3O_4不应写为Fe3O4。

（6）发明名称一般不得超过25个字。特殊情况下，可以允许最多到40个字。

三、发明人

61 什么人可以作为发明人？

根据《专利法》第16条的规定，发明人或者设计人有权在专利文件中写明自己是发明人或者设计人。《专利法实施细则》第13条规定，发明人是指对发明创造的实质性特点作出创造性贡献的人。在完成发明创造的过程中，只负责组织工作的人、为物质技术条件的利用提供方便的人或者从事其他辅助工作的人，不是发明人或者设计人。

62 什么人不可以作为发明人？

（1）发明人应为具备一定研发创造能力的人，明显不具备与其年龄相适应的发明创造研发能力的人不可以作为发明人，如学龄前儿童等。

（2）发明创造是自然人作出的，无论是职务发明创造还是非职务发明创造，都只能是自然人实际作出的，而非“公司”或“单位”等法律的拟制主体作出的，因此单位或集体不能作为发明人。

（3）人工智能不具有法律人格，不属于自然人，因此其也不能作为发明人。

63 发明人具备什么权利？

（1）署名权。

根据《专利法》第16条的规定，发明人或者设计人有权在专利文件中写明自己是发明人或者设计人。因此，发明人具有在专利文件中署名的权利，当然，也具有放弃署名的权利。

（2）获得报酬权。

根据《专利法》第15条的规定，被授予专利权的单位应当对职务发明创造的发明人或者设计人给予奖励；发明创造专利实施后，根据其推广应用的范围和取得的经济效益，对发明人或者设计人给予合理的报酬。

根据《专利法实施细则》第77条的规定，被授予专利权的单位未与发明人、设计人约定也未在其依法制定的规章制度中规定《专利法》第15条规定的奖励的方式和数额的，应当自专利权公告之日起3个月内发给发明人或者设计人奖金。一项发明专利的奖金最低不少于3000元；一项实用新型专利或者外观设计专利的奖金最低不少于1000元。由于发明人或者设计人的建议被其所属单位采纳而完成的发明创造，被授予专利权的单位应当从优发给奖金。

根据《专利法实施细则》第78条的规定，被授予专利权的单位未与发明人、设计人约定也未在其依法制定的规章制度中规定《专利法》第 15 条规定的报酬的方式和数额的，在专利权有效期限内，实施发明创造专利后，每年应当从实施该项发明或者实用新型专利的营业利润中提取不低于 2%或者从实施该项外观设计专利的营业利润中提取不低于 0.2%，作为报酬给予发明人或者设计人，或者参照上述比例，给予发明人或者设计人一次性报酬；被授予专利权的单位许可其他单位或者个人实施其专利的，应当从收取的使用费中提取不低于 10%，作为报酬给予发明人或者设计人。

64 填写发明人事项时应注意什么？

（1）发明人填写的语言规范性。

发明人姓名应当使用中文，不得出现拼音、英文全名等，一般不得出现繁体字。

（2）发明人填写的顺序性。

有多个发明人时，应当按序填写，且填写时应注意每一栏只能填写一个发明人，不同的发明人应填在不同栏中，发明人的填写数量没有限制。

（3）发明人的自然人属性。

发明人应当是个人，不应填写单位或集体。

（4）发明人的真实性。

发明人应当使用真实姓名，不应使用笔名或其他非正式姓名。

（5）标点符号的规范性。

名字中有圆点的应使用规范的圆点，即“·”，否则会出现格式错误，显示为“？”等乱码。

发明人填写错误示例见表 2-4。

表 2-4 发明人填写错误示例

错误类型	错误示例
语言不规范	WangLiang、Davin Li、趙舫
未按序填写	1.李明 3.赵丽 2.王刚
不是自然人	**课题组，**研究所
不真实	小李
姓与名之间的圆点不规范	郝博特？乔治

65 发明人填写错误怎么办？

发明人填写错误主要有三种情况：填写重复、书写错误或者漏填、错填。

对于发明人姓名填写重复的情形，如第 4、第 5 发明人均写为“李峰”，申请人可以分情况补救：

（1）若发明人只有一个“李峰”，第 5 发明人为重复填写，则可以提交意见陈述书或补正书删除多余的第 5 发明人。

（2）若第4、第5发明人确为同名同姓的两个不同的发明人，申请人可以主动提交意见陈述书说明情况。

（3）若发明人错填，如第4发明人为“李峰”，第5发明人应为“李锋”，则需要办理著录项目变更手续。

对于发明人姓名书写错误或者漏填、错填的情形，都需要办理著录项目变更手续，详见本书第五章第七节发明人的变更相关内容。

值得注意的是，变更发明人应遵守诚实信用原则，不得提交虚假声明及证明文件，证明文件中的签章应为原件，不应为复印件。

66 提交发明专利申请时，可以不公布发明人信息吗？

可以。在请求书“发明人”一栏所填写的相应发明人后面勾选“不公布姓名”即可，经审查认为符合规定的，国家知识产权局在专利公报及专利证书中均不公布发明人姓名，并在相应位置注明“请求不公布姓名”字样，发明人也不得再请求重新公布其姓名。

四、申请人

67 什么人具备专利申请人资格？

从主体资格上来说，专利申请人必须具有民事主体资格。申请人可以是自然人、法人或其他组织。

从权利归属上来说，《专利法》第6条和第8条中指出了四种情形，具体如下：

（1）职务发明创造申请专利的权利属于该单位；申请被批准后，该单位为专利权人。执行本单位的任务或者主要是利用本单位的物质技术条件所完成的发明创造为职务发明创造。

（2）非职务发明创造，申请专利的权利属于发明人或者设计人；申请被批准后，该发明人或者设计人为专利权人。

（3）利用本单位的物质技术条件所完成的发明创造，单位与发明人或者设计人订有合同，对申请专利的权利和专利权的归属作出约定的，从其约定。

（4）两个以上单位或者个人合作完成的发明创造、一个单位或者个人接受其他单位或者个人委托所完成的发明创造，除另有协议的以外，申请专利的权利属于完成或者共同完成的单位或者个人；申请被批准后，申请的单位或者个人为专利权人。有协议的，从其约定。

68 申请人具备什么权利？

（1）转让专利申请的权利。

依据《专利法》第10条的规定，专利申请权可以转让，专利申请权的转让自登记之日起生效。

（2）享有优先权的权利。

依据《专利法》第 29 条的规定，申请人自发明在外国第一次提出专利申请之日起 12 个月内，又在中国就相同主题提出专利申请的，依照该外国同中国签订的协议或者共同参加的国际条约，或者依照相互承认优先权的原则，可以享有优先权。

申请人自发明在中国第一次提出专利申请之日起 12 个月内，又向国务院专利行政部门就相同主题提出专利申请的，可以享有优先权。

（3）撤回专利申请的权利。

依据《专利法》第 32 条的规定，申请人可以在被授予专利权之前随时撤回其专利申请。

（4）修改专利申请文件的权利。

依据《专利法》第 33 条的规定，申请人可以对其专利申请文件进行修改，但是，对发明专利申请文件的修改不得超出原说明书和权利要求书记载的范围。

（5）对专利申请请求进行实质审查的权利。

依据《专利法》第 35 条的规定，申请人可以自申请日起 3 年内，随时向国务院专利行政部门提出请求，请求对其申请进行实质审查。

69 申请人一栏应填写哪些信息？

发明专利申请的请求书申请人一栏应当写明下列事项：

《专利审查指南》[1]第一部分第一章 4.1.3.1 中规定，申请人是中国单位或者个人的，应当填写其名称或者姓名、地址、邮政编码、组织机构代码/统一社会信用代码或者居民身份证件号码；《专利审查指南》第一部分第一章 4.1.3.2 中规定，申请人是外国人、外国企业或者外国其他组织的，应当填写其姓名或者名称、国籍或者注册的国家或者地区。

70 填写申请人事项时应注意什么？

（1）申请人的真实性、准确性。

申请人是个人的，应当填写本人真实姓名，不得使用笔名或者其他非正式姓名。

申请人是单位的，应当填写单位正式全称，不得使用简称，且其名称应与所使用公章上的单位名称一致。

（2）申请人填写的语言规范性。

填写申请人应使用中文，不得出现拼音、英文全名等，一般不得出现繁体字。

（3）申请人类型的准确性。

申请人类型应当填写准确，可从下列类型中选择填写：个人、企业、事业单位、机关团体、大专院校、科研单位。

（4）与费减备案证件号码的一致性。

---

[1] 本书中的《专利审查指南》均指《专利审查指南 2010（2019 年修订）》。

申请人请求费用减缴且已完成费减资格备案的，应当在申请人信息栏勾选“全体申请人请求费用减缴且已完成费用减缴资格备案”，并在本栏填写证件号码处填写费减备案时使用的证件号码。如填写不一致，则费用减缴请求不合格。需要注意的是，申请日后提交的关于申请费的费用减缴请求，不予费减。

71 专利申请人数量是否有限制？

《专利法实施细则》第16条规定，申请专利时，应当在专利请求书中填写申请人姓名和/或名称、发明人或设计人的姓名，并未限制专利申请人的数量。

72 专利申请人顺序影响专利权的权益吗？

《专利法》第14条规定，专利申请权或者专利权的共有人对权利的行使有约定的，从其约定。没有约定的，共有人可以单独实施或者以普通许可方式许可他人实施该专利；许可他人实施该专利的，收取的使用费应当在共有人之间分配。除前款规定的情形外，行使共有的专利申请权或者专利权应当取得全体共有人的同意。

因此，专利申请权或者专利权的共有人行使权利时，实行约定优先原则，未约定时实行共同共有原则，与申请专利时填写的申请人顺序无关。

五、联系人

73 什么人可以作为联系人？

联系人是代替单位接收国家知识产权局所发信函的收件人。填写联系人的主要目的是使专利申请人能及时收到国家知识产权局发出的包含通知书、证书等的信件，以便申请人可以及时处理答复通知书、缴费等专利事宜，避免耽误相应期限导致申请人遭受不必要的损失。因此，联系人应为本单位工作人员，最好是从事专利管理工作的人。

74 何种情形下必须填写联系人？

由于联系人是国家知识产权局发出的通知书、专利证书等的收件人，因此对于申请人是单位且未委托专利代理机构的专利申请，联系人信息是必填信息，否则会无法正常接收信件。

申请人是个人或者申请人是单位且已委托专利代理机构的，由代理机构代为收信，可以不填写联系人信息。

75 联系人填写需要注意什么？

（1）联系人的自然人属性。

联系人应为自然人，不应填写为单位或公司名称。

（2）联系人的单一性。

只能填写一人，不应填写多人。

（3）联系人信息的完整性。

联系人信息应填写完整，联系人的姓名、通信地址、邮政编码、电话号码均应填写完整，电子邮箱可以选填。

（4）联系人姓名的真实性。

应填写联系人真实姓名，不应填写笔名、职称、学位、先生、小姐、女士等称谓。

六、代表人

76 如何确定专利申请的代表人？

《专利审查指南》第一部分第一章 4.1.5 中规定，申请人有两人以上且未委托专利代理机构的，除本指南另有规定或请求书中另有声明外，以第一署名申请人为代表人。请求书中另有声明的，所声明的代表人应当是申请人之一。

《专利审查指南》第五部分第十一章 2.1 中规定，以电子形式提交的专利申请，申请人有两人以上且未委托专利代理机构的，以提交电子形式专利申请的申请人为代表人。

77 代表人有什么权利？

《专利审查指南》第一部分第一章 4.1.5 中规定，除直接涉及共有权利的手续外，代表人可以代表全体申请人办理在国家知识产权局的其他手续。直接涉及共有权利的手续主要有转让专利申请权、优先权或者专利权，撤回专利申请，撤回优先权要求，放弃专利权等。直接涉及共有权利的手续应当由全体权利人签字或者盖章。

78 专利申请的代表人和代理机构的权利有什么异同？

专利申请的代表人和代理机构都可以代表专利申请人办理专利的相关手续，但二者的法律责任承担对象不同。代表人可以代表全体申请人办理在国家知识产权局的除直接涉及共有权利的手续外的其他手续，其法律后果由代表人及其被代表人承担；而代理机构是接受申请人的委托，代理相关专利申请事务，其法律后果由专利申请人承担。

七、专利代理

79 什么情况下需要委托专利代理机构？

在中国内地没有经常居所或者营业所的外国人、外国企业或者外国其他组织在中国单独申请专利和办理其他专利事务，或者作为代表人与中国内地的申请人共同申请专利和办理其他专利事务的，应当委托专利代理机构办理。

例如，第一署名申请人为美国甲公司，第二申请人为北京乙公司，代表人为美国甲公司，应当委托专利代理机构申请专利和办理其他专利事务。

在中国内地（大陆）没有经常居所或者营业所的香港、澳门或者台湾地区的申请人单独向国家知识产权局提出专利申请和办理其他专利事务，或者作为代表人与其他申请人共同申请专利和办理其他专利事务的，应当委托专利代理机构办理。

例如，第一署名申请人为中国香港特别行政区甲公司，第二申请人为北京市乙公司，代表人为中国香港特别行政区甲公司，应当委托专利代理机构办理申请专利和办理其他专利事务。

中国内地的单位或者个人可以委托专利代理机构在国内申请专利和办理其他专利事务。

例如，第一署名申请人为北京市甲公司，第二申请人为美国乙公司，可以选择委托专利代理机构，也可以由第一申请人申请专利和办理其他专利事务。

80 请求书中的专利代理事项应如何填写？

若未委托专利代理机构，则不应填写此项。若委托了专利代理机构，则应填写此项：

（1）应当勾选“声明已经与申请人签订了专利代理委托书且本表中的信息与委托书中相应信息一致”；

（2）填写代理机构名称、机构代码、代理师姓名、执业证号、电话。

注意填写的执业证号应当正确，与代理机构代码相对应。填写示例如图2-3所示。

<table>
<tr><td rowspan="5">⑬
专利代理机构</td><td colspan="4">☒声明已经与申请人签订了专利代理委托书且本表中的信息与委托书中相应信息一致</td></tr>
<tr><td colspan="2">名称 ×× 专利代理事务所(特殊普通合伙)</td><td colspan="2">机构代码×××××</td></tr>
<tr><td rowspan="3">代理人(1)</td><td>姓　名 ×××</td><td rowspan="3">代理人(2)</td><td>姓　名</td></tr>
<tr><td>执业证号 ××××××</td><td>执业证号</td></tr>
<tr><td>电　话 ××××××</td><td>电　话</td></tr>
</table>

图2-3 请求书中专利代理机构栏填写示意

81 专利代理委托书应如何填写？

专利代理委托书中应写明专利申请号、发明名称，代理师、委托人及被委托人，并由委托人和被委托人签章，如图2-4所示。

对于电子申请，还应填写电子形式的专利代理委托书，其信息应与专利代理委托书扫描件一致，如图2-5所示。

对于已在国家知识产权局完成备案的总委托书，提交申请时在发明专利请求书附加文件清单一栏中注明总委托书编号即可，不必提交总委托书扫描件，如图 2-6 所示。

专 利 代 理 委 托 书

☒声明填写的专利代理委托信息与专利代理委托书扫描文件是一致的。
根据专利法第 18 条的规定

委　托 深圳市××专利代理事务所（普通合伙） 机构代码（×××）

1. 代为办理名称为 ××××××方法、装置、计算机设备和存储介质 的发明创造

申请或专利（申请号或专利号为__________）以及在专利权有效期内的全部专利事务。

2. 代为办理名称为__________

专利号为__________的专利权评价报告或实用新型专利检索报告。

3. 其他

专利代理机构接受上述委托并指定专利代理人

【代理人姓名】 ××

【代理人姓名】

办理此项委托。

委托人（单位或个人）　　深圳市×××××有限公司　　（盖章或签字）

被委托人（专利代理机构）　　深圳市××专利代理事务所（普通合伙）

（盖章）

2021年08月24日

图 2-4　电子形式的专利代理委托书

专利代理委托书

请按照“注意事项”正确填写本表各栏

根据专利法第18条的规定

委 托 ××××专利代理事务所（普通合伙） 机构代码（ ××× ）

1. 代为办理名称为 一种××××××××控制方法 的发明创造

申请或专利（申请号或专利号为______）以及在专利权有效期内的全部专利事务。

2. 代为办理名称为______

专利号为______的专利权评价报告或实用新型专利检索报告。

3. 代为办理名称为______

申请号或专利号为______的中止程序请求。

4. 其他 ______

专利代理机构接受上述委托并指定专利代理师 ××× 、______ 办理此项委托。

委托人（单位或个人） （盖章或签字）

被委托人（专利代理机构） （盖章）

2023 年 03 月 29 日

图2-5 专利代理委托书扫描件

发明专利请求书

<table>
<tr><td>⑲摘要附图</td><td>指定说明书附图中的图_6_为摘要附图。</td></tr>
<tr><td colspan="2">
<table><tr><td>⑳申请文件清单
1.发明专利请求书 共5页
2.说明书摘要 共1页
3.权利要求书 共2页
4.说明书 共21页
5.说明书附图 共4页

权利要求的项数 10 项</td><td>㉑附加文件清单
1.实质审查请求书 共1页

证明文件备案编号__
总委托书（编号ZW002236×××）</td></tr></table>
</td></tr>
</table>

图 2-6　总委托书编号填写

82 专利代理委托书中的信息填写错误有何后果？

专利代理委托书中的信息填写错误的后果与申请人是否属于应当委托代理机构的情形有关，二者后果不同。

对于属于应当委托代理机构情形的申请，如专利代理委托书中的信息填写错误，国家知识产权局会发出补正通知书，要求申请人改正相应信息。逾期不答复，国家知识产权局将发出视为撤回通知书。

对于属于不必须委托代理机构情形的申请，如专利代理委托书中的信息填写错误，国家知识产权局会发出办理手续补正通知书，要求申请人改正相应信息。逾期不答复，国家知识产权局将发出视为未委托通知书，由于发出视为未委托通知书后，申请人与代理机构的委托关系不成立，因此该专利申请还存在请求书中缺少申请人签章的缺陷，国家知识产权局还应同时向申请人发出补正通知书，指出缺少申请人签章的缺陷；如该专利申请还存在其他需要补正的缺陷，补正通知书中还应同时指出其他存在需要补正的形式缺陷。

83 收到视为未委托通知书后应如何答复？

如果该专利申请不再委托代理机构，可以自行提交补正文件。但还需要注意以下情形：

（1）除提交补正通知书中指出的缺陷外，由于首次提交的专利请求书中的签章为代理机构签章，因此还需要重新提交由全体申请人签字或盖章的发明专利请求书，以符合《专利法实施细则》第 16 条第（六）项和第 119 条的规定。

（2）若申请人是单位，该申请视为未委托专利代理机构后，还应当添加联系人，联系人是代替该单位接收国家知识产权局所发信函的收件人，且联系人应当是本单位的工作人员。

（3）如果是电子申请，应当至少有一名申请人是电子申请注册用户且指定其为代表人，全体申请人都不是电子申请用户的，应当办理电子申请用户注册手续。

如果申请人仍委托专利代理机构，则要重新办理专利代理委托手续，需要办理著录项目变更手续，包括提交著录项目变更申报书，并提交专利代理委托书，详见本书第五章第五节相关内容。对于电子申请来说，重新委托的专利代理机构应当是电子申请用户。

八、序列表

84 什么是核苷酸或氨基酸序列表？

序列表是指包含在专利申请中公开的并构成说明书组成部分的核苷酸序列和/或氨基酸序列，它公开了核苷酸和/或氨基酸序列的详细内容和其他有用信息，应当符合世界知识产权组织（WIPO）相关标准（ST.26 标准）的要求。

WIPO ST.26标准中的核苷酸序列必须包括以下内容：

（1）10个或更多“专门定义”并“枚举的”*残基。

（2）包括具有核苷酸类似物［如肽核酸（PNA）和二醇核酸（GNAGNA）］的序列。

WIPO ST.26标准中的氨基酸序列必须包括以下内容：

（1）4个或更多“专门定义”并“枚举的”*残基。

（2）包括具有D-氨基酸的序列。

（3）要求将支链序列的线性区域包括在序列表中。[1]

85 核苷酸或氨基酸序列表内容应符合什么标准？

依据国家知识产权局发布的《关于调整核苷酸或氨基酸序列表电子文件标准的公告》（第 485 号），自 2022 年 7 月 1 日起，向国家知识产权局提交的国家专利申请和 PCT 国际申请，专利申请文件中含有序列表的，该序列表电子文件应符合 WIPO ST.26 标准要求，即“关于用 XML（可扩展标记语言）表示核苷酸和氨基酸序列表的推荐标准”。WIPO ST.26 标准具体参见世界知识产权组织网站，网址：https://www.wipo.int。

申请日在 2022 年 7 月 1 日之前的国家专利申请和 PCT 国际申请，申请人仍应按照《核苷酸和/或氨基酸序列表和序列表电子文件标准》（国家知识产权局长令第 15 号）和《关于知识产权行业标准〈电子文件标准〉中部分特征关键词表的修订》（国家知识产权局公告第 248 号）规定的电子文件标准提交序列表。

上述标准适用于所有向国家知识产权局提交的包含核苷酸和/或氨基酸序列的

[1] 世界知识产权组织.产权组织标准 ST.26 简介［EB/OL］.（2021-04-21）［2023-03-10］. https://www.wipo.int/edocs/mdocs/cws/zh/wipo_webinar_standards_2021_1/wipo_webinar_standards_2021_1_presentation.pdf.

发明专利申请，具体地说，适用于该申请提交的纸件形式的核苷酸和/或氨基酸序列表，以及含有核苷酸和/或氨基酸序列表的计算机可读形式的序列表电子文件。

86 何时需要勾选序列表一栏？

当专利申请涉及核苷酸或氨基酸序列表时，需要在请求书中勾选该选项。若专利申请不涉及核苷酸或氨基酸序列表而申请人误勾选时，国家知识产权局将发出补正通知书，要求申请人核实本申请是否涉及核苷酸或氨基酸序列表。申请人应认真核实后再进行勾选，以免延误时限。

87 如何提交核苷酸或氨基酸序列表？

根据《专利法实施细则》第 17 条第 4 款的规定，包含一个或者多个核苷酸或者氨基酸序列的发明专利申请，说明书应当包括符合国务院专利行政部门规定的序列表，并按照国务院专利行政部门的规定提交该序列表的计算机可读形式的副本。因此，在发明专利请求书中勾选“本专利申请涉及核苷酸或氨基酸序列表”后，应注意提交核苷酸或氨基酸序列表。

对纸件申请来说，申请人应当在申请的同时提交作为说明书的一个部分并单独编页的序列表及与该序列表相一致的计算机可读形式的副本，如提交记载有该序列表的符合规定的光盘或者软盘。

对于电子申请来说，涉及核苷酸或氨基酸序列表的电子申请，可以直接通过专利业务办理系统仅提交规定格式的序列表，无须提交相应的光盘或软盘。依据国家知识产权局发布的《关于调整核苷酸或氨基酸序列表电子文件标准的公告》（第 485 号），专利申请人以电子形式提交国家专利申请，在提交符合 WIPO ST.26 标准的序列表电子文件时，为核算说明书附加费用，应同时提交一份 PDF 格式的序列表文件。目前，该 PDF 序列表文件由专利业务办理系统自动生成，不再需要申请人自行提交，因此申请人仅需要提交符合 WIPO ST.26 标准的序列表电子文件即可。

88 ST.26 序列表提交时有哪些常见错误？

（1）序列表不完整，如缺失专利申请涉及的核苷酸或氨基酸序列等。

（2）纸件申请中，序列表计算机可读形式副本中序列表内容与说明书中的序列表明显不一致，如申请号、申请人、发明名称、优先权信息等。

（3）序列表格式不正确，如序列表含有乱码。

（4）发明专利请求书中要求不公开发明人信息，在序列表中填写发明人信息。

（5）档案名未用拉丁文填写。

（6）申请人名称未同时填写中文和拉丁文。

（7）填写了发明人名称，但缺少拉丁文发明人名称。

（8）发明名称未用中文填写。

针对以上错误，国家知识产权局均会发出补正通知书，要求申请人修改相应缺陷。

89 如何使用 WIPO Sequence 验证 ST.26 序列表的格式是否符合规定？

安装 WIPO Sequence 成功后，双击程序进入软件界面，在右上角选择中文，点击验证序列表，如图 2-7 所示。

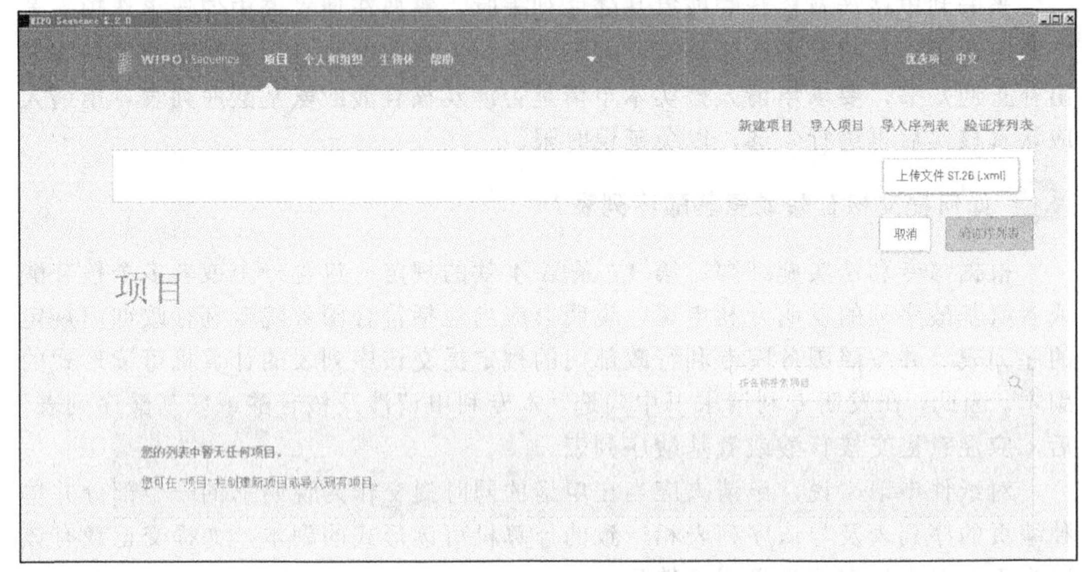

图 2-7 WIPO Sequence 验证步骤一

点击上传文件 ST.26.xml，选择相应的 ST.26 序列表，如图 2-8 所示。

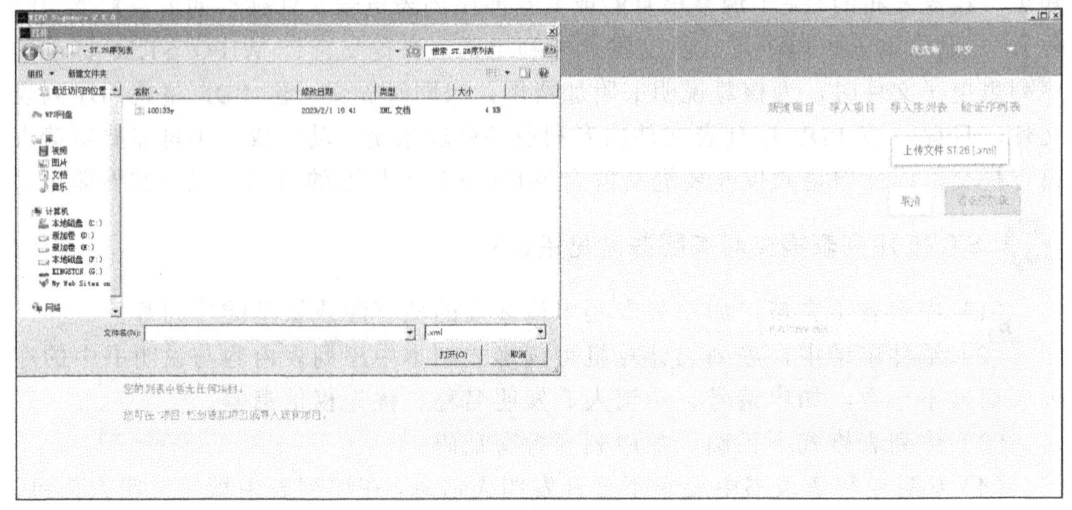

图 2-8 WIPO Sequence 验证步骤二

点击验证序列表后，即得到验证报告，如图 2-9 所示。

验证报告

验证报告信息

生成日期	2023-03-04
验证报告 (XML)	C:\Users\ ××× \AppData\Roaming\ST26_authoring\100133y.xml
验证报告 (HTML)	C:\Users\ ××× \AppData\Roaming\ST26_authoring\100133y.html

验证消息

严重性	数据元素	消息文本	检测值	检测到的序列
WARNING	申请标识	申请号不存在。如果已分配申请号，则必须填写申请号。	-	
WARNING	最早优先权申请标识	最早优先权申请信息不存在。对在先申请提出优先权要求时，必须提供最早优先权申请信息。		
WARNING	原自由文本语言代码	未输入原自由文本语言代码。		

图 2-9 WIPO Sequence 验证步骤三

九、同日申请声明

90 什么是专利申请中的“同日申请”？

根据《专利法实施细则》第 41 条的规定，同一申请人在同日（指申请日）对同样的发明创造既申请实用新型专利又申请发明专利的，应当在申请时分别说明对同样的发明创造已申请了另一专利。上述情形下的发明专利申请与实用新型专利申请即构成我国专利申请中的“同日申请”。

国家知识产权局公告授予实用新型专利权，应当公告申请人已依照《专利法实施细则》第 41 条第 2 款的规定同时申请了发明专利。发明专利申请经审查没有发现驳回理由的，国家知识产权局应当通知申请人在规定期限内声明放弃实用新型专利权。申请人收到通知后，可以决定是否放弃实用新型专利权。

申请人声明放弃的，国务院专利行政部门应当作出授予发明专利权的决定，并在公告授予发明专利权时一并公告申请人放弃实用新型专利权声明。申请人不同意放弃的，国家知识产权局应当驳回该发明专利申请；申请人期满未答复的，视为撤回该发明专利申请。实用新型专利权自公告授予发明专利权之日起终止。

91 是否可以同时申请发明专利和实用新型专利？

《专利审查指南》第一部分第二章规定，根据《专利法》第 3 条和第 40 条的规定，国务院专利行政部门受理和审查实用新型专利申请，经初步审查没有发现驳回理由的，作出授予实用新型专利权的决定，发给相应的专利证书，同时予以登记和公告。由此可知，由于我国对实用新型专利申请实行初步审查制度，实用新型专利从申请到获得专利权保护的时间相较于发明专利申请从申请到授权的时间短，因此，如果申请人希望较快获得专利权保护，可以申请实用新型专利。但是，由于实用新型专利没有经过实质审查，其专利权的稳定性弱于发明专利，其保护年限也仅为发明专利的一半。

《专利法》第 9 条第 1 款规定，同样的发明创造只能授予一项专利权。但是，同一申请人同日对同样的发明创造既申请实用新型专利又申请发明专利，先获得的实用新型专利权尚未终止，且申请人声明放弃该实用新型专利权的，可以授予发明专利权。

上述法条虽然是规定禁止重复授权的，但其说明申请人可以就一项发明创造同时申请发明专利和实用新型专利，在发明创造通过实用新型专利初步审查后首先获得实用新型专利保护，获得时间上的先机；后续发明专利申请符合授权条件的，申请人可以选择放弃实用新型专利，获得发明专利，从而获得更为稳定的权利。

92 提出同日申请声明后在专利审查方面有何利弊？

提出同日申请声明后，对同日申请的实用新型专利申请的审查无影响。同日申请的发明专利申请进入实质审查阶段后，发明专利申请符合授权条件的，国家知识产权局会发出通知书通知申请人选择实用新型专利还是选择放弃实用新型专利，获得发明专利授权。

但是对于同日申请的发明专利申请的审查会有一定影响，根据《国家知识产权局关于〈专利审查指南〉修改的公告》（第328号）的相关规定，同一申请人同日（仅指申请日）对同样的发明创造既申请实用新型专利又申请发明专利的，对于其中的发明专利申请一般不予优先审查。[1]

申请人可以根据发明创造的实际情况综合评估，再决定在申请专利时是否选择“同日申请”。

93 如何判断是否需要提出同日申请声明？

同日申请策略主要适用于需要尽快获得专利保护但申请发明专利授权前景不明的发明创造，如该技术经实质审查后最终未获发明专利授权，该技术仍可获得实用新型专利保护，但应注意该权利不稳定，随时可能被无效；如该技术最终获得发明专利授权，则既可在实用新型专利快速授权后对竞争对手形成威慑，又可在发明专利授权后获得权利稳定与保护周期长的优势。[2]

要采用同日申请策略，应在同日对同样的发明创造提出实用新型专利申请和发明专利申请，且同时在请求书中作出同日申请声明。同时应注意，由于实用新型专利申请只能是对产品的形状、构造或者其结合所提出的技术方案，采用该策略的申请不应是方法类的发明创造。

94 同时申请发明专利和实用新型专利应注意什么？

《专利法实施细则》第41条第2款规定，同一申请人在同日（指申请日）对同样的发明创造既申请实用新型专利又申请发明专利的，应当在申请时分别说明

---

[1] 对涉及国家、地方政府重点发展或鼓励的产业，对国家利益或者公共利益具有重大意义的申请，或者在市场活动中具有一定需求的申请等，由申请人提出请求，经批准后，可以优先审查，并在随后的审查过程中予以优先处理。按照规定由其他相关主体提出优先审查请求的，依照规定处理。适用优先审查的具体情形由《专利优先审查管理办法》规定。

[2] 周学平．发明专利申请中重要手续及政策运用［N］．中国知识产权报，2014-11-07．

对同样的发明创造已申请了另一专利；未作说明的，依照《专利法》第 9 条第 1 款关于同样的发明创造只能授予一项专利权的规定处理。

这是因为，一方面，会在后续公告授予实用新型专利权时一并公告该说明，让公众知道该申请人针对同样的发明创造提出了两项专利申请，即使先授予的实用新型专利权终止，该发明创造还能接着由随后授予的发明专利权予以保护，从而避免误导公众；另一方面，也是为了国家知识产权局对发明专利申请进行实质审查时予以注意，避免重复授权。鉴于申请人的上述说明对专利制度的正常运作具有重要作用，因此在提交专利申请时未声明的，无法按照同日申请进行审查。“未作说明”的含义既包括实用新型专利申请和发明专利申请时均未作说明，也包括在提交其中一件专利申请时未作说明的情况。[1]

因此，建议申请人在提交“同日申请”时，在请求书的“同日申请”栏声明，否则将无法按照同日申请进行审查，事后也无法通过其他方式加以弥补。

95 “同日申请”如何进行说明？

如需作出同日申请声明，在发明专利请求书和实用新型专利请求书相应栏中分别勾选同日申请声明即可，不必单独提交。

在发明专利请求书中声明：本申请人对同样的发明创造在申请本发明专利的同日申请了实用新型专利。在实用新型专利请求书中声明：本申请人对同样的发明创造在申请本实用新型专利的同日申请了发明专利。

96 同日申请了发明专利和实用新型专利，但请求书中未勾选“同日申请”，对后面的专利授权有何影响？

《专利法实施细则》第 41 条第 2 款规定，同一申请人在同日（指申请日）对同样的发明创造既申请实用新型专利又申请发明专利的，应当在申请时分别说明对同样的发明创造已申请了另一专利；未作说明的，依照《专利法》第 9 条第 1 款关于同样的发明创造只能授予一项专利权的规定处理。

申请专利时提交的请求书中未勾选“同日申请”，则发明专利和实用新型专利为两个相互独立的专利申请，不属于专利申请中的“同日申请”，可能会对彼此的授权产生影响，影响程度要视具体申请的实际情况而定，具体的审查结论还需要结合专利检索情况进行综合分析。

十、提前公布声明

97 什么是提前公布？

《专利法》第 34 条规定，国务院专利行政部门收到发明专利申请后，经初步

---

[1] 尹新天．中国专利法详解［M］．北京：知识产权出版社，2011：107-108．

审查认为符合本法要求的，自申请日起满18个月，即行公布。国务院专利行政部门可以根据申请人的请求早日公布其申请，即“提前公布”。

在其申请初步审查合格前，申请人要求提前公布其专利申请的，自初步审查合格之日起进行公布准备，并及时予以公布；在初步审查合格后，申请人要求提前公布其专利申请的，自提前公布请求合格之日起进行公布准备，并及时予以公布。

98 如何提交提前公布声明？

纸件申请中，发明专利请求书第22栏为提前公布声明，如所提交的专利申请要请求提前公布，在请求书中勾选“请求早日公布该专利申请”即可。

在初审合格之后，申请人可提交单独的提前公布声明。

99 如何判断案件是否需要提出提前公布声明？

发明专利申请是否需要提前公布需要结合案件本身的实际情况综合判断，申请人应综合考虑所提出发明专利申请的技术创新程度、该申请在自身专利战略中所处的地位、竞争对手的研发方向及程度、对竞争对手可能造成的专利战略布局的影响程度等因素。

一方面，提前公布对发明专利申请的益处在于：①可以使专利申请尽快进入实质审查阶段，可能会尽快获得专利权；②在提前公布后至授权前的一段时间内获得临时保护的效力，对专利技术进入市场、占领市场可能有一定的帮助；③可能影响竞争对手相似专利申请的新颖性或创造性，扰乱竞争对手的专利布局计划等。

另一方面，也应注意提前公布申请文件的内容可能会损害申请人的自身利益：①专利申请文件未公布时，申请人如选择撤回专利申请则该技术可以作为技术秘密予以保护，公布后则成为现有技术，无法再作为技术秘密保护也无法再获得专利保护，也就是说提前公布会导致自身选择可以将专利申请内容作为技术秘密的期限变短；②专利申请内容提前公布后会使竞争对手过早了解到申请人的研发方向，可能根据公布内容作出不利于申请人的专利战略调整，例如，竞争对手发现申请人提出的发明专利申请创新程度很高，是一项基本专利，可能会针对申请人的专利技术申请大量外围专利，在该专利周围编织专利网，与申请人进行对抗等。[1]

100 提前公布声明可以撤销吗？

在专利申请进入公布准备阶段之前，申请人可以提交意见陈述书请求撤销提前公布声明。在发明专利申请进入公布准备阶段后，由于包含专利申请内容的专利公报已进入排版印刷阶段，无法再撤回公布的内容，因此，在公布准备阶段后就不能再撤销提前公布声明了。

---

[1] 周学平. 发明专利申请中重要手续及政策运用［N］. 中国知识产权报，2014-11-07.

十一、签字或盖章

101 在请求书中签字或盖章需要注意什么问题？

对于电子申请，如申请人未委托专利代理机构，则请求书中应当由作为申请人或申请人之一的电子申请用户进行电子签章；如申请人委托专利代理机构，则请求书中由专利代理机构进行电子签章。

对于纸件申请，如申请人未委托专利代理机构，则请求书中应当由全体申请人签字或盖章，请注意：①申请人为个人的，应当由本人签字或者盖章；②申请人为单位的，应当加盖单位公章，注意不能是合同专用章或其他类型的签章，否则不具备法律效力，经备案的专利申请或专利业务专用章除外；③对于国外的申请人来说，若申请人为单位，如某公司，也可以由公司的法人代表签字。如申请人委托专利代理机构，则请求书中由专利代理机构盖章即可。而且，签字或盖章应当为原件，不能是复印件。所有签字或盖章应与请求书中填写的申请人名称一致。

102 请求书填写的申请人名称与签章不一致怎么办？

请求书中填写的单位名称应当与所使用的公章上的单位名称一致。对于请求书填写的申请人名称与签章不一致的情况，分为两种情形。

一种是请求书中填写的申请人名称为正确的，签章错误，申请人重新提交附有正确签章的请求书即可。

另一种是请求书中的申请人名称填写错误，但与签章的申请人为同一主体，例如，请求书中填写的申请人名称是“广东光明技术有限公司”，而盖章为“广东光明技术有限责任公司”，申请人的签章与填写的名称不一致。申请人请求改正请求书中所填写的姓名或名称，应当提交补正书、当事人声明和相应的证明文件。当事人声明中应指出请求书中申请人名称填写错误，并请求更正请求书中填写的申请人名称，且应由申请人签字或盖章；相应的证明文件，可以是证明申请人名称的企业营业执照或事业单位法人证书等。

103 对于单位全称中含有两个单位名称的情形，如何盖章？

一般而言，请求书中填写的单位名称应当与所使用的公章上的单位名称完全一致，但由于我国事业单位名称存在一些特殊情形，因此也存在一些例外的情形。根据《事业单位登记管理暂行条例实施细则》第 23 条的规定：“除特殊情况外，一个事业单位使用一个名称。申请人申请登记多于一个名称，登记管理机关经审查确认必要的可以核准登记，并在法人证书上将第一名称之外的名称以加括号的形式显示在第一名称之后。”

因此，对于单位申请人依法登记有两个名称，其中一个以加括号的形式显示在第一名称之后的情形，如A（B），申请人提交的公章可以是与两个名称相一致的两个公章，即一个A的公章和一个B的公章，或包含全部名称的公章，即A(B)的公章。

案例2-5：

某专利申请，申请人为"**省**市航道管理处（**市内河巷口管理处）"，请求书或委托书中盖"**省**市航道管理处"和"**市内河巷口管理处"的章，是符合要求的；盖"**省**市航道管理处（**市内河巷口管理处）"的章，也是符合要求的。但若仅加盖其中一个单位名称的签章，是不合格的，因为盖章与请求书填写的申请人名称不一致。

104 医疗机构名称中含有两个单位名称，可以只盖一个公章吗？

对于单位全称中含有两个单位名称，其中一个用括号括起的情形，盖章应当与其名称完全一致，或者加盖两个单位名称的盖章，但部分医疗机构存在特殊情形。

根据《医疗机构管理条例实施细则》第47条的规定，医疗机构只准使用一个名称。确有需要，经核准机关核准可以使用两个或者两个以上名称，但必须确定一个第一名称。第51条规定，医疗机构的印章、银行账户、牌匾以及医疗文件中使用的名称应当与核准登记的医疗机构名称相同；使用两个以上的名称的，应当与第一名称相同。因此，部分医疗机构在提交专利申请时，请求书中使用两个名称，即A（B）的形式，请求书或委托书中可以仅加盖该单位第一名称的公章。

十二、保密

105 如何判断专利申请是否需要保密？

根据《专利法》第4条的规定，申请专利的发明创造涉及国家安全或者重大利益需要保密的，按照国家有关规定办理。一般而言，涉及国家安全的发明创造主要是指国防专用或者对国防有重大价值的发明创造，涉及国家重大利益的发明创造是指涉及国家安全以外的其他重大利益的发明创造。这些发明创造的公开会影响国家的安全、损害国家的政治、经济利益或削弱国家的科技、经济实力，因此需要保密。

106 如何请求保密审查？

根据《专利审查指南》第五部分第五章3.1.1的规定，申请人认为其发明或者实用新型专利申请涉及国家安全或者重大利益需要保密的，应当在提出专利申请的同时，在请求书上勾选第20栏"保密请求"，其申请文件应当以纸件形式提交。

若在提出专利申请时在请求书中遗漏勾选该项，申请人也可以在发明专利申请进入公布准备之前，或者实用新型专利申请进入授权公告准备之前，通过意见陈述提交保密请求。

申请人在提出保密请求之前已确定其申请的内容涉及国家安全或者重大利益需要保密的，应当提交有关部门确定密级的相关文件。

107 保密申请请求与向外国申请专利保密审查请求有何区别？

首先，两者针对专利申请的地域不同。保密申请请求是针对在中国申请的专利，向外国申请专利保密审查请求则是针对任何单位或者个人将在中国完成的发明或者实用新型向外国申请专利的，应当事先报经国家知识产权局进行保密审查的程序。

其次，二者的办理程序不同。一般保密申请请求应当在提出专利申请的同时，在请求书上作出要求保密的表示，其申请文件应当以纸件形式提交。申请人也可以在发明专利申请进入公布准备之前，或者实用新型专利申请进入授权公告准备之前，提出保密请求。申请人拟直接向外国申请专利的专利申请，应当提交向外国申请专利保密审查请求书和技术方案说明书。申请人拟在向国家知识产权局申请专利后又向外国申请专利的，应当在提交专利申请的同时或之后提交向外国申请专利保密审查请求书。申请人向国家知识产权局提交国际申请的，视为同时提出向外国申请专利保密审查请求。

第三节　权利要求书

一、权利要求书概述

108 权利要求书的作用和意义是什么？

《专利法》第 64 条第 1 款规定，发明专利权的保护范围以其权利要求的内容为准。这表明权利要求书的作用是确定专利申请和专利权的保护范围。一方面，申请时提交的权利要求书表明了申请人希望获得多大范围的法律保护，是判断专利申请是否符合授权条件的基础文件；另一方面，在专利申请授予专利权之后，权利要求书是确定该专利权保护范围的依据，若发生专利侵权纠纷，在判断是否构成侵犯专利权的行为时，是以权利要求确定的保护范围为准。[1]因此，权利要求书具有十分重要的作用和意义。

---

[1] 尹新天．中国专利法详解［M］．北京：知识产权出版社，2011：363.

109 权利要求书撰写的基本要求是什么？

权利要求书要清楚、简要地写明构成技术方案的技术特征，并以说明书为依据，即保护范围与说明书所公开的内容相适应。权利要求的实质性要求有：①权利要求应当以说明书为依据，也就是说权利要求应当得到说明书的支持；②权利要求应当清楚、简要。权利要求要起到合理、准确地界定专利保护范围的作用，上述两项要求缺一不可，若不满足，则该两项既是授予专利权之前驳回专利申请的理由，也是授予专利权之后请求宣告专利权无效的理由。

此外，还应注意：权利要求的主题名称应当能够清楚地表明该权利要求所保护的是一种产品还是一种方法，不允许采用含糊的表达方式。权利要求书的内容应当反映要求获得保护的发明的技术方案，而不应当记载发明创造背景、发明创造所要解决的技术问题、发明创造的理论原理及发明创造产生的有益效果，这些内容只需要在说明书中记载。[1]

二、权利要求书的形式要求

110 多项权利要求应当如何编号？

根据《专利法实施细则》第19条第2款的规定，权利要求书有几项权利要求的，应当用阿拉伯数字顺序编号。不得含有未编号或编号重复的权利要求，编号前也不得冠以“权利要求”或者“权项”等词。

案例2-6：

该申请的权利要求编写为“1、2、3、4、5、6、4、5、6……”，其中“4、5、6”编号重复，属于未按顺序编号的情形，应当修改为“1、2、3、4、5、6、7、8、9……”。

案例2-7：

该申请的权利要求1未进行编号，不符合形式要求。

一种纺粘无纺布加筋设备……

2. 根据权利要求1所述的一种纺粘无纺布加筋设备，其特征在于：……

3. 根据权利要求2所述的一种纺粘无纺布加筋设备，其特征在于：……

案例2-8：

该申请的权利要求2中包含2项权利要求，未用规定格式顺序编号。

1. 一种镁合金钎焊方法，其特征在于，包括以下步骤：

1.1：工业气氛炉电流耦合改造

a）针对管式气氛炉出气法兰，在其出气口两侧钻出直径约为5mm圆孔；

---

[1] 尹新天. 中国专利法详解［M］. 北京：知识产权出版社，2011：363-366.

b）在圆孔中镶嵌入以绝缘陶瓷包裹的不锈钢导线，确保在加热保温过程中可持续通入电流。

1.2：镁合金母材的预处理

a）针对所需焊接的各类镁合金母材；

b）对焊接表面用各粒度砂纸进行磨制，直至使用2000#磨出单一且均匀的痕迹；

c）用金相抛光机配合合适粒度的抛光膏进行抛光，直至无划痕且出现镜面效果。

2. 根据权利要求1所述的镁合金钎焊方法，其特征在于，对传统工业气氛炉进行电流耦合改造，确保工业气氛炉达到可通电的需求。4. 根据权利要求1所述的镁合金钎焊方法，其特征在于，无须使用活性助焊剂，仅通过通入电流的方式来抑制镁合金氧化。

3. 根据权利要求1所述的镁合金钎焊方法，其特征在于，钎焊时整体的保温温度低于镁合金母材熔点80～120℃。

111 权利要求书中可以有插图、表格吗？

根据《专利法实施细则》第19条第3款的规定，为了清楚地界定专利保护范围，权利要求中不得有插图。

权利要求中可以有化学式或者数学式，必要时也可以有表格。但是表格一般不建议使用，除非使用表格能够更清楚地说明要求保护的主题。

112 已提交的权利要求书中含有插图应如何补正？

若已提交的权利要求书中含有插图，国家知识产权局会发出补正通知书，建议申请人按照通知书的要求进行补正：

（1）如果权利要求书中的插图为说明书附图中的一幅，建议申请人删除权利要求书中的插图，同时在权利要求书中作相应的文字说明，如“如图2所示”。

（2）如果权利要求书中的插图不是说明书附图中的一幅，建议申请人删除权利要求书中的插图，同时在权利要求书中作相应的文字说明，如“如图5所示”，并将该插图移入说明书附图中，同时在说明书的附图说明部分加入对该图的简要说明。

（3）如果权利要求书中的插图能够使用文字表述，申请人可以将该插图改为相应的文字表述；或者以上述（2）中的方式进行补正。

113 权利要求书还有哪些常见的形式错误？

实践中权利要求书中主要存在以下常见的形式错误：

（1）权利要求书要求保护的主题与申请的发明主题内容不符；

（2）权利要求书结尾不完整，存在语句不完整或缺少句号的情况；

（3）权利要求书中缺少相应的文字、公式或表格；或者文字、公式或表格不完整、不清晰；

（4）权利要求书中存在乱码等不规范的内容，如公式中的文字重叠、显示“？？”“□”“错误！未找到引用源”、显示修改标记等；

（5）权利要求书中存在错别字，或者部分文字重复等。

建议申请人在提交专利申请时，仔细核对权利要求书的全部内容，避免出现上述错误。

第四节　说明书及附图

一、说明书及附图概述

114 说明书的作用是什么？

说明书是申请人公开其发明的文件，其作用在于：第一，将发明的技术方案清楚、完整地公开出来，使所属技术领域的技术人员能够理解并实施该发明，从而为社会公众提供新的有用的技术信息；第二，说明书提供的信息是国家知识产权局进行审查，判断是否能够授予专利权的基础；第三，说明书是权利要求书的基础和依据，可用于解释权利要求书，以便更为正确地确定发明专利权的保护范围。[1]

115 说明书附图的作用是什么？

有的发明创造的技术方案仅凭文字描述无法获得清楚的说明，此时就需要辅以附图进行说明。因此，为了便于清楚地表述申请专利的发明，使国家知识产权局的审查员及广大公众容易理解，专利申请的说明书可以辅以附图。[2]对于有附图的说明书来说，附图是其重要的组成部分之一。

116 说明书（包括附图）撰写的基本要求是什么？

说明书（包括附图）要充分公开，即对所要保护的技术方案作出清楚、完整的说明，以所属技术领域的技术人员能够实现为准。所谓“清楚”，是指说明书的内容应当清楚，具体包括：①主题明确。说明书应当写明发明所要解决的技术问题及解决该技术问题采用的技术方案，并对现有技术写明发明的有益效果，且技术问题、技术方案和技术效果应当相互适应，不得出现相互矛盾或不相关联的情形。②用词准确。说明书应当使用发明所述技术领域的技术术语，准确地表达发明的技术内容，不得含糊不清或者模棱两可。要让所属领域的技术人员清楚、准确地理解该发明。所谓“完整”，是指说明书应当包括《专利法》及《专利法实施

---

[1] 尹新天．中国专利法详解［M］．北京：知识产权出版社，2011：357.
[2] 尹新天．中国专利法详解［M］．北京：知识产权出版社，2011：359.

细则》所要求的各项内容，不能缺少为理解和实施发明所需的任何技术内容。所谓“能够实现”，是指所属领域的技术人员按照说明书记载的内容，无须再付出创造性劳动，就能够实施该发明的技术方案，解决其要解决的技术问题，产生预期的有益效果。

如果说明书（包括）附图的撰写不符合上述要求，尤其是存在不完整、不能使所属领域的技术人员实施该发明或者实用新型的缺陷，后续将无法克服该缺陷，无法获得发明授权。因为根据《专利法》第 33 条的规定，对发明专利申请文件的修改不得超出原说明书和权利要求书记载的范围。[1]

二、说明书及附图的形式要求

117 说明书一般应如何撰写？

根据《专利法实施细则》第 17 条的规定，发明专利申请的说明书应当写明发明名称，该名称应当与请求书中的名称一致。说明书应当用词规范、语句清楚。说明书一般应当包括技术领域、背景技术、发明内容、附图说明及具体实施方式五大部分。不存在附图的，无须撰写附图说明部分。

具体而言，说明书应当包括下列内容：

（一）技术领域：写明要求保护的技术方案所属的技术领域；

（二）背景技术：写明对发明或者实用新型的理解、检索、审查有用的背景技术；有可能的，并引证反映这些背景技术的文件；

（三）发明内容：写明发明或者实用新型所要解决的技术问题以及解决其技术问题采用的技术方案，并对照现有技术写明发明或者实用新型的有益效果；

（四）附图说明：说明书有附图的，对各幅附图作简略说明；

（五）具体实施方式：详细写明申请人认为实现发明或者实用新型的优选方式；必要时，举例说明；有附图的，对照附图。

发明专利申请人应当按照前款规定的方式和顺序撰写说明书，并在说明书每一部分前面写明标题。

118 说明书应当“用词规范、语句清楚”，具体指什么？

根据《专利法实施细则》第 17 条第 3 款的规定，说明书应当用词规范、语句清楚。具体指说明书不得使用“如权利要求……所述的……”一类的引用语，也不得使用商业性宣传用语。非技术用语、不规范用语等也不允许使用。而且，也不得含有贬低或者诽谤他人或他人产品的词句，不得含有违反法律、社会公德或者妨害公共利益的内容。

[1] 尹新天．中国专利法详解［M］．北京：知识产权出版社，2011：360-361．

案件 2-9：

某件专利申请的说明书背景技术部分描述了如下内容：

我国宣布二氧化碳排放力争2030年前达到峰值，努力争取2060年前实现碳中和，这意味着我国产业结构、能源结构、生产生活方式需要发生深刻转变。太阳能光伏发电是实现碳达峰、碳中和的重要途径之一。

该内容与该发明的技术内容并无关联。说明书的背景技术部分写明对发明的理解、检索、审查有用的背景技术，而非作出发明创造时的社会背景。建议申请人删除上述与技术无关的内容。

119 说明书中可以含有插图吗？附图中可以带有文字注释吗？

说明书文字部分可以有化学式、数学式或者表格，但不得含有插图。附图中也不得含有非必需的文字注释。说明书的文字部分和附图部分应当分别按照规范格式撰写。对于附图的文字注释说明应当写在说明书中，插图应当放入说明书附图中。

案例 2-10：

某专利申请的说明书附图图1和图2下方含有非必需的文字注释“服务价值链多链知识图谱总体框架”“服务价值链多链数据集成过程”等，如图2-10所示，该文字注释属于附图说明，应当移入说明书的“附图说明”部分，在说明书附图下方仅标注图号即可。

120 说明书中的“附图说明”要与说明书附图相对应吗？

说明书中的“附图说明”应当与相应的说明书附图内容一一对应。说明书文字部分写有附图说明的，说明书应当有附图。说明书有附图的，说明书文字部分应当有附图说明。

说明书文字部分写有附图说明但说明书无附图或者缺少相应附图的，国家知识产权局会发出补正通知书。申请人可以作出选择：取消说明书文字部分的附图说明，或者在指定的期限内补交相应附图。如果申请人补交附图，则以向国家知识产权局补交附图之日为申请日，国家知识产权局会发出重新确定申请日通知书。如果申请人提交意见陈述书，取消相应附图说明的，保留原申请日。实践中附图说明与说明书附图不一致的问题最为常见，例如，说明书附图中缺少说明书中提及的附图，缺少“附图说明”或不完整、含有重复的附图说明、“附图说明”的描述与说明书附图不符等。

案例 2-11：

某专利申请的说明书中写有针对说明书附图图1、图2的附图说明，如下：

图1为本申请实施例提供的一种电池制造方法的流程图；图2为利用本申请实施例提供的电池制造方法制造的电池的结构示意图。

但本案申请日提交的文件中并无说明书附图，国家知识产权局针对此缺陷发出补正通知书，本案申请人可以选择取消上述附图说明，或补交图1、图2，以补交附图的日期重新确定申请日。

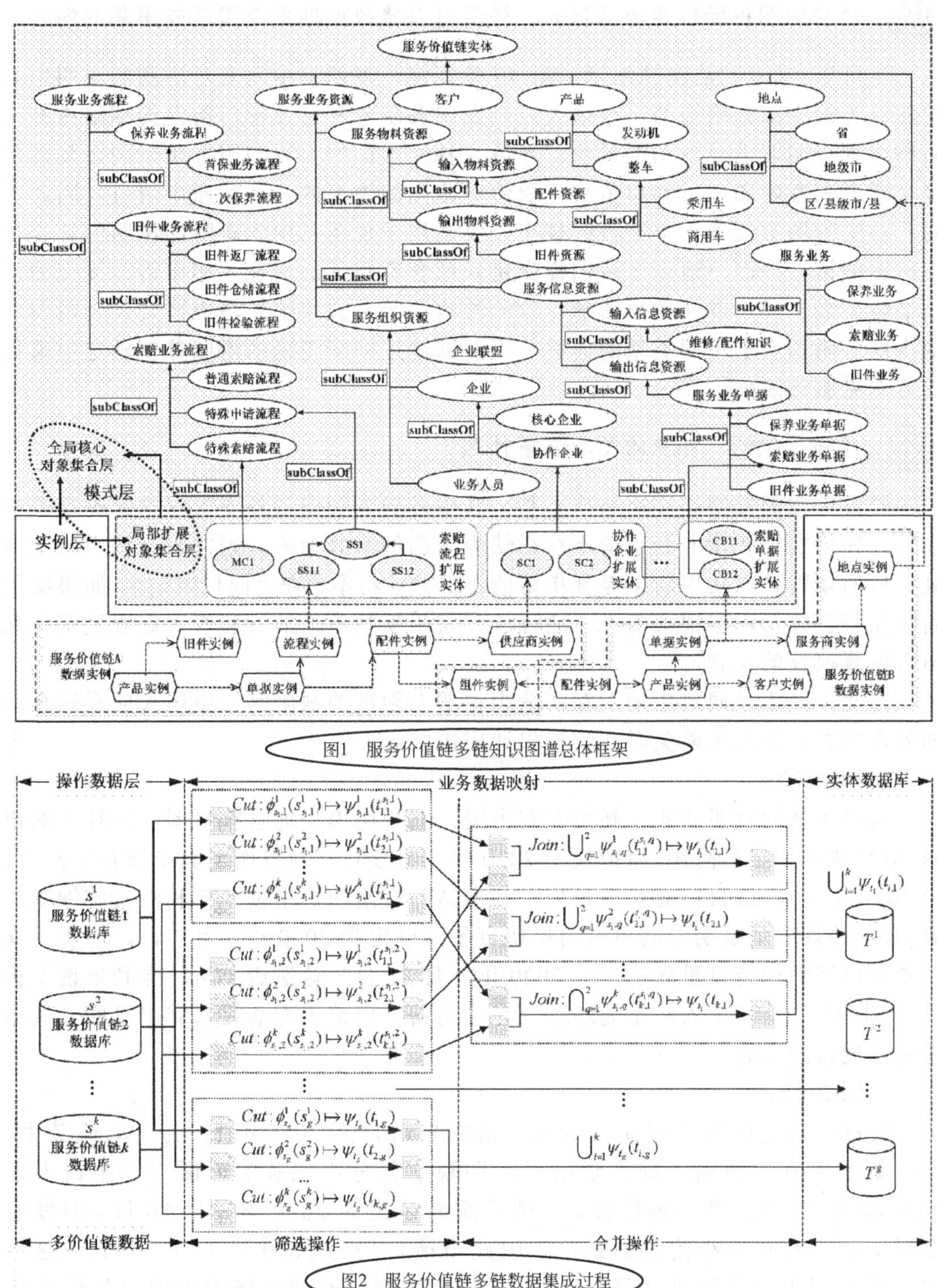

图 2-10　说明书附图中含有文字注释示例

121 补交附图重新确定申请日时，是否可以修改前期提交错误或遗漏的内容？

不可以。《专利法实施细则》第40条规定，说明书中写有对附图的说明但无附图或者缺少部分附图的，申请人应当在国务院专利行政部门指定的期限内补交附图或者声明取消对附图的说明。申请人补交附图的，以向国务院专利行政部门提交或者邮寄附图之日为申请日；取消对附图的说明的，保留原申请日。因此，对于补交附图重新确定申请日的规定，仅适用于说明书中含有附图说明但缺少相应附图的情形，而不适用于附图提交错误或含有缺陷的情况。如申请日提交的说明书附图显示异常或严重不清晰以致无法辨识等形式缺陷，与申请文件无附图或缺少部分附图属于不同类型的问题，不能够通过补交正确的附图重新确定申请日的方式克服该缺陷。

122 “同日申请”补交附图应注意什么？

同日申请的发明和实用新型专利，其中发明专利申请补交附图重新确定了申请日，如果实用新型专利申请不存在缺少附图的形式缺陷，则发明专利申请重新确定后的申请日与实用新型专利申请的不一致，将不再是“同日申请”。如果实用新型先获得授权，申请人将不能通过放弃实用新型申请的专利权来克服发明专利申请重复授权的问题。

因此，对于“同日申请”存在缺少说明书附图的缺陷时，申请人应采取合适的处理方式，以尽量避免对专利授权造成影响。

案例2-12：

同日申请的发明和实用新型专利申请，其说明书中均含有对图1～图3的说明，但都缺少相应的附图。申请人于2020年3月5日针对发明专利申请补交附图，于2020年8月12日针对实用新型专利申请补交附图。根据《专利法实施细则》第40条的规定，发明专利申请的申请日重新确定为2020年3月5日，而实用新型专利申请的申请日重新确定为2020年8月12日。这造成了两件专利申请不再是“同日申请”，申请人将不能通过放弃实用新型申请的专利权来克服发明专利申请重复授权的问题。

案例2-13：

同日申请发明与实用新型专利申请的申请日为2019年11月19日。其中，实用新型专利申请由于缺少说明书附图说明部分中记载的附图3，申请人于2020年4月20日补交该附图，申请日重新确定为2020年4月20日。但发明专利申请不存在缺少附图的缺陷，因此申请日仍为2019年11月19日。这造成了两专利申请不再是“同日申请”，且由于发明专利申请的申请日早于实用新型专利申请的申请日，根据《专利审查指南》第二部分第三章2.2的规定，发明专利申请可能会构成实用新型专利申请的抵触申请，造成发明与实用新型专利申请均无法获得授权。

对于此种情形，申请人应考虑是否需要对实用新型专利申请补交附图。若遗漏的附图不会导致专利申请的内容公开不充分或技术方案不完整时，申请人可以选择取消附图说明保留原申请日的方式进行补正。若遗漏的附图非常重要，不补交附图会导致说明书公开不充分时，则申请人需要作出慎重选择。由于补交附图后会导致两件专利申请不再是“同日申请”，为避免扩大损失，申请人可以在发明与实用新型专利申请中选择其一继续审查程序。

123 说明书还有哪些常见错误？

（1）说明书中的发明名称与请求书中填写的不一致。

案例 2-14：

某专利申请请求书中发明名称为“一种自定义 Spark 数据源实现数据快速写入 ClickHouse 的方法和装置”，而说明书中为“ 一种自定义 Spark 数据源实现数据快速写入 ClickHouse 的方法”，二者不一致，不符合形式要求，应当修改为完全一致。

（2）发明名称中含有错别字。

案例 2-15：

某专利申请的主题为“一种 SAR 载荷天线幅射特性测试方法”，其中“幅射”明显为错别字，应当修改为“辐射”。

（3）公式中含有不可识别的字符（乱码）。

案例 2-16：

某专利申请说明书中的公式如图 2-11 所示，明显为乱码。电子申请对于计算机的软件环境具有一定的要求，如果提交申请时的计算机软件环境配置不符合相关要求，就可能出现提交的申请文件显示异常，存在不可识别的字符等问题。因此，建议申请人或代理机构在提交专利申请后，须核实确认文件是否提交准确，避免因公开不充分导致案件无法被授予专利权。

$$R \subset r_1 \cup \_ \cup \cup \cup$$

$$r_i \cap \quad)(i, j = 1, \ldots, n, i \neq j)$$

图 2-11　说明书中公式显示乱码示例

124 说明书附图应当满足的清晰度要求是什么？

根据《专利法实施细则》第 121 条的规定，说明书附图的线条应当均匀清晰、足够深，且不得着色和涂改。附图的大小及清晰度，应当保证在该图缩小到 2/3 时仍能清晰地分辨出图中各个细节，以能够满足复印、扫描的要求为准。

案例 2-17：

某专利申请的附图如图 2-12 所示，其中线条明显不清晰，含有断线，应当将其中的线条修改清晰。

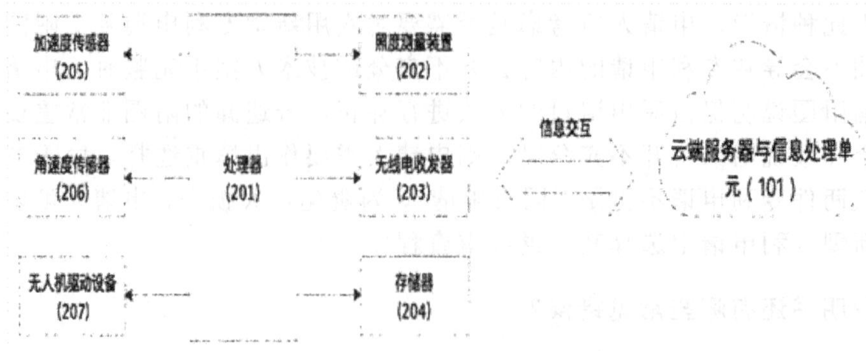

图 2-12　说明书附图不清晰示例

第五节　说明书摘要及摘要附图

一、说明书摘要及摘要附图概述

125 说明书摘要的作用是什么?

说明书摘要是对说明书记载内容的概述，其作用是使公众通过阅读简短的文字，就能够快捷地获知发明创造的基本内容。需要注意的是，摘要仅仅提供了关于发明的简要技术信息，其本身不具有法律效力，不能作为修改说明书或者权利要求书的依据，也不能作为用于解释权利要求书的内容。[1]

126 摘要附图的作用是什么?

摘要附图是最能说明该发明技术方案主要技术特征的附图，其作用是能使社会公众结合摘要更直观地获知发明创造的基本内容。

127 说明书摘要撰写的基本要求是什么?

根据《专利法实施细则》第 23 条的规定，说明书摘要应当写明发明专利申请所公开内容的概要，即写明发明名称和所属技术领域，并清楚地反映所要解决的技术问题、解决该问题的技术方案的要点以及主要用途。值得注意的是，说明书摘要不能仅描述发明的技术效果。

128 对指定的摘要附图的基本要求是什么?

指定的摘要附图应当为在一页纸上绘制独立的附图，并单独编号。对于以电

[1] 尹新天. 中国专利法详解［M］. 北京：知识产权出版社，2011：362.

子申请方式提交的案件，采用 XML/WORD 格式的说明书附图应当是单独的附图，采用 PDF 格式的说明书附图应当是可单独分割、与其他附图无关联关系的独立附图。

该附图与其他附图绘制在一张图纸上时，应自上而下布置，彼此明显分开，且申请人应在该附图的正下方标注图号，并在请求书中注明。

二、说明书摘要和摘要附图的形式要求

129 说明书摘要有什么形式要求？

说明书摘要可以包含最能说明发明的化学式；说明书摘要中不得使用商业性宣传用语。摘要的文字部分不得使用标题，文字部分（包括标点符号）不得超过 300 个字。

130 如何指定摘要附图？

根据《关于专利电子申请的规定》（国家知识产权局令第 57 号），为进一步规范专利电子申请相关手续办理，适应专利电子申请系统升级，以及电子申请在线业务办理平台使用，2016 年 10 月 22 日，新的申请客户端上线后，申请文件摘要附图的提交方式，改为由申请人指定摘要附图。

发明专利申请有说明书附图的，申请人应当在请求书中的“摘要附图”栏目填写附图编号，指定一幅最能说明该发明技术特征的附图为摘要附图。由于摘要附图是反映本发明技术方案的主要技术特征的，因此现有技术附图不能作为摘要附图。

案例 2-18：

申请人提交了说明书附图图 1、图 2，其中图 1 分为图 1a、图 1b，二者未切分，编号为图 1，在请求书中指定图 1a 为摘要附图，这种情况是不合格的，因为图 1a 并不是独立的附图，不能作为摘要附图。这种情况指定图 1 为摘要附图是合格的。

案例 2-19：

申请人提交了说明书附图图 1、图 2，其中图 1 分为图 1a、图 1b，二者均为独立的附图，且分别编号为图 1a、图 1b，在请求书中指定图 1a 为摘要附图，这种情况是合格的，而此时指定图 1 为摘要附图则是不合格的。

131 可以既提交摘要附图又指定摘要附图吗？

申请人在请求书中指定了摘要附图，就不应再提交摘要附图，避免产生指定的摘要附图与提交的摘要附图内容不一致的问题。

如果指定的摘要附图与提交的摘要附图内容不一致，国家知识产权局会发出补正通知书，指出该缺陷，并且要求申请人重新指定摘要附图。如果指定的摘要附图与提交的摘要附图内容一致，则以指定附图为准。

法条链接

◆ 《专利法》

第6条 执行本单位的任务或者主要是利用本单位的物质技术条件所完成的发明创造为职务发明创造。职务发明创造申请专利的权利属于该单位，申请被批准后，该单位为专利权人。该单位可以依法处置其职务发明创造申请专利的权利和专利权，促进相关发明创造的实施和运用。

非职务发明创造，申请专利的权利属于发明人或者设计人；申请被批准后，该发明人或者设计人为专利权人。

利用本单位的物质技术条件所完成的发明创造，单位与发明人或者设计人订有合同，对申请专利的权利和专利权的归属作出约定的，从其约定。

第8条 两个以上单位或者个人合作完成的发明创造、一个单位或者个人接受其他单位或者个人委托所完成的发明创造，除另有协议的以外，申请专利的权利属于完成或者共同完成的单位或者个人；申请被批准后，申请的单位或者个人为专利权人。

第15条 被授予专利权的单位应当对职务发明创造的发明人或者设计人给予奖励；发明创造专利实施后，根据其推广应用的范围和取得的经济效益，对发明人或者设计人给予合理的报酬。

国家鼓励被授予专利权的单位实行产权激励，采取股权、期权、分红等方式，使发明人或者设计人合理分享创新收益。

第16条 发明人或者设计人有权在专利文件中写明自己是发明人或者设计人。

专利权人有权在其专利产品或者该产品的包装上标明专利标识。

第18条 在中国没有经常居所或者营业所的外国人、外国企业或者外国其他组织在中国申请专利和办理其他专利事务的，应当委托依法设立的专利代理机构办理。

中国单位或者个人在国内申请专利和办理其他专利事务的，可以委托依法设立的专利代理机构办理。

专利代理机构应当遵守法律、行政法规，按照被代理人的委托办理专利申请或者其他专利事务；对被代理人发明创造的内容，除专利申请已经公布或者公告的以外，负有保密责任。专利代理机构的具体管理办法由国务院规定。

第26条 申请发明或者实用新型专利的，应当提交请求书、说明书及其摘要和权利要求书等文件。

请求书应当写明发明或者实用新型的名称，发明人的姓名，申请人姓名或者名称、地址，以及其他事项。

说明书应当对发明或者实用新型作出清楚、完整的说明，以所属技术领域的技术人员能够实现为准；必要的时候，应当有附图。摘要应当简要说明发明或者实用新型的技术要点。

权利要求书应当以说明书为依据，清楚、简要地限定要求专利保护的范围。

依赖遗传资源完成的发明创造，申请人应当在专利申请文件中说明该遗传资源的直接来源和原始来源；申请人无法说明原始来源的，应当陈述理由。

第 29 条 申请人自发明或者实用新型在外国第一次提出专利申请之日起十二个月内，或者自外观设计在外国第一次提出专利申请之日起六个月内，又在中国就相同主题提出专利申请的，依照该外国同中国签订的协议或者共同参加的国际条约，或者依照相互承认优先权的原则，可以享有优先权。

申请人自发明或者实用新型在中国第一次提出专利申请之日起十二个月内，或者自外观设计在中国第一次提出专利申请之日起六个月内，又向国务院专利行政部门就相同主题提出专利申请的，可以享有优先权。

◆ **《专利法实施细则》**

第 4 条第 2 款 国务院专利行政部门的各种文件，可以通过邮寄、直接送交或者其他方式送达当事人。当事人委托专利代理机构的，文件送交专利代理机构；未委托专利代理机构的，文件送交请求书中指明的联系人。

第 15 条第 3 款 申请人委托专利代理机构向国务院专利行政部门申请专利和办理其他专利事务的，应当同时提交委托书，写明委托权限。

第 15 条第 4 款 申请人有 2 人以上且未委托专利代理机构的，除请求书中另有声明的外，以请求书中指明的第一申请人为代表人。

第 16 条 发明、实用新型或者外观设计专利申请的请求书应当写明下列事项：

（一）发明、实用新型或者外观设计的名称；

（二）申请人是中国单位或者个人的，其名称或者姓名、地址、邮政编码、组织机构代码或者居民身份证件号码；申请人是外国人、外国企业或者外国其他组织的，其姓名或者名称、国籍或者注册的国家或者地区；

（三）发明人或者设计人的姓名；

（四）申请人委托专利代理机构的，受托机构的名称、机构代码以及该机构指定的专利代理人的姓名、执业证号码、联系电话；

（五）要求优先权的，申请人第一次提出专利申请（以下简称在先申请）的申请日、申请号以及原受理机构的名称；

（六）申请人或者专利代理机构的签字或者盖章；

（七）申请文件清单；

（八）附加文件清单；

（九）其他需要写明的有关事项。

第 23 条第 2 款 说明书摘要可以包含最能说明发明的化学式；有附图的专利申请，还应当提供一幅最能说明该发明或者实用新型技术特征的附图。附图的大小及清晰度应当保证在该图缩小到4厘米×6厘米时，仍能清晰地分辨出图中的各个细节。摘要文字部分不得超过300个字。摘要中不得使用商业性宣传用语。

第24条 申请专利的发明涉及新的生物材料，该生物材料公众不能得到，并且对该生物材料的说明不足以使所属领域的技术人员实施其发明的，除应当符合专利法和本细则的有关规定外，申请人还应当办理下列手续：

（一）在申请日前或者最迟在申请日（有优先权的，指优先权日），将该生物材料的样品提交国务院专利行政部门认可的保藏单位保藏，并在申请时或者最迟自申请日起4个月内提交保藏单位出具的保藏证明和存活证明；期满未提交证明的，该样品视为未提交保藏；

（二）在申请文件中，提供有关该生物材料特征的资料；

（三）涉及生物材料样品保藏的专利申请应当在请求书和说明书中写明该生物材料的分类命名（注明拉丁文名称）、保藏该生物材料样品的单位名称、地址、保藏日期和保藏编号；申请时未写明的，应当自申请日起4个月内补正；期满未补正的，视为未提交保藏。

第26条第2款 就依赖遗传资源完成的发明创造申请专利的，申请人应当在请求书中予以说明，并填写国务院专利行政部门制定的表格。

第42条 一件专利申请包括两项以上发明、实用新型或者外观设计的，申请人可以在本细则第五十四条第一款规定的期限届满前，向国务院专利行政部门提出分案申请；但是，专利申请已经被驳回、撤回或者视为撤回的，不能提出分案申请。

国务院专利行政部门认为一件专利申请不符合专利法第三十一条和本细则第三十四条或者第三十五条的规定的，应当通知申请人在指定期限内对其申请进行修改；申请人期满未答复的，该申请视为撤回。

分案的申请不得改变原申请的类别。

第44条 专利法第三十四条和第四十条所称初步审查，是指审查专利申请是否具备专利法第二十六条或者第二十七条规定的文件和其他必要的文件，这些文件是否符合规定的格式，并审查下列各项：

（一）发明专利申请是否明显属于专利法第五条、第二十五条规定的情形，是否不符合专利法第十八条、第十九条第一款、第二十条第一款或者本细则第十六条、第二十六条第二款的规定，是否明显不符合专利法第二条第二款、第二十六条第五款、第三十一条第一款、第三十三条或者本细则第十七条至第二十一条的规定；

（二）实用新型专利申请是否明显属于专利法第五条、第二十五条规定的情形，是否不符合专利法第十八条、第十九条第一款、第二十条第一款或者本细则第十六条至第十九条、第二十一条至第二十三条的规定，是否明显不符合专利法第二条第三款、第二十二条第二款、第四款、第二十六条第三款、第四款、第三十一条第一款、第三十三条或者本细则第二十条、第四十三条第一款的规定，是否依照专利法第九条规定不能取得专利权；

（三）外观设计专利申请是否明显属于专利法第五条、第二十五条第一款第（六）项规定的情形，是否不符合专利法第十八条、第十九条第一款或者本细则第十六条、第二十七条、第二十八条的规定，是否明显不符合专利法第二条第四款、第二十三条第一款、第二十七条第二款、第三十一条第二款、第三十三条或者本细则第四十三条第一款的规定，是否依照专利法第九条规定不能取得专利权；

（四）申请文件是否符合本细则第二条、第三条第一款的规定。

国务院专利行政部门应当将审查意见通知申请人，要求其在指定期限内陈述意见或者补正；申请人期满未答复的，其申请视为撤回。申请人陈述意见或者补正后，国务院专利行政部门仍然认为不符合前款所列各项规定的，应当予以驳回。

第 51 条　发明专利申请人在提出实质审查请求时以及在收到国务院专利行政部门发出的发明专利申请进入实质审查阶段通知书之日起的 3 个月内，可以对发明专利申请主动提出修改。

实用新型或者外观设计专利申请人自申请日起 2 个月内，可以对实用新型或者外观设计专利申请主动提出修改。

申请人在收到国务院专利行政部门发出的审查意见通知书后对专利申请文件进行修改的，应当针对通知书指出的缺陷进行修改。

国务院专利行政部门可以自行修改专利申请文件中文字和符号的明显错误。国务院专利行政部门自行修改的，应当通知申请人。

第 77 条　被授予专利权的单位未与发明人、设计人约定也未在其依法制定的规章制度中规定专利法第十六条规定的奖励的方式和数额的，应当自专利权公告之日起 3 个月内发给发明人或者设计人奖金。一项发明专利的奖金最低不少于 3000 元；一项实用新型专利或者外观设计专利的奖金最低不少于 1000 元。

由于发明人或者设计人的建议被其所属单位采纳而完成的发明创造，被授予专利权的单位应当从优发给奖金。

第 78 条　被授予专利权的单位未与发明人、设计人约定也未在其依法制定的规章制度中规定专利法第十六条规定的报酬的方式和数额的，在专利权有效期限内，实施发明创造专利后，每年应当从实施该项发明或者实用新型专利的营业利润中提取不低于 2%或者从实施该项外观设计专利的营业利润中提取不低于 0.2%，作为报酬给予发明人或者设计人，或者参照上述比例，给予发明人或者设计人一次性报酬；被授予专利权的单位许可其他单位或者个人实施其专利的，应当从收取的使用费中提取不低于 10%，作为报酬给予发明人或者设计人。

第三章 明显实质性缺陷

发明专利申请的初步审查（以下简称“发明初审”）中主要针对申请文件的形式缺陷进行审查，但对于一些申请文件中存在明显的实质性缺陷的案件，在初步审查阶段也会作出驳回决定。本章首先简要介绍明显实质性缺陷的基本知识，并以实践案例进行解释说明；然后主要对实践中常见的涉及明显实质性缺陷的疑难问题，如涉及区块链中虚拟货币交易或“挖矿”、禁用原材料、涉嫌侵犯他人合法权益、地图及特殊标志图案等问题进行详细讲解和分析说明，以期能够帮助申请人深入理解明显实质性缺陷涉及的相关法条及相关问题的背景和要求，避免发明创造因存在明显实质性缺陷而在初审阶段即被驳回，从而无法获得专利授权。

第一节　明显实质性缺陷基本知识

132 涉及明显实质性缺陷的条款有哪些？

在发明初审中，涉及明显实质性缺陷的条款主要有：《专利法》第 2 条第 2 款、第 5 条、第 19 条第 1 款、第 20 条第 1 款、第 25 条、第 31 条第 1 款、第 33 条及《专利法实施细则》第 17 条和第 19 条，其中实践中常见的明显实质性缺陷主要涉及《专利法》第 2 条第 2 款、第 5 条和第 25 条。下面分别就相关法条进行简要介绍，并以实践案例进行解释说明，以便于申请人更好地理解明显实质性缺陷相关法条的内涵。

133 《专利法》第 2 条第 2 款有什么要求？

《专利法》第 2 条第 2 款规定，本法所称的发明是指对产品、方法或者其改进所提出的新的技术方案。技术方案是对要解决的技术问题所采用的利用了自然规律的技术手段的集合。未采用技术手段解决技术问题，以获得符合自然规律的技术效果的方案，不属于《专利法》第 2 条第 2 款规定的客体。实践中常见的涉及该条款的问题有：明显没有采用技术手段或者利用自然规律，以及明显缺少技术内容。这类由于没有采用技术手段或者利用自然规律，也未产生技术效果的专利申请，因不构成技术方案，明显不符合《专利法》第 2 条第 2 款的规定，不能被授予专利权。下面举例进行说明。

案例 3-1：

该专利申请涉及“一种信息沟通平台”，其申请内容为将农村生活涉及的方方面面进行分类并设定标签，如乡村特产、旅游风情等，从而便于信息沟通。该方案没有采用技术手段或者利用自然规律，也未产生技术效果，因而不构成技术方案，明显不符合《专利法》第 2 条第 2 款的规定，不能被授予专利权。

134 《专利法》第 5 条有什么要求？

根据《专利法》第 5 条的规定，对违反法律、社会公德或者妨害公共利益的发明创造，以及违反法律、行政法规的规定获取或者利用遗传资源，并依赖该遗传资源完成的发明创造，不授予专利权。初步审查中，对申请专利的发明是否明显违反法律、是否明显违反社会公德、是否明显妨害公共利益三个方面进行审查。对依赖遗传资源完成的发明创造，遗传资源的获取或利用应当符合法律、行政法规的规定。实践中常见的问题主要涉及《专利法》第 5 条第 1 款，即对违反法律、社会公德或者妨害公共利益的发明创造，不授予专利权。那么，什么是违反法律、社会公德或者妨害公共利益呢？

（1）违反法律。

法律，是指由全国人民代表大会或者全国人民代表大会常务委员会依照立法程序制定和颁布的法律，不包括行政法规和规章。

首先，发明创造与法律相违背的，不能被授予专利权。例如，伪造国家货币违反了《中华人民共和国中国人民银行法》的规定，就属于违反法律的发明创造，不能被授予专利权。

其次，发明创造本身并没有违反法律，但是由于其被滥用而违反法律的，则不属于本条规定的“违反法律”的情形。例如，用于医疗的兴奋剂、用于娱乐的棋牌等不属于违反法律的情形。

最后，《专利法实施细则》第 10 条规定，《专利法》第 5 条所称违反法律的发明创造，不包括仅其实施为法律所禁止的发明创造。其含义是，如果仅仅是发明创造的产品的生产、销售或使用受到法律的限制或约束，则该产品本身及其制造方法并不属于违反法律的发明创造。例如，用于国防的各种武器的生产、销售及使用虽然受到法律的限制，但这些武器本身及其制造方法仍然属于可给予专利保护的客体。

（2）违反社会公德。

社会公德，是指公众普遍认为是正当的并被接受的伦理道德观念和行为准则。它的内涵基于一定的文化背景，随着时间的推移和社会的进步不断地发生变化，而且因地域不同而各异。社会公德限于中国境内。例如，申请文本中带有暴力凶杀或者淫秽的图片或者照片，非医疗目的的人造性器官或者其替代物，人与动物交配的方法，改变人生殖系遗传同一性的方法或改变了生殖系遗传同一性的人，克隆的人或克隆人的方法，人胚胎的工业或商业目的的应用，可能导致动物痛苦而对人或动物的医疗没有实质性益处的改变动物遗传同一性的方法等，上述发明创造违反社会公德，不能被授予专利权。

（3）妨害公共利益。

妨害公共利益，是指发明创造的实施或使用会给公众或社会造成危害，或者会使国家和社会的正常秩序受到影响。例如，发明创造以致人伤残或损害财物为手段的，如一种使盗窃者双目失明的防盗装置及方法，不能被授予专利权；发明创造的实施或使用会严重污染环境、严重浪费能源或资源、破坏生态平衡、危害公众健康的，不能被授予专利权；专利申请的文字或者图案涉及国家重大政治事件或宗教信仰、伤害人民感情或民族感情或者宣传封建迷信的，不能被授予专利权。

但是，如果发明创造因滥用而可能造成妨害公共利益的，或者发明创造在产生积极效果的同时存在某种缺点的，如对人体有某种副作用的药品，则不能以“妨害公共利益”为理由拒绝授予专利权。近年来实践中常见的涉及该条款的发明创造主题主要有虚拟货币交易、“挖矿”，使用了在药品等领域禁用的原材料，未经允许使用人脸识别技术处理个人信息等，这些审查实践中的案例将在以下各节中进行详细说明。

135 《专利法》第25条有什么要求？

根据《专利法》第25条的规定，对下列各项，不授予专利权：（一）科学发现；（二）智力活动的规则和方法；（三）疾病的诊断和治疗方法；（四）动物和植物品种；（五）原子核变换方法以及用原子核变换方法获得的物质；（六）对平面印刷品的图案、色彩或者二者的结合作出的主要起标识作用的设计。

发明初审中常见的《专利法》第25条规定的案例以其中第（二）项“智力活动的规则和方法”及第（三）项“疾病的诊断和治疗方法”居多。

（1）智力活动的规则和方法。

智力活动，是指人的思维运动，它源于人的思维，经过推理、分析和判断产生出抽象的结果，或者必须经过人的思维运动作为媒介，间接地作用于自然产生结果。智力活动的规则和方法是指导人们进行思维、表述、判断和记忆的规则和方法，它仅是指导人们对其表达的信息进行思维、判断和记忆，不需要采用技术手段或者遵守自然法则，不具备技术特征，因而不能被授予专利权。例如，组织、生产、商业实施和经济等方面的管理方法及制度，日历的编排规则和方法，各种游戏、娱乐的规则和方法等都不能被授予专利权。

但如果一项权利要求在对其进行限定的全部内容中既包含智力活动的规则和方法的内容，又包含技术特征，则该权利要求就整体而言并不是一种智力活动的规则和方法，不应当依据《专利法》第25条排除其获得专利权的可能性。例如，涉及商业方法的权利要求，如果既包含商业规则和方法的内容，又包含技术特征，则不应当依据《专利法》第25条排除其获得专利权的可能性。

实践中属于该条款范围的案例种类较多，发明初审阶段主要涉及的是人为制定的规则和方法，以下两个案例详细说明人为制定的规则和方法不能被授予专利权的理由。

案例 3-2：

该专利申请涉及一种“锚点记忆法”，其主要内容为“一种人为制造记忆锚点，并利用此锚点引导记忆，降低记忆难度的技术方案”。该申请实质上属于人为制定的规则或方法，属于一种智力活动的规则和方法，由于没有采用技术手段或者利用自然规律，也未解决技术问题和产生技术效果，因而不构成技术方案。它既不符合《专利法》第2条第2款的规定，又属于《专利法》第25条第1款第（二）项规定的情形。因此，上述记忆方法的专利申请不能被授予专利权。

案例 3-3：

该专利申请涉及一种“快递号的编写方法”，其主要内容为“基于个人准确信息，如姓名、单位、电话等，为个人独立编码而成的一组确定的阿拉伯数字”。该申请实质上属于人为制定的号码编写方式，属于一种智力活动的规则和方法，由于没有采用技术手段或者利用自然规律，也未解决技术问题和产生技术效果，因而不构成技术方案。它既不符合《专利法》第2条第2款的规定，又属于《专利法》第25条第1款第（二）项规定的情形。因此，上述快递号的编写方法的专利申请不能被授予专利权。

（2）疾病的诊断和治疗方法。

疾病的诊断和治疗方法，是指以有生命的人体或者动物体为直接实施对象，进行识别、确定或消除病因或病灶的过程。出于人道主义的考虑和社会伦理的原因，医生在诊断和治疗过程中应当有选择各种方法和条件的自由。另外，这类方法直接以有生命的人体或动物体为实施对象，无法在产业上利用，不属于专利法意义上的发明创造。因此，疾病的诊断和治疗方法不能被授予专利权。但是，用于实施疾病诊断和治疗方法的仪器或装置，以及在疾病诊断和治疗方法中使用的物质或材料属于可被授予专利权的客体。以下示例即此种情况的典型案例。

案例 3-4：

该专利申请涉及一种“恶性肿瘤低血糖疗法”，其内容是以有生命的人体为直接实施对象，包含了恶性肿瘤低血糖疗法的治疗目的，明显属于《专利法》第25条第1款第（三）项规定的不授予专利权的情形，不能被授予专利权。

136 《专利法》第19条第1款有什么要求？

根据《专利法》第19条第1款的规定，申请人将在中国完成的发明向外国申请专利的，应当事先报经国务院专利行政部门进行保密审查。根据《专利法实施细则》第8条第1款的规定，在中国完成的发明，是指技术方案的实质性内容在中国境内完成的发明。发明初审中，如果存在申请人违反上述规定向外国申请专利的情形，对于其在国内就相同的发明提出的专利申请，国家知识产权局则会发出审查意见通知书。若申请人陈述的理由不足以说明该申请不属于上述情形的，专利申请就会被驳回。因此，建议申请人应当严格遵守《专利法》第19条第1款的规定，及时报经国务院专利行政部门进行保密审查。

137 《专利法》第33条有什么要求？

根据《专利法》第33条的规定，申请人可以对其专利申请文件进行修改，但是，对专利申请文件的修改不得超出原说明书和权利要求书记载的范围。

初步审查中，只有当审查员发出了审查意见通知书，要求申请人修改申请文件时，才需要对申请人就此作出的修改是否明显超出原说明书和权利要求书记载的范围进行审查。

值得注意的是，申请人对其专利申请文件进行修改时应当提交带有申请人或其委托的专利代理机构签章的补正书或意见陈述书，并同时提交修改后的申请文件替换页。但是，对专利申请文件的修改不得超出原说明书和权利要求书记载的范围。

初步审查阶段，如为答复审查员发出的审查意见通知书而修改后的文件克服了形式缺陷且不超出原说明书和权利要求书记载的范围将被接受，作为初审合格基础文本被公布。如该修改不是用来克服形式缺陷的，而是申请人提交的主动修改文本，如增加了权利要求项数、修改了技术方案的表述方式等，虽然可能不超出原说明书和权利要求书记载的范围，但初审阶段一般不予接受，留待实质审查阶段处理。

为答复审查员发出的补正通知书而提交的申请文件替换页中，一般应按照补正通知书的内容进行修改，不得主动修改。

138 《专利法实施细则》第17条有什么要求？

根据《专利法实施细则》第17条的规定，说明书中不得使用与技术无关的词句，也不得使用商业性宣传用语以及贬低或者诽谤他人或者他人产品的词句，但客观地指出背景技术所存在的技术问题不应当认为是贬低行为。说明书中应当记载发明的技术内容。说明书明显不符合上述规定的，国家知识产权局会发出审查意见通知书，说明理由，并通知申请人在指定期限内陈述意见或者补正，如果申请人陈述意见或者补正后仍不符合规定的，专利申请就可能被驳回。因此建议申请人按照《专利法实施细则》第17条的规定，规范撰写说明书，避免使用非技术用语。案例参见本书第二章案例2-9。

139 《专利法实施细则》第 19 条有什么要求？

根据《专利法实施细则》第 19 条的规定，权利要求书应当记载发明的技术特征。权利要求书中不得使用与技术方案的内容无关的词句，例如，“请求保护该专利的生产、销售权” 等，不得使用商业性宣传用语，也不得使用贬低他人或者他人产品的词句。初步审查中，如果权利要求书明显不符合上述规定的，国家知识产权局应当发出审查意见通知书，说明理由，并通知申请人在指定期限内陈述意见或者补正，如果申请人陈述意见或者补正后仍不符合规定的，专利申请就可能被驳回。因此，建议申请人按照《专利法实施细则》第 19 条的规定，规范撰写权利要求书，避免使用非技术用语。

第二节　涉及区块链中虚拟货币交易或“挖矿”的专利申请

区块链作为核心技术自主创新的重要突破口，是国家发展方向，近年来利用该技术的发明创造较多，但其中涉及虚拟货币交易或“挖矿”的专利申请由于不符合《专利法》第 5 条的规定，属于存在明显实质性缺陷的专利申请，不能被授予专利权。

140 涉及区块链的相关技术可以获得专利权吗？

区块链从本质上来讲，是一个共享数据库，存储于其中的数据或信息，具有“不可伪造”“全程留痕”“可以追溯”“公开透明”“集体维护”等特征，涉及区块链的相关技术可以获得专利权。中共中央政治局于 2019 年 10 月 24 日下午就区块链技术发展现状和趋势进行第十八次集体学习。习近平总书记在主持学习时强调，区块链技术的集成应用在新的技术革新和产业变革中起着重要作用。我们要把区块链作为核心技术自主创新的重要突破口，明确主攻方向，加大投入力度，着力攻克一批关键核心技术，加快推动区块链技术和产业创新发展。可见，区块链技术是国家发展方向，利用区块链技术的发明创造也应是被鼓励和支持的。

141 涉及区块链中虚拟货币交易相关技术可以获得专利权吗？

针对基于区块链技术的“虚拟货币”，国家出台了多项管理规定，如 2013 年中国人民银行、工业和信息化部、中国银行业监督管理委员会等就发布了《关于防范比特币风险的通知》，2017 年又在此基础上发布了《关于防范代币发行融资风险的公告》，要求防范比特币风险及代币发行融资风险，认为代币发行融资本质上属于未经批准的非法融资行为，其中使用的代币或比特币、以太币等“虚拟货币”不是由货币当局发行，不具有法偿性与强制性等货币属性，不具有与货币等同的法律地位，不能也不应作为货币在市场上流通使用。上述相关规定要求任何所谓的代币融资交易平台不得从事法定货币与“虚拟货币”、“虚拟货币”相互之间的兑换业务，不得买卖“虚拟货币”；各金融机构和非银行支付机构不得直接或间接为“虚拟货币”提供账户开立、登记、交易、清算、结算等产品或服务。

如果专利申请的权利要求或者说明书涉及上述被禁止的“虚拟货币”金融操作，则该专利申请直接违反了国家相关管理规定；并且由于这些“虚拟货币”本身具有的去中心化、不受地域限制、匿名性等属性，其发行、清算等交易行为无法被中央银行有效监管，可能导致投机炒作、洗钱、偷税漏税等危害，扰乱国家正常的经济、金融秩序。

因此，如果专利申请涉及上述不能也不应作为货币在市场上流通使用的代币或“虚拟货币”，并且该代币或“虚拟货币”参与发行、流通、清算、交易、融资等金融操作，则该申请属于《专利法》第5条规定的妨碍公共利益的情形，相关申请不能被授予专利权。

案例3-5：

该专利申请涉及一种虚拟货币到法定货币的兑换方法和系统，具体的是实现用户随时随地进行虚拟货币与法定货币的交易兑换。从上述规定可以看出，该案例要求保护的内容涉及了虚拟货币与法定货币的兑换业务，属于被禁止的金融操作，违反了国家相关管理规定，易造成我国金融秩序混乱，明显妨害公共利益，属于《专利法》第5条第1款规定的不授予专利权的情形。

同时也需要注意，国家对区块链技术的研究和其在实体经济中的应用仍然持鼓励态度，如果比特币等“虚拟货币”仅仅作为一种特殊虚拟商品，在特定区块链的封闭体系中与其他虚拟商品或实体商品进行交换，则该行为可理解为普通民众在自担风险的前提下参与的互联网上的商品交换行为，并不违反国家法律或妨害公共利益。

142 “挖矿”相关技术可以获得专利权吗？

区块链设计想法的源头，来自比特币，比特币也是区块链技术中最广泛的应用。比特币的目标是打造一个谁都不能篡改的账本，而这个账本在网络中存在于每一个节点，并在网络中的每一个节点保持同步更新。当有交易进行时，会产生原始交易信息，并对该信息进行以下步骤的操作：

①做一次SHA-256运算即得到原哈希值；②用私钥给原哈希值上锁，得到密哈希；③将原始信息+公钥+密哈希广播到网络中。其中的公钥和私钥是关联成对的，不仅可以完成加密解密的过程，还能用于确认签名。

广播到网络中的信息（原始信息+公钥+密哈希）会有其他比特币参与者进行验证，该参与者俗称“矿工”，验证的过程就是“挖矿”，矿工将验证信息按一定格式打包，这个数据包就叫作“区块”，最新产生的区块被挂在区块链这条链的末尾。而最先提交这个区块的矿工系统会奖励一定数量的比特币，同时矿工还可以分到交易额的提成。因此，网络上每个节点的“挖矿”机器都在做大量的计算，其耗能也是相当巨大的。

2021 年 9 月 3 日，国家发展改革委会同中央宣传部、中央网信办、工业和信息化部等有关部门发布了《关于整治虚拟货币“挖矿”活动的通知》，明确将虚拟货币“挖矿”活动增补列入《产业结构调整指导目录（2019 年本）》“淘汰类”目录，要求采取有效措施，全面整治虚拟货币“挖矿”活动。对于明确以“挖矿”为目的的专利申请，或者实施发明的主要用途为“挖矿”的专利申请，一般都是以产生虚拟货币（如比特币）为最终目的，即“挖矿”行为本身一般都是与“虚拟货币”的产生密切相关。“虚拟货币”的产生与“虚拟货币”的发行、流通、清算、交易、融资等直接相关，为国家金融管理政策所禁止。而且“挖矿”行为本身，会大量消耗电能，也与普遍得到社会认可的绿色发展理念相悖。为有效防范处置虚拟货币“挖矿”活动盲目无序发展带来的风险隐患，深入推进节能减排，助力如期实现碳达峰、碳中和目标，国家发展改革委等部门发布了《关于整治虚拟货币“挖矿”活动的通知》，通知要求严禁投资建设增量项目，禁止以任何名义发展虚拟货币“挖矿”项目，全面推进虚拟货币“挖矿”活动整治工作，严格执行有关法律法规和规章制度，严肃查处整治各地违规虚拟货币“挖矿”活动。因此，涉及“挖矿”的专利申请属于《专利法》第 5 条规定的妨害公共利益的情形，相关专利申请不能被授予专利权。

案例 3-6：

该专利申请涉及一种“挖矿”方法、设备和存储介质，即提供了一种在“挖矿”过程中保障用户资产安全的代理“挖矿”方法的技术方案，其中涉及的“挖矿”方法，易造成我国金融秩序混乱，妨害公共利益。因此，本专利申请明显属于《专利法》第 5 条第 1 款规定的情形，不能被授予专利权。

第三节　涉及禁用原材料的专利申请

近年来，国家对于野生动物保护以及食品、药品、化妆品的安全性问题日益重视，国务院、国家市场监督管理总局等部门发布了涉及禁用原材料的相关规定，在专利申请中应注意避免使用国家明确规定禁止使用的原材料，否则该专利申请将不符合《专利法》第 5 条的规定，存在明显实质性缺陷，不能被授予专利权。

143　在专利申请中有哪些常见原材料需要注意避免使用？

根据《中华人民共和国野生动物保护法》（以下简称《野生动物保护法》）的要求，为了保护野生动物，拯救珍贵、濒危野生动物，维护生物多样性和生态平衡，推进生态文明建设，一些濒危野生动物制品是禁止使用的。这些原材料如在专利申请中使用，属于明显妨害公共利益的发明创造，不符合《专利法》第5条第1款的规定。

食品、药品、化妆品等领域的专利申请，需要注意避免添加明确禁止的原料组分。而对于添加没有明确禁止或允许的原料组分的专利申请，本领域技术人员会结合现有技术各方面证据综合判断该组分的使用范围、安全限量、有益效果及毒、副作用。如果基于相关证据能够确定该组分具有普遍严重的危害性，则妨害公共利益，不符合《专利法》第5条第1款的规定。

144 含有虎骨、犀牛角的中药可以获得专利权吗？

犀牛和虎是国际上重点保护的濒危野生动物，被列为我国已签署了的《濒危野生动植物种国际贸易公约》附录物种。为保护世界珍稀物种，根据《野生动物保护法》《中华人民共和国陆生野生动物保护实施条例》和《濒危野生动植物种国际贸易公约》的有关规定，国务院颁发了《关于禁止犀牛角和虎骨贸易的通知》，严禁进出口犀牛角和虎骨，禁止出售、收购、运输、携带、邮寄犀牛角和虎骨，取消犀牛角和虎骨药用标准，今后不得再用犀牛角和虎骨制药。鼓励犀牛角和虎骨代用品药用的开发研究，如使用人工虎骨粉、水牛角来替代虎骨、犀牛角是近年来提倡的。

案例3-7：

该专利申请涉及“一种接骨药及其制备方法”，该案例要求保护的接骨药中包含原料成分“虎骨”，根据上述规定，以虎骨入药违反了有关法律法规，明显妨害公共利益，属于《专利法》第5条规定的不授予专利权的情形。

案例3-8：

该专利申请涉及“一种清瘟败毒中药组合物及其制备方法和应用”，该中药组合物中包含原料犀牛角10～20份，而犀牛属于《国家重点保护野生动物名录》的范围，含有犀牛角的药材因违反《野生动物保护法》而被取消国家标准。以犀牛角入药违反了有关法律法规，明显妨害公共利益，属于《专利法》第5条第1款规定的不授予专利权的情形。

145 含有关木通的药物可以获得专利权吗？

关木通为马兜铃科植物东北马兜铃的干燥藤茎，具有利尿通淋、清心火、通经下乳的功效[1]，但其所含的马兜铃酸为有毒成分，用量过大可引起急性肾功能衰竭、腹泻，或面部浮肿、尿频、尿急，渐起周身浮肿，神志不清等。国家药品监督管理局于2003年4月1日发布了《关于取消关木通药用标准的通知》（国药监注〔2003〕121号），其中表明“为保证人体用药安全，解决历史上木通品种的混用问题，我局根据对关木通及其制剂毒副作用的研究情况和结果分析以及相关

[1] 《中华人民共和国药典》。

本草考证，决定取消关木通（马兜铃科）的药用标准”。因此，从公共利益考虑，关木通作为中药组分实施或使用显然会给公众健康带来危害，属于明显妨害公共利益的情形，不符合《专利法》第5条第1款的规定。

案例3-9：

该专利申请涉及“一种龙胆泻肝丸”，其要求保护的内容如下：

一种龙胆泻肝丸，其特征是原料药中包含龙胆5-10重量份、柴胡5-10重量份、关木通3-6重量份。

该中药龙胆泻肝丸的原料中含有“关木通”，而根据上述规定，关木通由于其肾毒性已被国家药品监督管理局取消了药用标准。该申请要求保护的内容明显妨害公共利益，属于《专利法》第5条规定的不授予专利权的情形。

146 饲料中含有地沟油可以获得专利权吗？

2010年5月4日，国家发展和改革委员会、住房和城乡建设部、环境保护部、农业部联合发布了《关于组织开展城市餐厨废弃物资源化利用和无害化处理试点工作的通知》，该通知明确指出，要避免将餐厨废弃物直接作为饲料进入食物链。因此，地沟油作为餐厨废弃物，如直接加入饲料中，明显属于妨害公共利益的情形，不符合《专利法》第5条第1款的规定。

案例3-10：

该专利申请涉及“一种将餐厨废油用于猪饲料的方法”，要求保护的内容如下：

一种将餐厨废油用于猪饲料的方法，其特征在于，包括以下步骤：

（1）将餐厨废油回收；

（2）将餐厨废油进行兼氧发酵并自然晾干；

（3）根据用量，调节发酵废油量并添加于猪饲料中。

上述内容即直接将餐厨废弃油（地沟油）添加到饲料中，且全部申请文件中未提及对餐厨废弃油进行无害化处理等内容，将直接导致餐厨废弃油通过饲料进入人类食物链，对人体健康构成危害，明显妨害公共利益，属于《专利法》第5条第1款规定的不授予专利权的情形。

147 将工业大麻及其提取物使用在化妆品中的技术可以获得专利权吗？

大麻又称火麻，古称汉麻、枲麻（雄株）、苴麻（雌株），通称大麻，是Cannabis Sativa的变种之一，服食后有一定潜在的社会危害性，被认为是世界三大毒品之一。大麻的化学组成十分复杂，主要由类脂物、黄酮类化合物、萜烯、碳氢化合物、非环形大苯酚、生物碱、柠檬酸银和环形大麻酚等构成。大麻的有效化学成分简称为大麻素，主要包括四氢大麻酚（THC）、大麻二酚（CBD）、大麻酚（CBN）、大麻萜酚（CBG）、大麻环萜酚（CBC）及其丙基同系物THCV、大麻萜酚酯（CBGM）等。而四氢大麻酚（THC）在吸食或口服后有精神和生理的活性作用，是大麻中的主要精神活性物质，被列入第一类精神药品品种目录管制。[1]

工业大麻是指四氢大麻酚含量低于0.3%的大麻。工业大麻虽然已经不具备提取毒性成分THC的价值，也不能直接作为毒品吸食，允许规模化种植和工业化利用，但对于在特定领域中使用工业大麻应符合相关法律法规的规定。例如，为加强化妆品原料管理，国家药品监督管理局就形成了《化妆品禁用原料目录》《化妆品禁用植（动）物原料目录》，化妆品注册人、备案人不得生产、进口产品配方中使用了目录规定的禁用原料的化妆品。该目录中即包含大麻二酚、大麻仁果、大麻籽油、大麻叶提取物。因此，如专利申请中涉及上述禁用原料，则明显属于妨害公共利益的情形，不符合《专利法》第5条第1款的规定。

案例3-11：

该专利申请涉及“一种含大麻提取物的祛痘凝胶及其制备方法”，其原料包括大麻叶提取物，“如大麻二酚、大麻油、大麻烯萜、黄酮、甾醇类等”。要求保护的祛痘凝胶明显属于化妆品，而其原料大麻叶提取物、大麻二酚属于上述《化妆品禁用原料目录》《化妆品禁用植（动）物原料目录》中的化妆品禁用原料。因此，该案例将大麻提取物用于制备祛痘凝胶，违反了相关规定，明显属于《专利法》第5条第1款规定的妨害公共利益的情形，不能被授予专利权。

案例3-12：

该专利申请涉及“一种特润修护霜及其制备方法”，其中也用到了大麻叶提取物，同样违反了有关法律法规，明显属于《专利法》第5条第1款规定的情形，不能被授予专利权。

第四节　涉嫌侵犯他人权益的专利申请

发明初审实践中，会遇到申请文件中含有涉嫌侵犯他人合法权益的内容，如未经允许使用人脸识别技术处理个人信息、披露患者隐私信息等，可能违反《专利法》第5条、《专利法实施细则》第17条第3款的规定，存在明显实质性缺陷，无法获得专利授权。

148 人脸识别技术可以获得专利权吗？

通常从技术角度而言，人脸识别技术可以获得专利授权。人脸识别，是基于人的脸部特征信息进行身份识别的一种生物识别技术。用摄像机或摄像头采集含有人脸的图像或视频流，并自动在图像中检测和跟踪人脸，进而对检测到的人脸进行脸部识别的一系列相关技术，通常也叫作人像识别、面部识别。人脸识别系统主要包括四个组成部分，分别为人脸图像采集及检测、人脸图像预处理、人脸

[1]《食品药品监管总局 公安部 国家卫生计生委关于公布麻醉药品和精神药品品种目录的通知》（食药监药化监〔2013〕230号）。

图像特征提取以及匹配与识别。

在专利申请中人脸识别相关技术主要应用在身份识别。目前基于视频监控的快速普及，人脸识别技术能够从众多的视频监控图像中查找人脸，并与相应的数据库相匹配，进行对比，实现身份的识别。例如，人脸识别门禁就是基于人脸识别技术结合目前已成熟的门禁 ID 卡而推出的产品。通过将捕获得到的人像与数据库中已登记的某一对象作比对核实确定其是否为同一人，不仅可广泛应用于智能楼宇等区域的门禁安全控制，还可以取代市场上的刷卡、指纹门禁考勤机。其具有适用性强、安全性好、无须接触、产品耐用等功能特点。

但是，人脸识别技术在为人们生活带来便利的同时，个人隐私保护问题也日益凸显。近年来一些滥用人脸识别技术侵害社会公众合法权益的事件引发了广泛的关注。在专利申请中应注意隐私保护问题，避免其涉及违反《专利法》第 5 条的内容，无法获得专利权。

149 涉及人脸识别技术的专利申请如何注意隐私保护问题？

2021 年的“3·15”晚会曝光了使用“无感式”人脸识别技术在未经同意的情况下擅自采集消费者的人脸信息，用于分析消费者的性别、年龄、心情等，进而采取不同营销策略的问题。2020 年 5 月 28 日颁布的《民法典》第 111 条规定，自然人的个人信息受法律保护。任何组织和个人需要获取他人个人信息的，应当依法取得并确保信息安全，不得非法收集、使用、加工、传输他人个人信息，不得非法买卖、提供或者公开他人个人信息。2021 年 7 月 28 日，《最高人民法院关于审理使用人脸识别技术处理个人信息相关民事案件适用法律若干问题的规定》发布，其中第 2 条和第 4 条明确规定，处理自然人的人脸信息，必须征得自然人或者其监护人的单独同意；对于违反单独同意，或者强迫、变相强迫自然人同意处理其人脸信息的，构成侵害自然人人格权益的行为。2021 年 8 月 20 日，第十三届全国人民代表大会常务委员会第三十次会议通过了《中华人民共和国个人信息保护法》，并于 2021 年 11 月 1 日起施行。其中第 26 条规定，在公共场所安装图像采集、个人身份识别设备，应当为维护公共安全所必需，遵守国家有关规定，并设置显著的提示标识。所收集的个人图像、身份识别信息只能用于维护公共安全的目的，不得用于其他目的；取得个人单独同意的除外。

由此可见，如专利申请文件中涉及人脸识别技术的应用场景，应避免出现不符合上述规定的行为，必要时申请人在申请文件中应对相关应用须取得被采集人同意等内容进行明确限定或在意见陈述书中予以释明。

150 在说明书中披露患者病历资料属于侵犯隐私权吗？

根据《民法典》第 1032 条的规定，自然人享有隐私权。任何组织或个人不得以刺探、侵扰、泄露、公开等方式侵害他人的隐私权。隐私是自然人的私人生活安宁和不愿为他人知晓的私密空间、私密活动、私密信息。隐私的本质在于强调与公共利益无关的私人事务不受非法公开。披露他人隐私的行为即认定为侵害隐私权。如医务人员擅自泄露患者的病情不再局限于淋病、麻风病、梅毒、艾滋病等，而是只要泄露患者的隐私或擅自公开的病历资料造成患者损害，即认定为侵犯隐私权。

151 若专利申请文件中含有患者隐私内容，应如何修改？

若专利申请文件中含有患者隐私内容，则涉嫌侵犯他人合法权益，违反《专利法实施细则》第 17 条第 3 款的规定。在发明初审阶段，申请人可以提供患者知情同意书，证明患者同意公布相关信息；或者删除或修改涉及患者的信息，如姓名、住址等具体个人信息，病情部分可以保留，这样修改后的说明书既不会涉嫌侵犯患者的隐私权，也同样可以说明技术效果，从而使申请文件的撰写内容符合撰写规范的要求。[1]

案例 3-13：

该专利申请涉及一种益脑安神的治疗药物，在说明书的具体实施方式部分中，记载了典型病例涉及患者的隐私信息，如姓名、性别、年龄、住址及其精神疾病、抑郁症的治愈情况等，以此说明发明的技术效果。该专利申请在说明书中披露患者隐私或病历资料，一旦申请文件公布，就可能影响患者的生活安宁，侵犯其人格尊严，对患者可能造成一定的伤害，侵犯其隐私权，不符合《专利法实施细则》第 17 条第 3 款的规定。因此，如果上述隐私信息未经患者同意，则应当删除或修改。

第五节　涉及地图的专利申请

说明书附图中如需使用地图，应当注意该地图需要符合《中华人民共和国测绘法》（以下简称《测绘法》）、《地图管理条例》及《公开地图内容表示规范》的相关规定。特别是涉及完整中国地图的，应当注意中国版图的完整性，例如，中国版图中是否包含我国台湾地区及由台湾岛以东的国界线和南海“九段线”共同组成的“十段线”。如专利申请中使用了“问题地图”或不规范的中国地图，则明显属于《专利法》第 5 条第 1 款规定的违反法律的情形。

152 如何获取标准的中国地图？

申请人应通过自然资源部网站“标准地图服务”（http://bzdt.ch.mnr.gov.cn）获取绘制标准的中国地图，同时根据《地图管理条例》第 22 条的规定，建议报送有审核权的测绘地理信息行政主管部门审核，在申请的同时出具有审核权的测绘

---

[1] 国家知识产权局专利局专利审查协作北京中心．发明专利初审典型案例释疑［M］．北京：知识产权出版社，2016：23．

地理信息行政主管部门核发的地图审核批准文件，并注明审图号。[1]如在说明书附图中使用了不规范的中国地图，违反了《测绘法》《地图管理条例》的相关规定，则明显属于《专利法》第 5 条第 1 款规定的违反法律的情形。

153　涉及中国地图的申请应当关注哪些地区的绘制？

中国地图应当完整、准确，需要重点关注（但不限于）以下地区的绘制：

（1）关于岛屿应重点关注：台湾地区；钓鱼岛、赤尾屿；南海诸岛、十段线；庙岛群岛。钓鱼岛、赤尾屿等岛屿，虽然面积较小，但涉及其所在区域时，应当重点予以标出。

用不同粗细的实线表示陆地边界与海岸线时，必须表示南海诸岛的范围线，并采用与陆地边界相同粗细的实线段表示；对于单色地图，必须确保台湾地区、海南岛、南海诸岛以及钓鱼岛、赤尾屿等岛屿的底色设置与大陆一致。用不同颜色表示各省数据的地图，台湾地区设色应与其他省份近似，避免与周边其他国家、地区相同，引起误解；如无台湾地区数据，可标注“台湾地区数据暂缺”。

（2）关于国界应重点关注：藏南地区；阿克赛钦地区；抚远三角洲/黑瞎子岛等。

（3）地图上地名的表示应当符合地名管理的要求。如以下地名应当加括注表示（汉语拼音版地图和外文版地图除外）：“符拉迪沃斯托克”括注“海参崴”；“乌苏里斯克”括注“双城子”；“哈巴罗夫斯克”括注“伯力”；“布拉戈维申斯克”括注“海兰泡”；“萨哈林岛”括注“库页岛”；“涅尔琴斯克”括注“尼布楚”；“尼古拉耶夫斯克”括注“庙街”；“斯塔诺夫山脉”括注“外兴安岭”。再如，长白山天池为中、朝界湖，湖名“长白山天池（白头山天池）”注我国界内，不能简称“天池”。

案例 3-14：

该案例说明书附图 1 是根据相关技术的 explr.fm 的音乐地图的示意图，该附图虽为“示意图”，但世界地图中含有完整的中国地图，特别是其中台湾地区底色设置与大陆不相近似，容易引起误解，既不符合出版公布的要求，也明显不符合《专利法》第 5 条第 1 款的规定。

第六节　涉及特殊标志图案的专利申请

特殊标志图案是与国家利益或他人权益紧密相关的图案标识，如国旗、国徽、奥林匹克标识、人民币图案、他人设计或拥有的商标标识等。在审查实践中，遇到的相关情形主要包括两种：一种是用该类标志作为申请请求保护的主题；另一种是该类标志不是发明创造的一部分，在说明书中仅是为了辅助本领域技术人员

[1]《地图管理条例》第 22 条规定，经审核批准的地图，应当在地图或者附着地图图形的产品的适当位置显著标注审图号。其中，属于出版物的，应当在版权页标注审图号。

更好地理解发明。在专利申请中，涉及上述特殊标志图案时，应注意其符合相关法律法规的要求。

154 国旗可以用于商业用途吗？

国旗是国家的象征和标志，代表国家的最高尊严，具有很高的政治意义，属于国家和人民的共有财产，一般由省、自治区、直辖市的人民政府指定的企业制作。国旗的使用行为，目前主要由《中华人民共和国国旗法》（以下简称《国旗法》）予以规范。《国旗法》第20条规定，“国旗及其图案不得用作商标、授予专利权的外观设计和商业广告，不得用于私人丧事活动等不适宜的情形”。其他场合合理使用国旗标识一般都属于合法行为。

155 申请文件中可以使用国旗吗？

专利权具有排他性和独占性，专利权人以技术内容的公开换取一段时间内对该项技术的垄断地位，本身具有私权利的性质，虽然不属于商标、广告，但具有一定的商业属性。如专利申请请求保护国旗，相当于将国家及全民的公共财产私有化，属于违反法律的情形，不符合《专利法》第5条第1款的规定。但如果专利申请不是以国旗为保护客体，出现国旗图样仅仅是为了帮助本领域技术人员更好地理解发明的技术方案，不具有商标、广告或商业宣传性质，而且也不存在对国旗标识进行改造、变造、侮辱、毁损、贬低或丑化等情形，则可以认定国旗图案的使用行为不在《国旗法》限制的范围之列，属于合理使用范畴。建议在申请文件中非必要不使用国旗图案，如必须使用时，应确保不存在对国旗标识进行改造、变造、侮辱、毁损、贬低或丑化等情形。

案例3-15：

该案例涉及一种发光的国旗，要求保护的内容即国旗本身，属于将国家及全民的公共财产私有化，违反了《国旗法》，不符合《专利法》第5条第1款的规定，不能被授予专利权。

156 申请文件中可以使用奥运标志吗？

国际上保护奥林匹克知识产权的依据主要是国际奥委会制定的《奥林匹克宪章》（以下简称《宪章》）。《宪章》规定，“奥林匹克五环”是奥林匹克运动的象征，是国际奥委会的专用标志，未经国际奥委会许可，任何团体或个人不得将其用于广告或其他商业性活动。中国奥委会还曾为此发出通告称：奥林匹克标志除“奥林匹克五环”外，还包括奥运会会标和吉祥物图案，以及各国奥委会会徽。

《奥林匹克标志保护条例》（以下简称《条例》）第4条要求，“未经奥林匹克标志权利人许可，任何人不得为商业目的使用奥林匹克标志”。也就是说，对于奥林匹克标志的使用主要是限制商业目的使用行为。

对于何种情况下使用奥林匹克标志属于“商业目的”，《条例》第 5 条以列举的形式做了进一步解释，包括：将奥林匹克标志用于商品、商品包装或者容器以及商品交易文书上；将奥林匹克标志用于服务项目中；将奥林匹克标志用于广告宣传、商业展览、营业性演出以及其他商业活动中；销售、进口、出口含有奥林匹克标志的商品；制造或者销售奥林匹克标志；其他以营利为目的利用奥林匹克标志的行为。

可见，奥林匹克标志的使用主要限制的是商业行为。若专利申请以奥林匹克标志为请求保护的客体，则不符合上述《宪章》和《条例》的立法精神。若使用奥林匹克标志仅是为了形象地说明发明内容，起到效果示意图的作用，或用以补充说明书文字部分的描述，帮助本领域技术人员直观、形象化地理解该发明每个技术特征和整体技术方案，而实际上未侵害奥林匹克标志权利人的合法权益，应当允许记载于申请文件中。

奥林匹克知识产权虽然是一种垄断权，但是奥林匹克标志权利人的专属权利并不是绝对的。从某种程度上说，对于奥林匹克标志权利人的过度保护可能会影响广大人民群众对于奥运的热情以及言论的自由，真正的保护应当在奥林匹克权利人的专属权利与非商业使用人的正当需求之间寻求到某种平衡。对于奥林匹克标志的非商业目的的使用，如果不侵犯奥林匹克标志权利人的合法权益，虽未得到奥林匹克标志权利人的许可，也应属于合理使用的范畴。

在专利申请文件中，如奥运标志的形象不属于发明的技术方案的组成部分，仅仅是帮助说明发明内容，起到效果示意图的作用，用以补充说明书文字部分的描述，帮助本领域技术人员直观、形象化地理解该发明的技术方案，本申请的内容实际上并未侵害标志权利人的合法权益，不属于《专利法》第 5 条第 1 款规定的“妨害公共利益”的情形。因此，应当允许奥运标志记载在申请文件中。但是，若申请文件存在变造、丑化、侮辱奥林匹克标志物形象的情况，则不属于合理使用范畴，而属于不符合出版规范的情形，申请人应当予以修改。

案例 3-16：

该专利申请涉及一种标志物识别系统，其说明书附图中举例展示了多种变造后的奥运相关标志，该情况属于不符合出版规范的情形，申请人应当予以修改，如并非必须使用奥运标志举例，应将其替换为其他图案。

法条链接

◆　《专利法》

第 2 条第 2 款　发明，是指对产品、方法或者其改进所提出的新的技术方案。

第 5 条　对违反法律、社会公德或者妨害公共利益的发明创造，不授予专利权。

对违反法律、行政法规的规定获取或者利用遗传资源，并依赖该遗传资源完成的发明创造，不授予专利权。

第19条第1款 任何单位或者个人将在中国完成的发明或者实用新型向外国申请专利的，应当事先报经国务院专利行政部门进行保密审查。保密审查的程序、期限等按照国务院的规定执行。

第20条第1款 申请专利和行使专利权应当遵循诚实信用原则。不得滥用专利权损害公共利益或者他人合法权益。

第25条 对下列各项，不授予专利权：

（一）科学发现；

（二）智力活动的规则和方法；

（三）疾病的诊断和治疗方法；

（四）动物和植物品种；

（五）原子核变换方法以及用原子核变换方法获得的物质；

（六）对平面印刷品的图案、色彩或者二者的结合作出的主要起标识作用的设计。

对前款第（四）项所列产品的生产方法，可以依照本法规定授予专利权。

第31条第1款 一件发明或者实用新型专利申请应当限于一项发明或者实用新型。属于一个总的发明构思的两项以上的发明或者实用新型，可以作为一件申请提出。

第33条 申请人可以对其专利申请文件进行修改，但是，对发明和实用新型专利申请文件的修改不得超出原说明书和权利要求书记载的范围，对外观设计专利申请文件的修改不得超出原图片或者照片表示的范围。

◆ 《专利法实施细则》

第17条 发明或者实用新型专利申请的说明书应当写明发明或者实用新型的名称，该名称应当与请求书中的名称一致。说明书应当包括下列内容：

（一）技术领域：写明要求保护的技术方案所属的技术领域；

（二）背景技术：写明对发明或者实用新型的理解、检索、审查有用的背景技术；有可能的，并引证反映这些背景技术的文件；

（三）发明内容：写明发明或者实用新型所要解决的技术问题以及解决其技术问题采用的技术方案，并对照现有技术写明发明或者实用新型的有益效果；

（四）附图说明：说明书有附图的，对各幅附图作简略说明；

（五）具体实施方式：详细写明申请人认为实现发明或者实用新型的优选方式；必要时，举例说明；有附图的，对照附图。

发明或者实用新型专利申请人应当按照前款规定的方式和顺序撰写说明书，并在说明书每一部分前面写明标题，除非其发明或者实用新型的性质用其他方式或者顺序撰写能节约说明书的篇幅并使他人能够准确理解其发明或者实用新型。

发明或者实用新型说明书应当用词规范、语句清楚，并不得使用“如权利要求……所述的……”一类的引用语，也不得使用商业性宣传用语。

发明专利申请包含一个或者多个核苷酸或者氨基酸序列的，说明书应当包括符合国务院专利行政部门规定的序列表。申请人应当将该序列表作为说明书的一个单独部分提交，并按照国务院专利行政部门的规定提交该序列表的计算机可读形式的副本。

实用新型专利申请说明书应当有表示要求保护的产品的形状、构造或者其结合的附图。

第 19 条 权利要求书应当记载发明或者实用新型的技术特征。

权利要求书有几项权利要求的，应当用阿拉伯数字顺序编号。

权利要求书中使用的科技术语应当与说明书中使用的科技术语一致，可以有化学式或者数学式，但是不得有插图。除绝对必要的外，不得使用“如说明书……部分所述”或者“如图……所示”的用语。

权利要求中的技术特征可以引用说明书附图中相应的标记，该标记应当放在相应的技术特征后并置于括号内，便于理解权利要求。附图标记不得解释为对权利要求的限制。

第四章

特殊专利申请的手续

发明专利申请中存在一些涉及特殊项的专利申请，例如，涉及优先权、分案申请、不丧失新颖性宽限期、生物材料样品保藏、遗传资源等专利申请，本章主要介绍这些专利申请的基本知识、办理条件、期限等要求，以及需要注意的各种问题。

第一节　涉及优先权的申请

一、优先权概述

157 什么是优先权？

优先权原则源自1883年签订的《保护工业产权巴黎公约》（以下简称《巴黎公约》），其目的是方便成员国国民就其发明创造或者商标标识在其本国提出专利申请或者商标注册申请后，在其他成员国申请获得专利权或者注册商标权。

所谓“优先权”，是指申请人在一个成员国首次提出申请后，在一定期限内就同一主题在其他成员国提出申请的，其在后申请在某些方面被视为是在首次申请的申请日提出。也就是说，申请人提出的在后申请与其他人在其首次申请的申请日之后、在后申请的申请日之前就同一主题所提出的申请相比享有优先的地位。这是“优先权”一词的由来。优先权原则在各国专利制度中占有重要地位，在各国专利制度仍然彼此独立的状况下，是使申请人能够在世界各国就其发明创造获得专利保护的重要保障。优先权原则的确立，是因为绝大多数国家都采用在先申请原则，即同样的发明创造，只对最先提出专利申请的人授予专利权，而申请人希望其发明创造在其他国家获得专利保护就必须同时在这些国家提出申请，但准备、翻译申请文件和办理申请手续都需要一定的时间，因此《巴黎公约》关于优先权原则的确立，解决了上述各国申请人的上述困扰。随着专利制度的发展，优先权原则的适用范围不断扩大，不仅适用于首次在外国提出申请、然后在本国提出申请的情形，还适用于首次在本国提出申请、然后在本国提出申请的情形。[1]为了便于区别，将以在外国提出的首次申请为基础的优先权称为“外国优先权”，以在本国提出的首次申请为基础的优先权称为“本国优先权”，两者都以其首次申请的申请日为优先权日。

根据《专利法》第 29 条第 1 款的规定，申请人自发明或者实用新型在外国第一次提出专利申请之日起 12 个月内，或者自外观设计在外国第一次提出专利申请之日起 6 个月内，又在中国就相同主题提出专利申请的，依照该外国同中国签订的协议或者共同参加的国际条约，或者依照相互承认优先权的原则，可以享有优先权。该款规定的即“外国优先权”。

根据《专利法》第 29 条第 2 款的规定，申请人自发明或者实用新型在中国第一次提出专利申请之日起 12 个月内，或者自外观设计在中国第一次提出专利申请之日起 6 个月内，又向国务院专利行政部门就相同主题提出专利申请的，可以享有优先权。该款规定的即“本国优先权”。

158　优先权的意义是什么？

优先权对于申请人具有十分重要的意义，其作用体现在：[2]

（1）将可能影响新颖性和创造性的现有技术的时间界限由申请日提前至优先权日，以优先权日作为判断专利申请的新颖性和创造性的时间标准，使他人在优先权期限内就相同主题提出的专利申请不具备“专利性”。

（2）提出在先申请后，待技术方案更加完善，在后申请可以通过要求优先权获得更早的优先权日。

159　要求优先权需要办理哪些手续？

要求优先权需要办理以下手续：

（1）填写请求书中的要求优先权声明，注明原受理机构、在先申请日、在先申请号信息；

（2）缴纳优先权要求费，每项优先权要求 80 元；

（3）必要时提交相应文件，例如，要求外国优先权的，需要提交在先申请文

---

[1] 尹新天．中国专利法详解［M］．北京：知识产权出版社，2011：381．

[2] 国家知识产权局专利局专利审查协作北京中心．专利初审流程事务实用手册．［M］．北京：知识产权出版社，2017：41．

件副本；申请人不一致的，需要提交相应的证明文件；在先申请文件副本或转让证明非中文的，需要提交中文题录译文等。

160 要求优先权，需要注意哪些期限的要求？

办理要求优先权的各项手续中存在各种不同的期限，申请人应在各自规定的期限内办理各具体手续，逾期办理会造成严重后果，导致优先权视为未要求。优先权手续中的期限要求，见表4-1。

表4-1 优先权相关手续的期限要求汇总

类别	优先权声明	优先权费	需要提交的其他文件		
			在先申请文件副本	转让证明	题录译文
外国优先权	提出专利申请时提出	申请日起2个月内或自收到受理通知书之日起15日内	优先权日起16个月内	优先权日起16个月内	应及时提交，若由于某种原因未提交，国家知识产权局将发出办理手续补正通知书，申请人可以在该通知书指定的期限内补交
本国优先权	提出专利申请时提出	申请日起2个月内或自收到受理通知书之日起15日内	无须提交	优先权日起16个月内	无须提交

161 如何撤回优先权要求？

申请人在请求书中填写优先权信息并将其提交给国家知识产权局后，可以在其专利申请被授予专利权之前提交撤回优先权声明以撤回优先权要求（撤回优先权声明如图4-1所示），申请人要求多项优先权之后，可以撤回全部优先权要求，也可以撤回其中某一项或者几项优先权要求。申请人要求撤回优先权要求的，应当提交全体申请人签字或者盖章的撤回优先权声明。符合规定的，国家知识产权局将发出手续合格通知书。不符合规定的，国家知识产权局将发出视为未提出通知书。

162 优先权要求撤回后有什么影响？

优先权要求撤回后，导致该专利申请的最早优先权日变更时，自该优先权日起算的各种期限尚未届满的，该期限应当自变更后的最早优先权日或者申请日起算，撤回优先权的请求是在原最早优先权日起15个月之后到达国家知识产权局的，则在后专利申请的公布期限仍按照原最早优先权日起算。

需要注意的是，要求本国优先权的，撤回优先权后，已按照《专利法实施细则》第32条第3款的规定被视为撤回的在先申请不得因优先权要求的撤回而请求恢复。

撤 回 优 先 权 声 明

"注意事项"正确填写本表各栏

<table>
<tr><td rowspan="3">①
专
利
申
请</td><td colspan="3">申请号 2021109×××</td></tr>
<tr><td colspan="3">发明创造名称 一种×××××××××××××××××××××××××××××××××</td></tr>
<tr><td colspan="3">申请人（*应当填写第一署名申请人）×××× 大学</td></tr>
<tr><td colspan="4">②申请人声明撤回下列优先权：</td></tr>
<tr><td colspan="2">原受理机构名称
中国</td><td>在先申请日
2021-01-26</td><td>在先申请号
2021××××</td></tr>
<tr><td colspan="4">③全体申请人或代表人签字或者盖章
××××大学</td></tr>
<tr><td colspan="4">④附件清单
【附件名称】 全体申请人同意撤回上述优先权的证明 【附件属性】 电子件
已备案的证明文件备案编号：</td></tr>
<tr><td colspan="2">⑤专利代理机构盖章
××××知识产权代理有限公司
2021年10月09日</td><td colspan="2">⑥ 国家知识产权局处理意见
年 月 日</td></tr>
</table>

图 4-1 撤回优先权声明示例

二、本国优先权

163 什么是本国优先权？

根据《专利法》第 29 条第 2 款的规定，申请人自发明或者实用新型在中国第一次提出专利申请之日起 12 个月内，又向国务院专利行政部门就相同主题提出专利申请的，可以享有优先权。也就是说，以在中国提出的首次申请为基础的优先权称为"本国优先权"。

164 要求本国优先权，提出的时限是什么？

要求本国优先权，发明或者实用新型专利申请应在中国第一次提出专利申请之日起 12 个月内，或者自外观设计在中国第一次提出专利申请之日起 6 个月内提出优先权要求。不符合上述期限提出的优先权要求，则所要求的优先权视为未提出。

165 要求本国优先权，何时缴纳优先权费？

根据《专利法实施细则》第 93 条的规定，申请人要求享有优先权时应当缴纳优先权要求费。每项优先权的费用是 80 元，缴费期限与申请费相同，即自申请日起2个月内，或者自收到受理通知书之日起15日内缴纳。如果申请人未在上述规定的期限内缴纳优先权费，则所要求的优先权视为未提出。

166 要求本国优先权，是否需要提交在先申请副本？

本国优先权的在先申请文件的副本，由国家知识产权局根据规定制作。根据《专利法实施细则》第31条第1款的规定，申请人要求本国优先权并且在请求书中写明了在先申请的申请日和申请号的，视为提交了在先申请文件副本，无须申请人再提交。

167 要求本国优先权，对在先申请有何要求？

根据《专利法实施细则》第32条第2款的规定，在先申请应当符合以下要求：

（1）在先申请的类型应当是发明或者实用新型专利申请，不应当是外观设计专利申请；

（2）在先申请不应当是分案申请，因为分案申请是从原申请中分出来的申请，原申请是第一次申请，而分案申请不是第一次申请，所以不得作为要求本国优先权的基础；

（3）在先申请的主题未享有外国优先权或者本国优先权，这是因为作为优先权基础的在先申请应当是第一次申请，而已经享有过外国或者本国优先权的申请不符合这一要求；

（4）在先申请的主题尚未授予专利权，已经被批准授予专利权的不得作为本国优先权的基础，主要是为了避免重复授权；[1]

（5）在后申请与在先申请的主题应一致，即非明显不相关；

（6）在后申请的申请人须与在先申请人完全一致。如在先申请人与在后申请人名称不一致，但提交证明材料表明因企业更名造成申请人名称不一致，可认为在先申请人与后申请人实质为同一申请人，符合要求。

168 在先申请已发授权通知书，在后申请是否还能要求该优先权？

要求本国优先权时，在先申请应尚未授予专利权。根据专利法及其实施细则的相关规定，国家知识产权局发出授予专利权通知书的同时，应当发出办理登记手续通知书，申请人应当在收到该通知之日起2个月内办理登记手续。申请人在规定期限之内办理登记手续的，国家知识产权局予以颁发专利证书，并同时予以登记和公告。但在实际流程中，授权前需要一定的时间进行准备，因此对于申请人已缴纳相关费用的，视为在先申请已经被授权。已经被授予专利权的在先申请，不能被要求优先权。上述要求，旨在避免专利权的重复授权。

因此，申请人在收到办理登记手续通知书时，应当谨慎考虑是要获得在先申请的专利权，还是要将其作为本国优先权的基础而提出在后申请。若要求享有优先权，则

[1] 尹新天．中国专利法详解［M］．北京：知识产权出版社，2011：392．

可以选择不办理登记手续（缴纳相关费用），以避免优先权不能成立。如确认需要提出在后申请，则务必在专利授权之前提出在后申请，避免优先权要求被视为未提出。

169 要求本国优先权，若申请人不一致怎么办？

要求本国优先权的申请，在后申请人必须与在先申请人完全一致。如果申请人不一致，在后申请人应当在优先权日起 16 个月内提交优先权转让证明，期满未提交优先权转让证明或提交的转让证明不合格的，国家知识产权局将发出视为未要求优先权通知书。

（1）名称变更证明文件。如申请人的名称发生过变更，导致在后申请人与在先申请人名称不一致，但实质为同一申请人，申请人应自优先权之日起 16 个月内主动提交申请人名称变更的证明材料。[1]

（2）优先权转让证明文件。在后申请与在先申请的申请人不一致，可通过提交优先权转让证明克服该缺陷，值得注意的是优先权转让证明中仅需要全体在先申请人签字或盖章，无须要求在后申请人签字或盖章。优先权转让证明示例，如图 4-2 所示。

优先权转让证明

国家知识产权局：

鉴于专利申请人“赵××”拥有专利申请号“20212××××”，专利申请名称为×××××××××××的采样装置的专利申请权。

现经两公司达成一致，江苏××××有限公司同意将上述专利申请优先权转让给江苏省××××中心和赵××共有。

特此证明！

申请人签章：

图 4-2　优先权转让证明示例

170 要求本国优先权，如何填写请求书中的优先权声明？

填写优先权声明是要求本国优先权必须办理的手续。要求优先权声明需要在提出专利申请的同时在请求书中提出，并填写必要的信息，包含原受理机构名称、在先申请日、在先申请号。

[1] 名称变更的证明材料参见本书第五章相关内容。

发明专利请求书中关于“要求优先权声明”的填写如图4-3所示。

⑭ 要求优先权声明	序号	原受理机构名称	在先申请日	在先申请号
	1	中国	2022-01-01	2022111111111
	2			
	3			
	4			
	5			

图4-3　发明专利请求书中本国优先权的“要求优先权声明”

填写时请注意：

（1）原受理机构名称，应填写规范，使用中文。例如，要求本国优先权，原受理机构名称填写为中国，符合规定。

（2）在先申请号，应填写规范。如要求本国优先权，在先申请号应填写我国13位的专利申请号（例如，2022111111111）。

（3）优先权声明应填写完整、规范，如图4-3所示。如优先权信息填写不完整，例如，漏填原受理机构、在先申请日、在先申请号中的一项或两项，在先申请号填写不规范或者明显错误等，国家知识产权局将发出办理手续补正通知书，申请人如未在规定期限内克服缺陷则该优先权要求视为未提出。

171 要求本国优先权是否可以以其他证明文件的形式提出要求优先权声明？

优先权声明是申请人能够享有优先权的前提条件。申请人如要求优先权，则必须在提出专利申请的同时在请求书中提出优先权声明，并填写优先权声明中的必要信息。根据《专利法》第30条的规定，申请人要求发明、实用新型专利优先权的，应当在申请的时候提出书面声明，申请人未提出书面声明的，视为未要求优先权。而此种情形也不属于优先权可恢复的情形，因此即便申请人后续提出恢复优先权请求也将不予恢复。

因此，申请人在提交专利申请时，需要按照专利法中规定的时机、形式和内容提出要求优先权声明，以免造成无法挽回的损失。

172 本国优先权转让给外国人、外国企业或外国其他组织应提交什么证明文件？

为了规范和管理技术出口行为，防止技术流失，中国内地的申请人（个人或者单位）将本国优先权转让给外国人、外国企业或者外国其他组织的，申请人应当提交主管部门的证明材料，例如，出具国务院商务主管部门颁发的《技术出口许可证》或者《自由出口技术合同登记证书》或者地方商务主管部门颁发的《自由出口技术合同登记证书》。证书示例如图 4-4 所示。

编号 NO. EXP-×××-××　　日期 DATE: 2022-08-22

技术出口合同登记证书

REGISTRATION CERTIFICATE OF TECHNOLOGY EXPORT CONTRACT

合同名称	专利权转让协议契据		
TITLE OF CONTRACT	DEED OF PATENT ASSIGNMENT AGREEMENT		
合同号 CONTRACT NUMBER	22GBJSZYE36××××		
合同生效日期 EFFECTIVE DATE	2022-07-11	合同有效期 VALIDITY	120月
供方公司名称	××××机械股份有限公司		
NAME OF EXPORTER	××× ××× MACHINERY CO., LTD.		
受方公司名称	××公司		
NAME OF IMPORTER	×× LIMITED		
技术提供方名称	××××机械股份有限公司		
NAME OF USER	××× ××× MACHINERY CO., LTD.		

本合同经中国政府登记

THIS CONTRACT IS HEREBY REGISTERED BY THE CHINESE GOVERNMENT.

专用章　商务部授权（××）盖章

NO. 3200EXP　×××

图 4-4　技术出口许可证示例

值得注意的是，涉外转让，技术出口合同数据表中应标注专利号或者合同号。

173 要求本国优先权，在先申请有何后果？

根据《专利法实施细则》第 32 条的规定，申请人要求本国优先权的，其在先申请自在后申请提出之日起即视为撤回。

值得注意的是，被视为撤回的在先申请不得请求恢复。

174 可以要求中国台湾地区优先权吗？

根据国家知识产权局《关于台湾同胞专利申请的若干规定》（第 58 号令），台湾地区申请人在台湾地区专利主管机构第一次提出发明或者实用新型专利申请之日起12个月内，或者第一次提出外观设计专利申请之日起6个月内，又在国家知识产权局就相同主题提出专利申请的，可以要求享有其台湾地区在先申请的优先权。

175 要求中国香港地区优先权有哪些要求？

申请人自其短期专利申请在香港特别行政区知识产权署第一次提出之日起12个月内，或者自其外观设计注册申请在香港特别行政区知识产权署第一次提出之日起6个月内，又在国家知识产权局就相同主题提出专利申请的，可以享有优先权。[1]本规定适用于自1999年12月1日起在香港特别行政区知识产权署第一次提出的短期专利申请和外观设计注册申请。

（1）要求优先权声明。

申请人要求中国香港地区短期专利申请或者外观设计注册申请的优先权的，应当在申请的时候提出书面声明。申请人在一件专利申请中，可以要求一项或者多项优先权；要求多项优先权的，该申请的优先权期限从最早的优先权日起算。未在请求书中声明的，视为未要求香港地区优先权。

申请人应当在书面声明中写明在先申请的申请日和申请号，并写明受理局为香港特别行政区知识产权署；书面声明中未写明在先申请的申请日和受理局的，视为未提出声明。

（2）在先申请文件副本。

申请人要求中国香港地区短期专利申请或者外观设计注册申请的优先权的，应当自优先权日起16个月内提交第一次提出的上述短期专利申请或者外观设计注册申请（以下称在先申请）文件的副本。逾期未提交在先申请文件副本的，视为未要求优先权。申请人提交的在先申请文件副本应当经香港特别行政区知识产权署证明。

176 如何办理本国优先权的恢复手续？

视为未要求优先权并属于下列情形之一的，申请人可以根据《专利法实施细则》第6条的规定请求恢复要求优先权的权利：

（1）由于未在指定期限内答复办理手续补正通知书导致视为未要求优先权；

（2）要求优先权声明中至少一项内容填写正确，但未在规定的期限内提交优先权转让证明；

（3）要求优先权声明中至少一项内容填写正确，但未在规定期限内缴纳或者缴足优先权要求费；

（4）分案申请的原申请要求了优先权。

申请人请求恢复优先权的，应当提交恢复优先权请求书，如图4-5所示。

---

[1] 国家知识产权局《关于在香港特别行政区知识产权署提出的首次申请的优先权的规定》（1999年12月15日国家知识产权局长令第10号公布，根据国家市场监督管理总局令第31号修订）。

恢复权利请求书

请按照"注意事项"正确填写本表各栏

<table>
<tr><td rowspan="3">①
专　专
利　或
申
请　利</td><td>申请号或专利号20221149×××</td></tr>
<tr><td>发明创造名称×××化合物、用途及其制备方法</td></tr>
<tr><td>申请人或专利权人（*应当填写第一署名申请人）×××× 药业集团股份有限公司</td></tr>
<tr><td colspan="2">②请求内容：
根据专利法实施细则第 6 条的规定，针对________年____月____日国家知识产权局发出的________通知书（发文序号________）请求恢复权利。</td></tr>
<tr><td colspan="2">③请求恢复权利的理由：☒正当理由　　☐不可抗拒事由
此案为母案 20201001×××的分案，母案要求了优先权 20191001×××，在先申请日为 20190108。
因请求书中未填写优先权声明，特申请恢复优先权 20191001×××，在先申请日为 20190108。</td></tr>
<tr><td colspan="2">④附件清单
已备案的证明文件备案编号：________。</td></tr>
<tr><td>⑤当事人或专利代理机构签字或者盖章
××××药业集团股份有限公司

2022年12月19日</td><td>⑥国家知识产权局处理意见

年　月　日</td></tr>
</table>

图 4-5　恢复优先权请求书示例

三、外国优先权

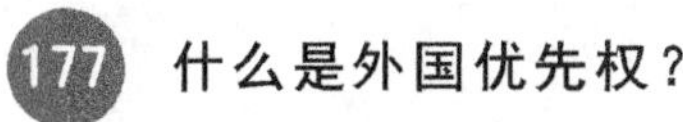

177 什么是外国优先权？

根据《专利法》第 29 条的规定，申请人自发明或者实用新型在外国第一次提出专利申请之日起12个月内，或者自外观设计在外国第一次提出专利申请之日起6个月内，又在中国就相同主题提出专利申请的，依照该外国同中国签订的协议或者共同参加的国际条约，或者依照相互承认优先权的原则，可以享有优先权。也就是说，以在外国提出的首次申请为基础的优先权称为“外国优先权”。

注意：首次申请和在后申请的申请人都应当是《巴黎公约》成员国的单位或者个人，或者是在成员国的领土内有营业所或者经常居所的单位或者个人。除了《巴黎公约》的成员国之外，与我国签订了有关协议或者相互承认优先权的其他国家的单位或者个人也能在我国享有优先权。

178 要求外国优先权，提出的时限是什么？

要求外国优先权，在后申请应当自其在先申请的申请日起12个月内提出。不符合上述期限提出的优先权要求，则所要求的优先权视为未提出。

179 要求外国优先权，何时缴纳优先权费？

申请人要求享有外国优先权时应当在规定期限内缴纳优先权要求费。每项优先权的费用是80元，缴费期限与申请费相同，即自申请日起2个月内，或者自收到受理通知书之日起15日内。如果申请人在规定的期限内未缴纳优先权费，则所要求的优先权视为未提出。

180 要求外国优先权，如何填写请求书中的优先权声明？

要求外国优先权声明需要在提出专利申请的同时在请求书中提出，并填写必要的信息，包含原受理机构名称、在先申请日、在先申请号。

发明专利请求书中关于“要求优先权声明”的填写如图4-6所示。

⑭ 要求优先权声明	序号	原受理机构名称	在先申请日	在先申请号
	1	美国	2022-01-01	61/111, 111
	2			
	3			
	4			
	5			

图4-6　发明专利请求书中外国优先权的“要求优先权声明”

填写时请注意：

（1）原受理机构名称，应填写规范，使用中文。例如，美国的受理机构填写为美国专利商标局、美国，视为符合要求。

（2）在先申请号，应填写规范。要求外国优先权，应填写所在国的专利申请号，例如，美国的专利申请号 61/111，111；在先申请也可以是 PCT 申请，在先申请号填写如 PCT/JP99/000111。

（3）优先权声明应填写完整、规范，如图 4-6 所示。如果优先权信息填写不完整，例如，漏填原受理机构、在先申请日、在先申请号中的一项或两项，而申请人已在规定期限提交了在先申请文件副本的，国家知识产权局将发出办理手续补正通知书，申请人如未在规定期限内克服缺陷则该优先权要求视为未提出。

181 要求外国优先权，是否需要提交在先申请副本？

目前，对于要求外国优先权的，均需要提交在先申请文件副本。在先申请文件副本获取途径有三种：以传统方式从在先申请国家获取、通过 DAS 途径获取及通过双边协议获取。无论申请人选择以何种途径获取，均需要自优先权日起 16 个月内将相应副本交至国家知识产权局，否则视为未要求该项优先权。

182 提交优先权副本有哪几种方式？

（1）通过 DAS 途径获取在先申请文件副本。

优先权文件数字接入服务（即 DAS）是由世界知识产权组织国际局建立和管理、通过国家知识产权局间的合作、以电子交换方式获取优先权文件的电子服务。在参与本服务的其他国家知识产权局提出首次申请，又在中国提出在后专利申请并声明要求优先权的，申请人可以请求国家知识产权局通过 DAS 服务自专门数字图书馆获取优先权文件，即在先申请文件副本。

通过 DAS 途径获得在先申请文件副本的，申请人需要先向首次受理局提出交存电子优先权文件的请求，由首次受理局向 DAS 认可的数字图书馆交存该优先权文件。交存优先权文件后，申请人或其委托的专利代理机构应当在优先权日起 16 个月内（即提交副本的法定期限内）提出查询请求，申请人或者其委托的专利代理机构发生变更的，应由变更后的申请人或专利代理机构提出查询请求。

（2）通过双边协议获取在先申请文件副本。

国家知识产权局同一些国家或地区达成协议开通了优先权文件电子交换服务。也就是说，向达成协议的其他国家的国家知识产权局第一次提出专利申请，又在中国就相同主题提出专利申请并要求该第一次申请的优先权的，国家知识产权局将自动从该国家知识产权局获取在先申请文件副本（反之亦可）。要求这些国家或地区的优先权的申请，国家知识产权局将自行获取优先权副本，如获取不成功一般会通知申请人，申请人应在优先权日起 16 个月内自行提交优先权副本。

注意：在先申请为外观专利申请或 PCT 国家申请时，国家知识产权局不会启动交换服务。PCT 国际申请进入中国国家阶段的申请或分案申请要求优先权的，国家知识产权局不会启动交换服务。

（3）传统方式于在先申请国家获取在先申请文件副本。

申请人还可以通过传统方式于在先申请国家获取在先申请文件副本，获取副本后主动自优先权日起16个月内将相应在先申请文件副本交至国家知识产权局。

特殊情形：以中国国家知识产权局受理的国际申请作为优先权基础的在先申请，即要求了国际申请号为“PCT/CN……/……”的申请作为在先申请的，鉴于在先申请也是由国家知识产权局受理，为方便申请人，并节约审查流程，申请人不需要自行提交在先申请文件副本。

183 常见的外国优先权副本有哪几种？

我国发明专利申请中要求的外国优先权，常见的有如下几种外国优先权副本：美国优先权副本（图4-7），日本优先权副本（图4-8），德国优先权副本（图4-9）。申请人提交外国优先权副本的同时，必须提交在先申请副本中文题录（图4-10）。

在先申请的文件副本至少应当表明原受理机构、申请人、申请号、申请日。

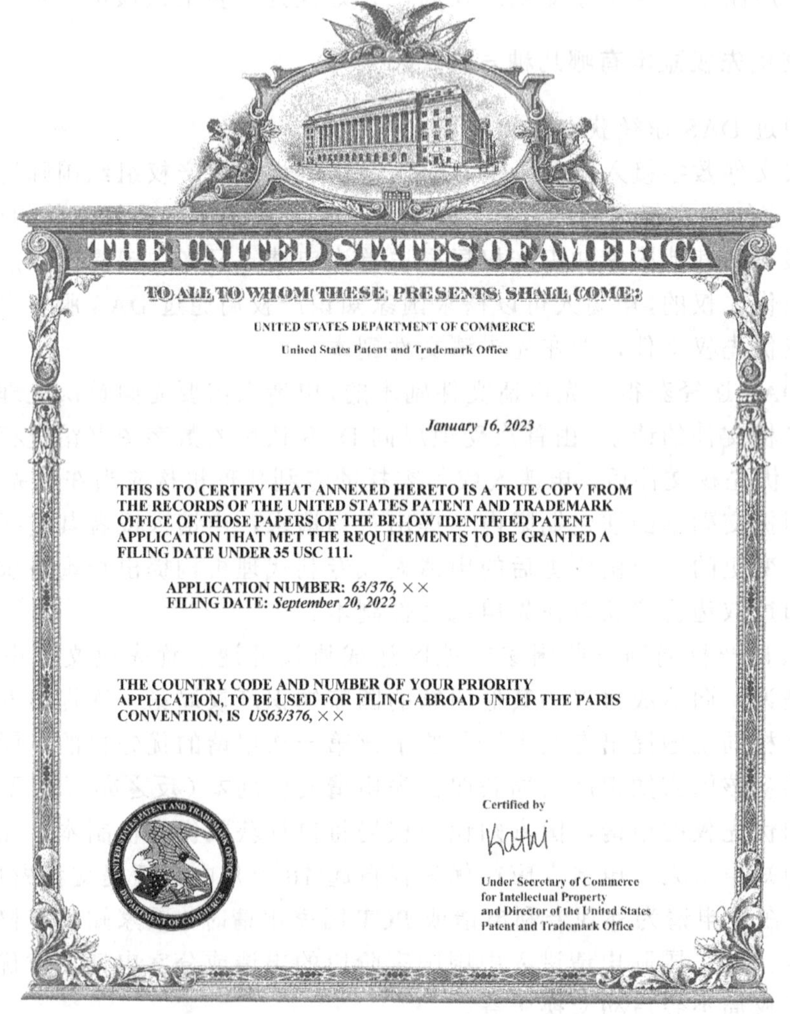

THE UNITED STATES OF AMERICA

TO ALL TO WHOM THESE PRESENTS SHALL COME:

UNITED STATES DEPARTMENT OF COMMERCE

United States Patent and Trademark Office

January 16, 2023

THIS IS TO CERTIFY THAT ANNEXED HERETO IS A TRUE COPY FROM THE RECORDS OF THE UNITED STATES PATENT AND TRADEMARK OFFICE OF THOSE PAPERS OF THE BELOW IDENTIFIED PATENT APPLICATION THAT MET THE REQUIREMENTS TO BE GRANTED A FILING DATE UNDER 35 USC 111.

APPLICATION NUMBER: *63/376,* ××
FILING DATE: *September 20, 2022*

THE COUNTRY CODE AND NUMBER OF YOUR PRIORITY APPLICATION, TO BE USED FOR FILING ABROAD UNDER THE PARIS CONVENTION, IS *US63/376,* ××

Certified by

Kathi

Under Secretary of Commerce
for Intellectual Property
and Director of the United States
Patent and Trademark Office

图4-7 美国优先权副本示例

日本国特許庁
JAPAN PATENT OFFICE

別紙添付の書類に記載されている事項は下記の出願書類に記載されている事項と同一であることを証明する。

This is to certify that the annexed is a true copy of the following application as filed with this Office.

出願年月日
Date of Application:　　２０２０年　２月２８日

出願番号
Application Number:　　特願２０２０−０３４×××

パリ条約による外国への出願に用いる優先権の主張の基礎となる出願の国コードと出願番号
The country code and number of your priority application, to be used for filing abroad under the Paris Convention, is　　ＪＰ２０２０−０３４×××

出願人
Applicant(s):　　××××××電子技術有限公司

２０２１年　３月　１日

特許庁長官
Commissioner,
Japan Patent Office

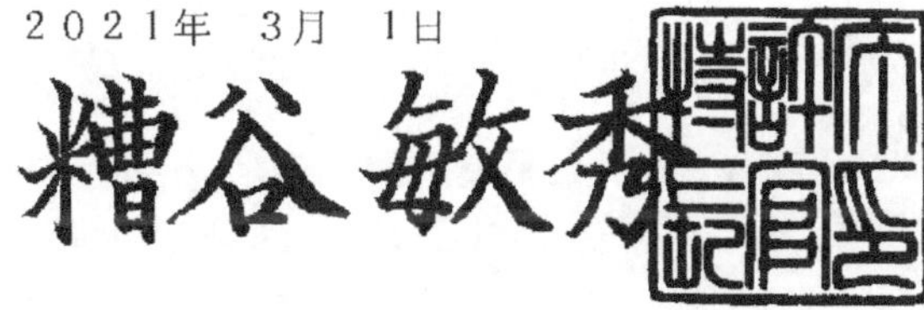

图 4-8　日本优先权副本示例

BUNDESREPUBLIK DEUTSCHLAND

Prioritätsbescheinigung
DE 10 20×××××
über die Einreichung einer Patentanmeldung

Aktenzeichen:	10 20×××××
Anmeldetag:	×××××
Anmelder/Inhaber:	×××××××××××
Bezeichnung:	×××××
IPC:	×××××××××××

Die angehefteten Stücke sind eine richtige und genaue Wiedergabe der Teile der am ××××××××××× eingereichten elektronischen Dokumente dieser Patentanmeldung unabhängig von gegebenenfalls durch das Druckverfahren bedingten Farbabweichungen.

München, den 10. April 2017
Deutsches Patent- und Markenamt
Die Präsidentin
Im Auftrag

Sebala

图 4-9 德国优先权副本示例

在先申请文件副本中文题录

<table>
<tr><td rowspan="3">①专利申请</td><td colspan="4">申请号</td></tr>
<tr><td colspan="4">发明创造名称××××××</td></tr>
<tr><td colspan="4">申请人（*应当填写第一署名申请人）　××××××××××有限公司</td></tr>
<tr><td rowspan="4">②在先申请文件副本中文题录(1)</td><td>在先申请号</td><td>2020-××××</td><td>在先申请日</td><td>2020-02-28</td></tr>
<tr><td>原受理机构名称</td><td>日本</td><td colspan="2">☒ 声明原受理机构已签字或盖章</td></tr>
<tr><td>在先申请人</td><td colspan="3">××××××××××有限公司</td></tr>
<tr><td colspan="4">已向专利局提交过在先申请文件副本的，原件所在案卷的申请号：________</td></tr>
<tr><td colspan="5">③☒ 声明
申请人提供的中文题录与在先申请文件副本中的信息是一致的。</td></tr>
<tr><td colspan="3">④申请人或专利代理机构签字或者盖章
北京市××律师事务所
2021年02月24日</td><td colspan="2">⑤国家知识产权局处理意见
年　　月　　日</td></tr>
</table>

图 4-10　在先申请副本中文题录示例

184 要求外国优先权，在先申请副本有哪些要求？

申请人要求外国优先权的，应自优先权日起 16 个月内提交在先申请副本，副本的具体要求如下：

（1）在先申请副本应由在先申请的原受理机构出具，也可以通过双边协议或 DAS 交换方式提交副本。

（2）在先申请副本的格式应当符合国际惯例（例如，图 4-7、图 4-8、图 4-9）。

（3）申请人应提交在先申请副本的中文题录（图 4-10）。

（4）要求多项优先权，应当提交全部在先申请文件副本。

185 如何核实美国在先申请文件副本？

各国知识产权部门出具的在先申请文件副本形式各不相同，在审查实践中如何识别文件中的有效信息成为难点。我国专利申请中要求外国优先权的，较为常见的是美国的在先申请文件副本，其在先申请文件副本与其他国家的在先申请文件副本存在较大差异，因此下面重点介绍如何核实，提醒申请人及专利代理机构在提交文件之前核实准确无误后再提交。

（1）美国在先申请文件副本首页需要核实在先申请号、在先申请日等信息，如图 4-7 所示。

（2）美国在先申请文件副本中（一般居于副本结尾处）需要核实申请人信息，详见副本中 1.76 声明页，如图 4-11 所示，核实申请人信息与副本中的中文题录的记载是否一致。如申请人不一致，应参考问题 186 的处理方式。

186 要求外国优先权，若申请人不一致怎么办？

要求外国优先权的在后申请的申请人与在先申请文件副本中记载的申请人应当一致，或者是在先申请文件副本中记载的申请人之一。这一点与要求本国优先权有所区别，要求本国优先权，在先申请人和在后申请人须完全一致。

要求外国优先权，如果申请人完全不一致，且在先申请的申请人将优先权转让给在后申请的申请人的，应当在提出优先权之日起 16 个月内提交由在先申请的全体申请人签字或者盖章的优先权转让证明文件（优先权转让证明如图 4-2 所示）。在先申请具有多个申请人，且在后申请具有多个与之不同的申请人的，可以提交由在先申请的所有申请人共同签字或者盖章的转让给在后申请的所有申请人的优先权转让证明文件；也可以提交由在先申请的所有申请人分别签字或者盖章的转让给在后申请的申请人的优先权转让证明文件。申请人期满未提交优先权转让证明文件或者提交的优先权转让证明文件不符合规定的，国家知识产权局将发出视为未要求优先权通知书。

187 如何办理外国优先权的恢复手续？

申请人可以根据《专利法实施细则》第 6 条的规定请求恢复要求优先权的权

利：由于未在指定期限内答复办理手续补正通知书导致视为未要求优先权；要求优先权声明中至少一项内容填写正确，但未在规定的期限内提交在先申请文件副本或者优先权转让证明；要求优先权声明中至少一项内容填写正确，但未在规定期限内缴纳或者缴足优先权要求费；分案申请的原申请要求了优先权，而该分案申请未要求该优先权。

PTO/AIA/14 (02-18)
Approved for use through 11/30/2020. OMB 0651-0032
U.S. Patent and Trademark Office; U.S. DEPARTMENT OF COMMERCE
Under the Paperwork Reduction Act of 1995, no persons are required to respond to a collection of information unless it contains a valid OMB control number.

Application Data Sheet 37 CFR 1.76	Attorney Docket Number	SGY3G3P
	Application Number	
Title of Invention	FPGA ON-CHIP CACHE CIRCUIT STRUCTURE BASED ON HIGH-LEVEL SYNTHESIS	

Applicant Information:

Providing assignment information in this section does not substitute for compliance with any requirement of part 3 of Title 37 of CFR to have an assignment recorded by the Office.

Applicant 1 [Remove]

If the applicant is the inventor (or the remaining joint inventor or inventors under 37 CFR 1.45), this section should not be completed. The information to be provided in this section is the name and address of the legal representative who is the applicant under 37 CFR 1.43; or the name and address of the assignee, person to whom the inventor is under an obligation to assign the invention, or person who otherwise shows sufficient proprietary interest in the matter who is the applicant under 37 CFR 1.46. If the applicant is an applicant under 37 CFR 1.46 (assignee, person to whom the inventor is obligated to assign, or person who otherwise shows sufficient proprietary interest) together with one or more joint inventors, then the joint inventor or inventors who are also the applicant should be identified in this section. [Clear]

● Assignee	Legal Representative under 35 U.S.C. 117	Joint Inventor

Person to whom the inventor is obligated to assign.	Person who shows sufficient proprietary interest

If applicant is the legal representative, indicate the authority to file the patent application, the inventor is:

Name of the Deceased or Legally Incapacitated Inventor:

If the Applicant is an Organization check here. ☒

Organization Name	BEIJING ×××××× INFORMATION TECHNOLOGY CO., LTD.		
Mailing Address Information For Applicant:			
Address 1	Room 101D1-7, 1st Floor, Building 1, No.6		
Address 2	××××× Road, Haidian District		
City	Beijing	**State/Province**	
Country	CN	Postal Code	100085
Phone Number		Fax Number	
Email Address			

Additional Applicant Data may be generated within this form by selecting the Add button. [Add]

图 4-11　美国在先申请文件副本中的申请人信息页

申请人请求恢复优先权的，应当提交恢复优先权请求书，说明理由，并缴纳规定的费用，同时办理视为未要求优先权前应当办理的相应手续，消除造成权利丧失的原因。未按上述规定办理恢复手续的，视为未要求优先权。

申请人请求恢复优先权的，应当提交恢复优先权请求书，如图 4-5 所示。

四、优先权的特殊情形

188 专利申请是否可以要求部分优先权？

一般情形下，由于已经享有优先权的申请不再是首次申请，所以不能作为另一份申请的优先权基础。但注意属于部分优先权的情形，如在先申请A的技术方案为a，在先申请B的技术方案为在在先申请A的基础上增加了技术方案b（即a+b），在先申请B要求方案a的优先权。在后申请C的技术方案为在在先申请B的基础上增加了技术方案c（即a+b+c），在优先权期限内，在后申请C可以要求的优先权分别为：在先申请A的a方案的优先权，以及在先申请B中b方案的优先权。由于要求的优先权属于部分优先权的情形，为便于申请尽快顺利通过审查，申请人要求部分优先权时，可考虑主动提交意见陈述书进行声明。申请A、B、C之间的关系如图4-12所示。

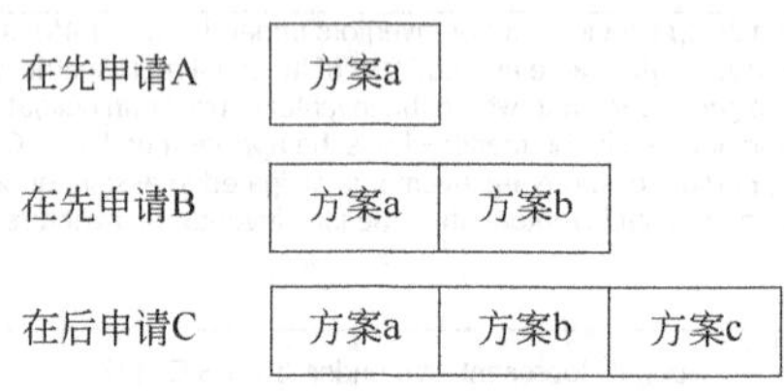

图4-12　申请A、B、C的关系图

申请人可以提交意见陈述书，说明其要求的是“部分优先权”。值得注意的是，在审查实践中发现在后申请要求的优先权不符合要求（在先申请要求过其他优先权）往往是由于申请人对优先权规则的不了解而导致，申请人要求优先权时务必核实在先申请是否要求过优先权。

189 原申请要求了某项优先权，其分案申请是否可以不填写该优先权信息？

分案申请中，原申请要求了某项优先权，并且该优先权结论为合格，但分案申请的发明专利请求书中未填写“优先权声明”信息，即该分案申请未要求优先权。在审查实践中发现此种情形均为申请人漏填优先权信息所致，鉴于未要求原申请的优先权可能对分案申请的最终授权造成严重影响，故申请人可自分案申请递交日起2个月内或者自收到受理通知书之日起15日内主动要求恢复优先权，恢复优先权的应办理优先权恢复手续。

190 在后申请与在先申请同日提出，优先权是否成立？

优先权制度建立的最初目的在于，为申请人的跨地域申请提供便利条件，使申请人在联盟一个成员国内正式提出申请后，于规定的期限内在其他成员国内提出的申请享有优先权，从而使其免于因另外一项申请的提出、公布或利用而成为无效。因此，可以理解为申请日是区分在先申请和在后申请的唯一标志，同日提出的申请无须也不应作为优先权基础。我国作为《巴黎公约》成员国，优先权制度同样应当遵循《巴黎公约》的相关规定。同日提交的两个申请无法区分在先申请和在后申请，《专利审查指南》也作出了优先权“期限的第一日（起算日）不计算在期限内”的规定，因此，要求相同申请日的优先权没有积极的意义，该优先权也不能成立。

第二节　分案申请

一、分案申请概述

191 什么是分案申请？

根据《专利法》第 31 条的规定，一件发明专利申请应当限于一项发明创造，属于一个总的发明构思的两项以上的发明，可以作为一件申请提出。该条款规定了专利申请的单一性要求。若专利申请不符合单一性的要求，根据《专利法实施细则》第 42 条的规定，一件专利申请包括两项以上发明的，申请人可以提出分案申请。也就是说，如果一件专利申请中包含两项以上含有不同特定技术特征、技术上不相互关联的发明，申请人可以主动提出或者依据国家知识产权局的审查意见提出专利申请，即分案申请。

192 分案申请的意义是什么？

考虑到合案提出专利申请的申请人实际上已经向国家知识产权局披露了多项发明创造，并表达了希望这些发明创造均获得专利保护的意愿，尽管审查的结果认为该申请不符合单一性要求，也就是认为申请人不能在一件申请中要求保护其希望获得保护的几项发明创造，但是如果仅仅因为这一原因迫使申请人仅仅保留其中一项发明创造，对其他发明创造只能随后以一般方式另行提出专利申请，以随后的提交日为申请日，则申请人的利益就会受到损害。因此，设立分案制度是为了充分考虑专利申请的实际情况，为保障专利申请人的利益而设置的一种救济方式，使其能够对合案申请的其他不符合单一性的技术方案另行请求保护，并享有与原申请相同的申请日。❶

193 分案申请与普通的专利申请有什么不同？

分案申请不同于普通的专利申请之处在于分案申请享受原申请的申请日，提

❶ 尹新天．中国专利法详解［M］．北京：知识产权出版社，2011：406-407．

交分案申请的日期仅为分案提交日，分案申请的所有法定期限都按照原申请的申请日开始计算。

分案申请有其规定的提交时机，一旦申请人错过国家知识产权局规定的分案申请提交时机，则申请人或专利权人就无法再提出分案申请。

虽有上述不同之处，但分案申请在专利费用、审查流程、授权等程序上与普通申请是一致的。

194 分案申请要符合哪些条件？

（1）分案申请不得改变原申请的类别。分案申请的类别应当与原申请的类别一致，例如，原申请是发明专利，分案申请也应当是发明专利申请。

（2）分案申请的递交时间应满足要求，若原申请已授权、已经被驳回、撤回或者视为撤回的，不能提出分案申请，详见本节问题195。

（3）分案申请的主题要与原申请的主题一致。

（4）分案申请的申请人应当与原申请的申请人相同，分案申请的发明人也应当是原申请的发明人或者是其中的部分成员，详见本节问题199、问题200。

（5）分案申请的内容不得超出原申请公开的范围。分案申请不得补充新的内容。

二、分案申请的手续办理

195 分案申请的递交时间是什么？

根据《专利法实施细则》第42条第1款的规定，提交分案申请的递交时间，主要是根据原申请的法律状态，即在原申请办理授权登记手续的期限届满之前可以提出分案申请，上述期限届满之后，或者原申请已被驳回、撤回或者视为撤回的，不能提出分案申请。

（1）一般情形。

一般情形下，分案申请的递交时间见表4-2。

表4-2　分案申请的递交时间一览表

《专利法实施细则》第42条规定的时机	原申请状态	分案申请递交的具体期限要求
授权办登期限届满前	未授权	办理登记手续期限届满之前
原申请被驳回之前	驳回	自收到驳回决定之日起3个月内
	复审	自提出复审请求后至收到复审决定之前
	复审维持驳回决定	自收到复审决定之日起3个月内
		提起行政诉讼期间内
	行政诉讼	自收到一审法院行政判决书之日起15日内
		自收到二审法院行政判决书之前

续表

原申请被视为撤回且未被恢复权利	主动撤回	在国家知识产权局发出手续合格通知书之前
	视为撤回	原申请发出视为撤回通知书之日前，或发出视为撤回通知书之日后但原申请被恢复权利的

（2）针对分案申请提出再次分案申请的提交时限。

如果原申请符合《专利法实施细则》第 42 条规定的时机，则对针对的分案申请的提交时机无要求，因此针对分案申请提出再次分案申请的提交时限符合要求。

如果原申请不符合《专利法实施细则》第 42 条规定的时机，而针对分案申请提出再次分案申请的提交时限符合要求，针对的分案申请应同时符合两个条件：

①“针对的分案”符合《专利法实施细则》第 42 条规定的时机；

②“针对的分案”存在单一性缺陷（应当有分案通知书或审查意见通知书指出该缺陷，如图 4-13 所示）。

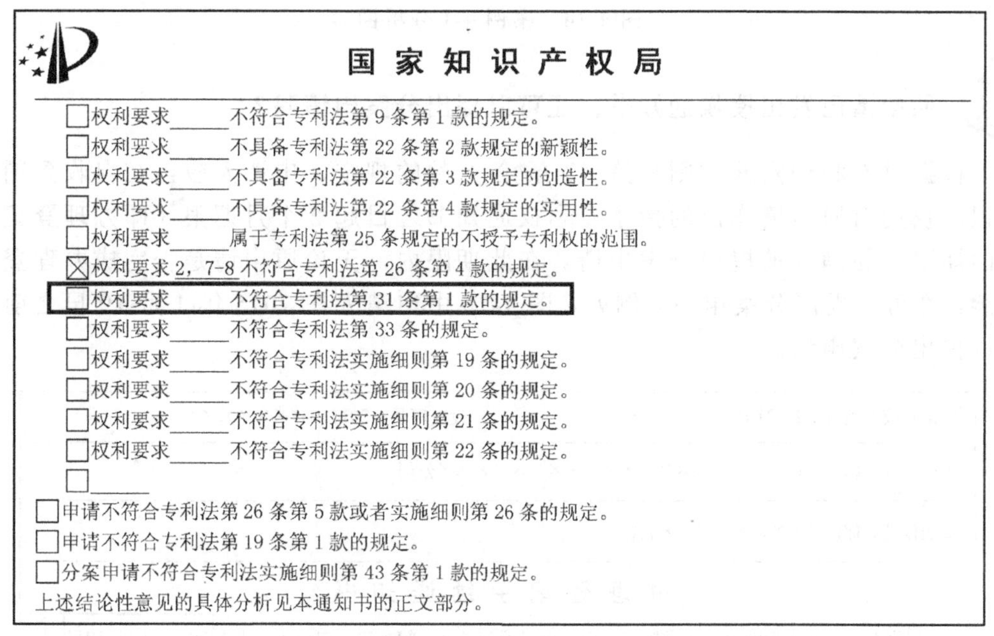
国家知识产权局

☐权利要求_____不符合专利法第 9 条第 1 款的规定。
☐权利要求_____不具备专利法第 22 条第 2 款规定的新颖性。
☐权利要求_____不具备专利法第 22 条第 3 款规定的创造性。
☐权利要求_____不具备专利法第 22 条第 4 款规定的实用性。
☐权利要求_____属于专利法第 25 条规定的不授予专利权的范围。
☒权利要求 2，7-8 不符合专利法第 26 条第 4 款的规定。
☐权利要求_____不符合专利法第 31 条第 1 款的规定。
☐权利要求_____不符合专利法第 33 条的规定。
☐权利要求_____不符合专利法实施细则第 19 条的规定。
☐权利要求_____不符合专利法实施细则第 20 条的规定。
☐权利要求_____不符合专利法实施细则第 21 条的规定。
☐权利要求_____不符合专利法实施细则第 22 条的规定。
☐_____
☐申请不符合专利法第 26 条第 5 款或者实施细则第 26 条的规定。
☐申请不符合专利法第 19 条第 1 款的规定。
☐分案申请不符合专利法实施细则第 43 条第 1 款的规定。
上述结论性意见的具体分析见本通知书的正文部分。

图 4-13　审查意见通知书第 2 页中未指出单一性缺陷示例

案例 4-1：

某分案申请 C，请求书中填写的分案信息为：原申请号 A，针对的分案申请号 B，原申请日 2021 年 1 月 1 日。

案例分析：分案申请 C 提交时，原申请 A 已经由国家知识产权局发出复审维持驳回决定通知书且申请人并未在规定期限内申请行政复议，即申请 A 已失效（即不符合《专利法实施细则》第 42 条规定的时机）；如原申请 A 符合《专利法实施细则》第 42 条规定的时机，则分案申请 C 符合提交时机，本案例中分案申请 A 不符合《专利法实施细则》第 42 条规定的时机，因此需要进一步对针对的分案申请

B进行审核。针对的分案申请B处于复审阶段（即符合《专利法实施细则》第42条规定的时机），但分案申请B的实审员发出的审查意见通知书中仅指出该申请存在创造性缺陷（即并未发出过存在单一性缺陷的通知书），具体分析如图4-14所示。

综上，本案例中分案申请C的提交时机不符合要求，该分案申请视为未提出。

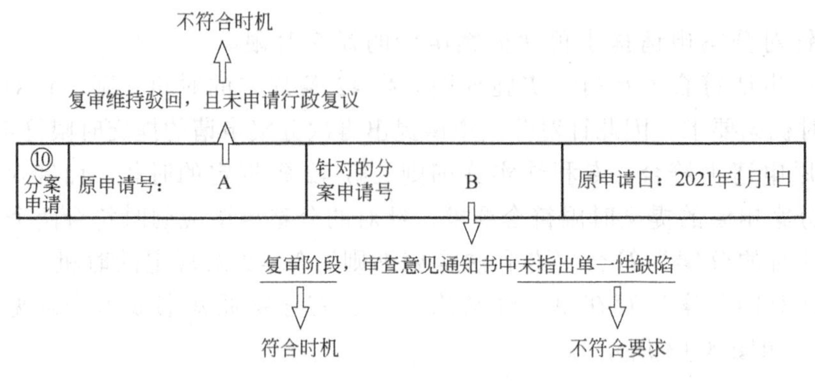

图4-14　案例4-1分析图

196 原申请已发出授权通知书，还可以提出分案申请吗？

根据《专利法实施细则》第42条第1款的规定，申请人应当在自收到国家知识产权局对原申请作出的授予专利权通知书之日起2个月期限（即办理登记手续的期限）届满之前提出分案申请。在此期限内，无论原申请是否完成办理登记手续，都可以提出分案申请。例如，图4-15中申请人在2015年1月19日之前均可以提出分案申请。

申请号或专利号：2013101××××××　　发文序号：20141031××××××

申请人或专利权人：××××××××××××××××××××公司

发明创造名称：×××××××××装置

办理登记手续通知书

根据专利法实施细则第54条及国家知识产权局第75号公告的规定，申请人应当于2015年01月19日之前缴纳以下费用：

专利登记费	250.0元	
第2年度年费	270.0元	费减70%　（减缓标记）
专利证书印花税	5.0元	
已缴费用	0元	
应缴费用	525.0元	

图4-15　办理登记手续通知书示例

197 如何在发明专利请求书中填写分案信息？

如申请为分案申请，应填写发明专利请求书的信息，如未填写该栏信息，视为一般专利申请，无法享有原申请的申请日。

发明专利请求书中“分案申请”信息的填写示例如图 4-16 所示。

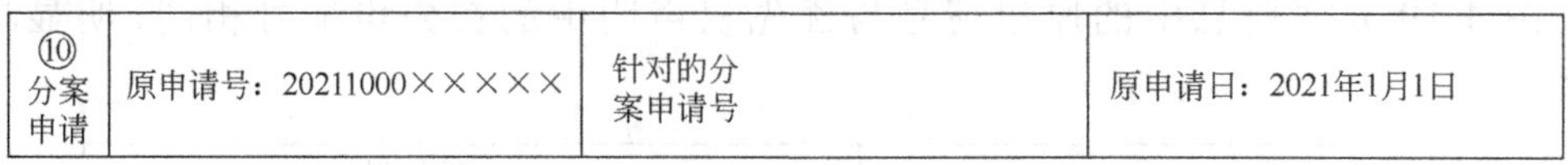

⑩分案申请	原申请号：20211000×××××	针对的分案申请号	原申请日：2021年1月1日

图 4-16　发明专利请求书中“分案申请”信息示例

填写时请注意：

（1）原申请号处应当填写第一次提出申请的申请号。

（2）已提出过分案申请，申请人需要针对该分案申请再次提出分案申请的，还应当填写该分案申请的申请号。例如，原申请是 A，针对 A 提出的分案申请是 B，现针对 B 再次提出分案申请 C，则原申请号处应填写 A，针对的分案申请号处应填写 B。

（3）请求书中应当正确填写原申请的申请日。

上述信息若填写有误，国家知识产权局将发出补正通知书，通知申请人补正。

198 分案信息填写的常见错误有哪些？

申请人在请求书中填写分案申请时常见错误情况如下：

（1）“针对的分案申请号”栏填写原申请号。

案例 4-2：

图 4-17 中原申请号与针对的分案申请号处填写的申请号相同，针对的分案申请号填写有误。

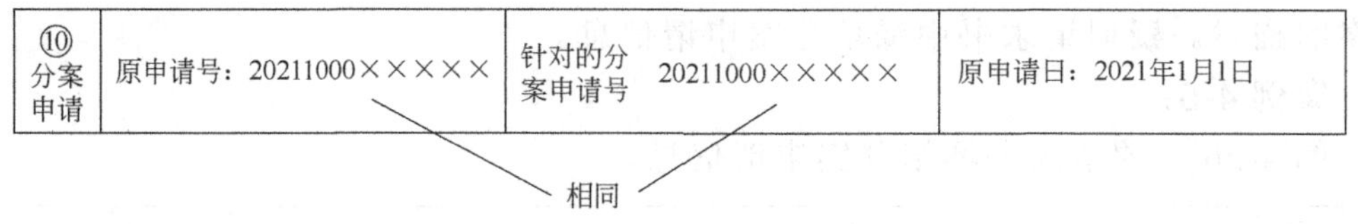

⑩分案申请	原申请号：20211000×××××	针对的分案申请号　20211000×××××	原申请日：2021年1月1日

图 4-17　分案信息栏错误示例一

（2）原申请号填写错误，与说明书记载的不符。

案例 4-3：

图 4-18 分案信息中的原申请号与说明书记载的信息不符。

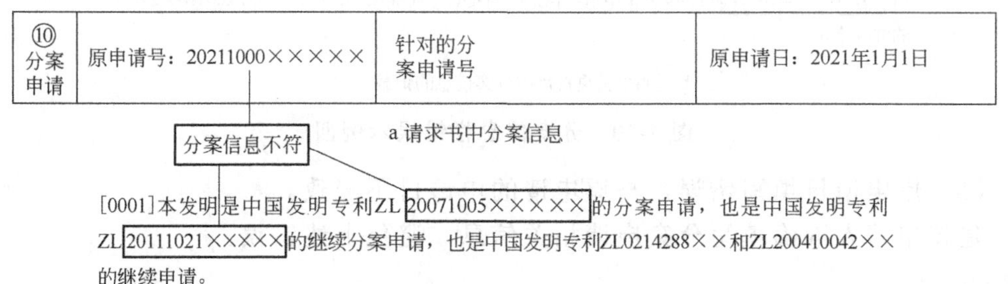

⑩分案申请	原申请号：20211000×××××	针对的分案申请号	原申请日：2021年1月1日

a 请求书中分案信息

[0001]本发明是中国发明专利ZL 20071005××××× 的分案申请，也是中国发明专利ZL 20111021××××× 的继续分案申请，也是中国发明专利ZL0214288××和ZL200410042××的继续申请。

b 说明书首页首行中分案信息的记载

图 4-18　分案信息栏错误示例二

（3）原申请号栏内填写优先权号信息。

案例 4-4：

图 4-19 分案信息中的原申请号与优先权声明中的在先申请号相同，明显填写有误。

⑩分案申请		原申请号 20211000000000	针对的分案申请号	原申请日 2021年1月1日
⑪生物材料样品		保藏单位		是否存活 □是 □否
		保藏日期	保藏编号	分类命名
⑫序列表		□ 本专利申请涉及核苷酸或氨基酸序列表		
⑬遗传资源		□ 本专利申请涉及的发明创造是依赖于遗传资源完成的		
⑭要求优先权声明	序号	原受理机构名称	在先申请日	在先申请号
	1	中国	2021-1-1	20211000000000
	2			
	3			
	4			
	5			

申请号相同

图 4-19　分案信息栏错误示例三

（4）请求书中未填写分案信息，但说明书首页首行中含有本申请是某申请的分案的描述。疑似请求书中漏填分案申请信息。

案例 4-5：

图 4-20 中的请求书漏填分案申请信息。

⑩分案申请	原申请号：	针对的分案申请号	原申请日：　　年　月　日

a 请求书中分案信息

[0001]本发明是中国发明专利ZL20071005×××××的分案申请，也是中国发明专利ZL20111021×××××的继续分案申请，也是中国发明专利ZL0214288××和ZL200410042××的继续申请。

b 说明书首页首行中分案信息的记载

图 4-20　分案信息栏错误示例四

（5）原申请日填写错误，与原申请的申请日不一致。

建议申请人准确填写分案申请相关信息，避免上述错误。

199 分案申请的申请人有何要求？

根据 2019 年 11 月 1 日起施行的《国家知识产权局关于〈专利审查指南〉修

改的公告》(第 328 号)的规定，分案申请的申请人应当与提出分案申请时原申请的申请人相同。针对分案申请提出再次分案申请的申请人应当与该分案申请的申请人相同。由于分案申请所记载的发明创造是从原申请中分离出来的，因此，只有原申请的申请人才有权利提出分案申请。

《专利审查指南 2010》中规定分案申请的申请人应当与原申请的申请人相同，不相同的，应当提交有关申请人变更的证明材料。实践操作中，分案申请人会提交由双方签字的转让证明，来完成分案申请权的转移，而并不按照一般权利转移的规定提交"著录项目变更申报书"。在审查证明文件之后，如无其他缺陷，国家知识产权局将直接向分案申请的申请人发出发明专利申请初步审查合格通知书，而不再向原申请的申请人发出任何通知。这样会导致原申请的申请人无法获知其分案申请的情况，给予伪造分案申请可乘之机，极大地损害了申请人的利益。因此，2019 年关于《专利审查指南 2010》的修改明确只能由原申请的申请人提交分案申请，而当需要变更申请人时，则必须办理著录项目变更手续，从而有效地保障申请人的利益。[1]但若申请人主体一致，仅其姓名或名称发生变更，申请人提交相应更名的证明文件，可以合格。

(1) 一般情形的分案申请。

分案申请的申请人应当是提出分案申请时原申请的申请人。不符合规定的，国家知识产权局将发出分案申请视为未提出通知书。

案例 4-6：

原申请申请人为 A，分案的申请人为 A，该分案申请的申请人符合要求。

案例 4-7：

原申请申请人为 A，分案的申请人为 B，分案提交日申请人提交了"A 转让给 B"的分案申请权转让证明材料，该分案申请的申请人不符合要求，分案申请视为未提出。

案例 4-8：

原申请申请人为 A，随后申请人于 2021-11-25 提交著录项目变更手续并缴纳了著录事项变更费及证明材料，将申请人 A 变更为 B，手续合格日期为 2021-12-01。分案申请的申请人为 B，分案申请提交日为 2021-11-25。分案申请提交时申请人不一致，不符合要求，分案申请视为未提出。

值得注意的是：①判断申请人是否一致的时间节点为"分案申请提交时"，即分案申请提交日；②办理著录项目变更手续的生效日为手续合格通知书的发文日。因此，不能通过后续变更原申请的申请人来克服申请人不一致的缺陷。

(2) 针对分案申请提出的再次分案申请。

针对分案申请提出再次分案申请的申请人应当是该分案申请的申请人。不符合规定的，国家知识产权局将发出分案申请视为未提出通知书。

案例 4-9：

原申请申请人为 A，针对分案的申请人为 B，对分案申请提出的再次分案申

[1] 2019 年《专利审查指南》修改解读[EB/OL].(2019-11-08)[2023-05-30]. https://www.gov.cn/zhengce/2019-11/08/content_5450187.htm.

请的申请人为B，则申请人符合要求。

案例4-10：

原申请申请人为A，针对分案的申请人为B，对分案申请提出的再次分案申请的申请人为A，则申请人不符合要求，分案申请视为未提出。

案例4-11：

原申请申请人为A，针对分案的申请人为B，对分案申请提出的再次分案申请的申请人为C，则申请人不符合要求，分案申请视为未提出。

200 分案申请的发明人有何要求？

分案申请的发明人应当是原申请的发明人或者是其中的部分成员。针对分案申请提出的再次分案申请的发明人应当是该分案申请的发明人或者是其中的部分成员。对于不符合规定的，国家知识产权局会发出补正通知书，通知申请人补正。期满未补正的，国家知识产权局会发出视为撤回通知书。

（1）一般情形的分案申请。

分案申请的发明人应当是原申请的发明人或者其中的部分成员。

案例4-12：

原申请的发明人为A、B，分案申请的发明人为A，则该分案申请的发明人符合要求。

案例4-13：

原申请的发明人为A、B，分案申请的发明人为A、C，则该分案申请的发明人不符合要求，国家知识产权局发出补正通知书。

申请人可通过以下方式克服上述缺陷：

① 对原申请办理著录项目变更手续，将发明人A、B变更为A、C；

② 针对补正通知书，将分案申请的发明人由A、C更正为A、B或者A或者B。

案例4-14：

原申请的发明人为张A，首次分案的发明人为同音名字张B，国家知识产权局发出补正通知书指出分案申请的发明人与原申请发明人不一致的缺陷，申请人随后提交了户籍管理部门出具的证明材料，证明文件中写明发明人张B的曾用名为“张A”的事实情况。本申请证明文件符合规定，该分案申请的发明人符合要求。

（2）针对分案申请提出的再次分案申请。

针对分案申请提出的再次分案申请的发明人应当是该分案申请的发明人或者是其中的部分成员。

案例4-15：

原申请的发明人为A、B，针对分案的发明人为A，再次分案的发明人为A，则再次分案的发明人符合要求。

案例4-16：

原申请发明人为A、B，针对分案的发明人为A，再次分案的发明人为B，则再次分案的发明人不符合要求。

201 分案申请的期限和费用如何计算？

（1）分案申请的期限。

首先，分案申请适用的各种法定期限，如提出实质审查请求的期限，应当从原申请日起算。

其次，对于已经届满或者自分案申请递交日起至期限届满日不足 2 个月的各种期限，申请人可以自分案申请递交日起 2 个月内或者自收到受理通知书之日起 15 日内补办各种手续；期满未补办的，国家知识产权局将发出视为撤回通知书。

（2）分案申请的费用。

首先，分案申请，应视为一件新申请收取各种费用。

其次，对于已经届满或者自分案申请递交日起至期限届满日不足 2 个月的各种费用，申请人可以自分案申请递交日起 2 个月内或者自收到受理通知书之日起 15 日内补缴费用；期满未补缴或未缴足的，国家知识产权局将发出视为撤回通知书。

三、分案申请的特殊情形

分案申请中涉及优先权，应注意哪些问题？

根据《专利法实施细则》第 43 条第 1 款的规定，分案申请的原申请享有优先权的，分案申请可以保留优先权日。也就是说，分案申请能否享有优先权是基于原申请中优先权状态，如果原申请要求了某项优先权，且该项优先权成立，则分案申请可以享有优先权，保留该优先权日；如果原申请没有要求或者要求了但该项优先权不成立，则分案申请也不能享有该项优先权。

审查实践中，分案申请如果涉及优先权，还应注意以下问题：

（1）分案申请的优先权声明应当在原申请的请求书中已记载。

（2）原申请写明了某项优先权声明，分案申请未写明优先权声明的，视为未要求优先权，国家知识产权局会按照分案申请未要求该优先权处理。申请人可自分案申请递交日起 2 个月内或者自收到受理通知书之日起 15 日内主动要求恢复该优先权。

（3）分案申请的某项优先权声明中在先申请的申请日、申请号和原受理机构名称中的一项或者两项与原申请中记载的不一致，国家知识产权局会发出办理手续补正通知书。申请人未补正或者补正不合格的，国家知识产权局会发出视为未要求优先权通知书，申请人可以要求恢复该项优先权。

（4）原申请中未要求某项优先权，分案申请中要求了该项优先权，国家知识产权局会发出视为未要求优先权通知书，且该优先权不能恢复。

203 原申请的申请文件中不涉及生物材料样品保藏，分案申请是否可以在请求书中填写生物材料样品保藏信息？

提交分案申请时在请求书中填写了生物材料样品保藏信息，但原申请中没有记载该项生物材料样品保藏信息的，只要分案申请符合生物材料样品保藏审查的要求，则可以合格。

第三节 涉及不丧失新颖性宽限期的申请

一、不丧失新颖性宽限期概述

204 什么是不丧失新颖性宽限期？

不丧失新颖性宽限期，是指为了维护创新主体的利益，发明创造在申请日之前的某些公开不构成现有技术，这些公开行为不影响发明创造的新颖性。

根据《专利法》第24条的规定，申请专利的发明创造在申请日（享有优先权的指优先权日）以前6个月内，有下列情形之一的，不丧失新颖性：

（一）在国家出现紧急状态或者非常情况时，为公共利益目的首次公开的；

（二）在中国政府主办或者承认的国际展览会上首次展出的；

（三）在规定的学术会议或者技术会议上首次发表的；

（四）他人未经申请人同意而泄露其内容的。

若发生上述四种情形，申请人可以要求享有不丧失新颖性宽限期。

值得注意的是，我国采用的不丧失新颖性宽限期的时间为“自申请日以前6个月内”。

205 不丧失新颖性宽限期有何意义？

在采用先申请制专利制度的国家，判断申请专利的发明创造是否具备新颖性、创造性在时间点上是以申请日为准。依据《专利法》第22条、第23条的规定，凡是在一件专利申请的申请日（有优先权日的，指优先权日）以前为公众所知的技术方案或者设计方案，对该专利申请而言就构成了现有技术或者现有设计。专利申请要求保护的发明、实用新型、外观设计属于现有技术或者现有设计的，不具备新颖性，因而不能授予专利权。❶

但是，在现实中，发明创造的发明人、设计人或者所在单位可能出于国家的紧急需要、某种正当理由或者实际需要而在申请日前将其发明创造公开。上述情形下，如果一律按照《专利法》第22条、第23条的规定而认定这些公开行为导致发明创造丧失了新颖性，显然对专利申请人有失公平，也对专利制度产生一定的消极影响。因此，我国参照许多国家的经验，规定了一些特殊情形下不影响发明创造的新颖性，即《专利法》第24条规定的四种情形。

---

❶ 尹新天．中国专利法详解［M］．北京：知识产权出版社，2011：316．

不丧失新颖性宽限期在一定程度上是《专利法》赋予申请人的一种“救济程序”，对申请人而言具有重要的意义。宽限期意味着申请人在对发明创造的成果推广、利用和保护上有更多的选择及更强的保护力度。因此，合理利用不丧失新颖性宽限期对于申请人获取和维护自己的合法权益非常重要。

二、不丧失新颖性宽限期手续的办理

206 申请人要求不丧失新颖性宽限期，需要办理哪些手续？

申请人如存在《专利法》第 24 条规定的四种情形之一时，可以要求不丧失新颖性宽限期，并办理如下手续：

（1）填写发明专利请求书的“不丧失新颖性宽限期声明”。

如果提出申请时，在请求书中没有声明，之后又提出的，国家知识产权局将发出视为未要求不丧失新颖性宽限期通知书。但对于“他人未经申请人同意而泄露其内容”的，申请人在申请日以后得知的，应当在得知情况后 2 个月内提交意见陈述书说明情况。

（2）自申请日起 2 个月内提交相应的证明文件。

对于“他人未经申请人同意而泄露其内容”的，若申请人在申请日以后得知的，应当在得知情况后 2 个月内附具证明材料。关于证明文件的要求，详见本节后续内容。

207 发明专利请求书中如何填写不丧失新颖性宽限期声明？

申请人在申请专利的申请日以前 6 个月内存在《专利法》第 24 条规定的情形，有可能影响专利申请的新颖性，应在发明专利请求书中勾选相应的选项（图 4-21）。

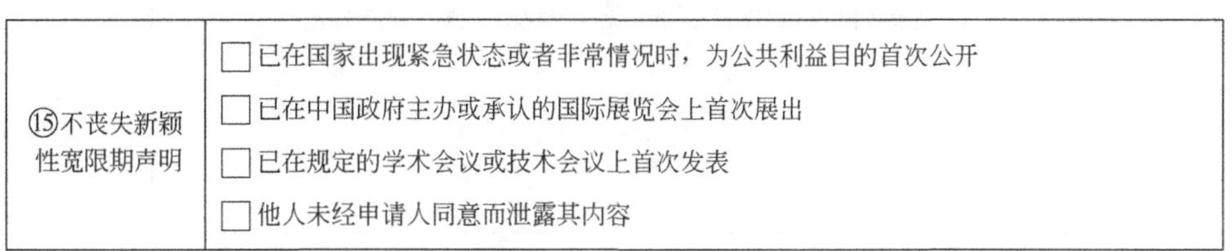

⑮不丧失新颖性宽限期声明	□已在国家出现紧急状态或者非常情况时，为公共利益目的首次公开 □已在中国政府主办或承认的国际展览会上首次展出 □已在规定的学术会议或技术会议上首次发表 □他人未经申请人同意而泄露其内容

图 4-21　请求书中不丧失新颖性宽限期声明

填写时请注意：

（1）不丧失新颖性宽限期的四种情形只能根据实际情况勾选其一。实践中的常见错误为同时勾选多种情形。

（2）实际不存在不丧失新颖性宽限期的四种情形，申请人笔误勾选该项内容。

因此，建议申请人多了解不丧失新颖性宽限期的相关知识，加深对宽限期的理解，根据实际情况准确勾选相应内容。

208 误勾选请求书中的不丧失新颖性宽限期声明信息，怎么办？

审查实践中，许多涉及“不丧失新颖性宽限期”的申请多为申请人因不了解不丧失新颖性宽限期的内涵而错误勾选，而实际情况是并不存在《专利法》第24条规定的情形。申请人的误勾选往往会导致审批流程的延长而浪费审查资源，也在一定程度上损害了申请人的自身利益。

因此，申请人如发现错误勾选应尽早采取挽救措施，即申请人可以主动提交意见陈述书，请求取消不丧失新颖性宽限期的勾选标记（图4-22），国家知识产权局会发出视为未要求不丧失新颖性宽限期通知书（图4-23），该专利申请即可尽快恢复正常审查。

意见陈述书

请按照"注意事项"正确填写本表各栏

① 专利或申请 / 专利	申请号或专利号　×××××× 发明创造名称　×××××××××××× 申请人或专利权人（*应当填写第一署名申请人）××工业大学
②陈述事项：关于费用的意见陈述请使用意见陈述书（关于费用） 以下选项只能选择一项 □针对国家知识产权局于　年　月　日发出的　通知书（发文序号　）陈述意见。 □针对国家知识产权局于　年　月　日发出的　通知书（发文序号　）补充陈述意见。 ☒主动提出修改（根据专利法实施细则第51条第1款、第2款的规定）。 □其他事宜。	
③陈述的意见： 尊敬的审查员： 您好，请求书中的宽限期为错误勾选，先做出修改，去掉宽限期的勾选	
④附件清单 已备案的证明文件备案编号：_________。	
⑤当事人或专利代理机构签字或者盖章 ××××专利商标事务所 ××××年××月××日	⑥国家知识产权局处理意见 年　月　日

图4-22　表明错误勾选的意见陈述书

国家知识产权局

250014

济南市历下区经十路×××××××××××××××专利商标事务所

×××(0531-8267××)

发文日：

2021年09月03日

申请号或专利号：×××××× 发文序号：××××××

申请人或专利权人：××××××

发明创造名称：××××××

视为未要求不丧失新颖性宽限期通知书

上述专利申请，申请人于2021年07月09日提出不丧失新颖性宽限期声明，经审查，视为未要求不丧失新颖性宽限期，原因如下：

申请人2021年8月27日提交的意见陈述书指出其申请日在请求书第19栏中错误勾选“不丧失新颖性宽限期声明”第2项，故审查员对申请人在申请日的不丧失新颖性宽限期声明请求下“视为未提出”结论。

图 4-23 视为未要求不丧失新颖性宽限期通知书

三、在国家出现紧急状态或者非常情况时，为公共利益目的首次公开

209 什么是国家出现紧急状态或者非常情况？

国家出现紧急状态和非常情况时，为公共利益首次公开的，为了国家和公共利益需要主动公开，这样的行为应当鼓励，6个月内可以申请专利，不丧失新颖性。

国家紧急状态，是指发生或者即将发生特别重大突发事件，需要国家机关行使紧急权力予以控制、消除其社会危害和威胁时，有关国家机关按照宪法、法律规定的权限决定并宣布局部地区或者全国实行的一种临时性的严重危急状态。广义的国家紧急状态是指一定程度的非正常的危险社会状态，如战争、骚乱等；狭义的国家紧急状态是指国家通过行政权调整即可控制的危险状态。[1]

[1] 刘琳璘．紧急状态的宪法检视与实施［J］．河南财经政法大学学报，2021，36（3）．

210 国家出现紧急状态或者非正常状况时，为公共利益目的的首次公开，不丧失新颖性的意义是什么？

2020年修正的《专利法》，将不丧失新颖性宽限期的情形由三种增加为四种。新增加的不丧失新颖性宽限期的情形为“在国家出现紧急状态或者非常情况时，为公共利益目的首次公开的”。其目的在于保护此种情形下迫不得已的公开后申请人的利益，保护其专利的新颖性不被破坏，鼓励申请人发明创造的积极性，打消其为公共利益而丧失专利授权的顾虑。

例如，世界上出现传染性极强的某疫情，国家宣布进入紧急状态，为了公众的利益，更快研发出有效的疫苗而不可避免地展示疫情相关研发成果造成的“公开”，可适用此条款，不丧失新颖性，以合理保护研发者的合法权益。

四、在中国政府主办或者承认的国际展览会上首次展出

211 在中国政府主办或者承认的国际展览会上首次展出而不丧失新颖性的意义是什么？

开展国际展览会对于推进全球化的进程具有重要意义，不仅能推进全球化的发展，也可进一步优化国际贸易环境，消减各国之间的贸易壁垒、扩大开放，促进世界经济的蓬勃健康发展。

对国际展览会展出的发明创造给予临时保护，是制定《巴黎公约》的动因之一。为了促进科学技术的国际交流，鼓励申请人在国际展览会上及时展出新的发明创造，《巴黎公约》要求其成员国在立法中对在国际展览会上展出的商品所包含的发明、实用新型、外观设计、商标提供临时保护。

212 什么是中国政府主办或者承认的国际展览会？

根据《国际展览会公约》第1条的规定，有一个以上的国家参加的展览会即为国际展览会。当然，展出的展品除了举办国的产品以外，还应当有来自外国的展品。可见，该情形规定的国际展览会，可以是国内举办的，也可以是外国举办的。国际展览会的参加者包括代表官方的参展者，也包括国际组织或不代表官方的国外参展者等。

中国政府主办的国际展览会，包括国务院、各部委主办或者国务院批准由其他机关或者地方政府举办的国际展览会。例如，中国进出口商品交易会、中国国际服务贸易交易会、中国国际进口博览会等。

中国政府承认的国际展览会，是指《国际展览会公约》规定的由国际展览局注册或者认可的国际展览会。例如，2010年上海世界博览会、2020年阿联酋迪拜世界博览会、2023年布宜诺斯艾利斯世界博览会等。

213 在中国政府主办或者承认的国际展览会上首次展出，有哪些期限的要求？

（1）中国政府主办或者承认的国际展览会的展出时限。首次展出的时限要求在申请日以前 6 个月内，即申请专利的发明创造在申请日以前 6 个月内在中国政府主办或者承认的国际展览会上首次展出过，申请人可以要求不丧失新颖性宽限期。

（2）证明文件提交时限。申请人应自申请日起 2 个月内提交不丧失新颖性宽限期的证明材料。如规定期限内无法提交合格的证明文件，则视为未要求不丧失新颖性宽限期。

214 在中国政府主办或者承认的国际展览会上首次展出，证明文件有哪些要求？

国际展览会的证明材料，应当由展览会主办单位或展览会组委会出具。证明材料中应当包含七要素：注明展览会展出日期、地点、展览会的名称及该发明创造展出的日期、形式和内容，并加盖公章。

案例 4-17：

申请人在申请日（2020 年 1 月 1 日）起 2 个月内提交了不丧失新颖性宽限期的证明材料，证明材料中包含展会日期（2019 年 11 月 25 日—28 日，展会日期居于申请日 6 个月内，符合要求）、地点（上海浦东）、展会名称（第十九届上海国际纺织工业展览会）及展出日期与形式（实体展出）和加盖公章（主办方公章），如图 4-24 所示。

案例分析：上述证明文件的内容在形式上似乎“符合”在中国政府主办或者承认的国际展览会上首次展出的不丧失新颖性宽限期证明材料的要求，但该证明材料中展览会的主办方为“上海××××××展览有限公司”，该主办方不是国务院、各部委，也不是国务院批准的其他机关或者地方政府，即不符合“中国政府主办国际展览会”的要求，同时经核实，该展会也不是国际展览局注册或者认可的国际展览会，也不符合“中国政府承认的国际展览会”的要求。

因此，该证明材料不合格。该申请，视为未要求不丧失新颖性宽限期。

案例 4-18：

申请人在申请日（2021年2月10日）当天提交了不丧失新颖性宽限期的证明材料（符合申请日起2个月内提交证明材料的要求），证明材料中包含展会日期（2020年11月14日—16日，展会日期居于申请日6个月内，符合要求）、地点（无锡）、展会名称［中国（无锡）国际设计博览会］及展出日期与形式（实体展出）和加盖公章（主办方公章），如图4-25所示。

案例分析：上述证明文件的内容在形式上符合在中国政府主办或者承认的国际展览会上首次展出的不丧失新颖性宽限期证明材料的要求，经核实证明材料中展览会的主办方为“中国（无锡）国际设计博览会”，该主办方之一为科技部，符合“中国政府主办国际展览会”的要求。

因此，该证明材料合格。该申请的不丧失新颖性证明材料合格，予以认可。

参会证明

兹有××××××××有限公司于2019年11月25日-11月28日受邀参加第十九届上海国际纺织工业展览会，主办单位为上海××××××展览有限公司，展会地址为上海浦东/上海新国际博览中心。

于2019年11月25日-11月28日，展出地点为上海新国际博览中心E2展馆参展名称为××××××××××商品，展台号为E2C01，展览形式为 实体展出 ，展览内容为××××××××××。

特此证明！

主办单位（盖章）：

上海×××××展览有限公司

2019年11月28日

a.展会证明

SHANGHAITEX 2019

上海国际纺织工业展

第十九届上海国际纺织工业展览会

2019·11·25-28

上海浦东/上海新国际博览中心

SHANGHAI NEW INTERNATIONAL EXPO CENTRE

××××××有限公司

邀請函

Invitation

E2C01

b.展会邀请函

图4-24 参加展览会的证明材料

中国（无锡）国际设计博览会

展出证明

由国家知识产权局、中华人民共和国科技部、江苏省人民政府主办，江苏省知识产权局、江苏省科学技术厅、无锡市人民政府承办的第十六届中国（无锡）国际设计博览会于2020年11月14日至16日在无锡太湖国际博览中心举行，经参展单位×××××××研究院申请，展会方于2020年11月14日进行现场查勘后，确认如下事实：

一、申请单位基本信息

申请单位名称：×××××××研究院 国别：中国

二、展品展出情况

展品名称：×××××厕所系统（免水冲自封堵粪尿分集蹲便器、免水冲小便器、粪尿分集处理器）

展出日期：2020年11月14日—2020年11月16日

所属展区：无锡太湖国际博览中心A1馆：美好设计馆

展位位置：A1-09

三、附件

《展品展出内容说明》

特此证明。

年 月 日

附件：展品展出内容说明

单位名称：×××××××研究院

在中国（无锡）国际设计博览会上展出日期：2020年11月14日-11月16日

拟申请专利的展品的展出形式和展出内容（可附页）：

展出形式：展品、配套介绍说明

展品内容：×××××厕所系统

该系统由一款免水冲自封堵粪尿分集蹲便器、一款免水冲小便器以及一套粪尿分集处理器（粪便储存处理器、尿液储存处理器）组成，同时展出的内容还有该系统的介绍说明（两张系统介绍易拉宝、一个系统说明展板）。

该系统针对用水不便的地区，通过免水冲自封堵粪尿分集蹲便器搭配免水冲小便器、粪尿分集处理器使用，解决用水不便、后端粪尿清掏转运成本高等问题。

粪便通过免水冲自封堵粪尿分集蹲便器的落粪口，经由粪便储存处理器落粪口落入储粪桶，储粪桶内放有微生物垫料，粪便经过与微生物垫料搅拌混合后可以达到高效减量化，从而减少清掏频率；尿液通过免水冲小便器经由管道导入储尿桶，经过静置腐熟，稀释后可以直接作为有机肥资源化还田利用。

该系统可以实现以下目的：

1. 自动封堵落粪口，日常粪便不暴露，减少夏季蚊蝇滋生，改善厕间卫生条件。
2. 封堵操作方式符合老年人及儿童生理心理习惯，带来安心、安全的使用体验。
3. 粪尿分集便器下蹲位置指示明确，方便使用者快速定位，减少靠前或靠后造成的落粪口粘挂粪便以及尿液进入储粪空间的情况，从而提高便器卫生程度，减少后期使用保洁维护负担并且达到高效源头粪尿分集的使用效果。
4. 尽量减少便器蹲便台面的转角、缝隙，减少藏污纳垢，便于后期清洁。
5. 搅拌器的操作方式应方便老年人使用，阻力适宜、符合老年人人机尺寸，从而降低使用安全隐患。
6. 粪尿储存处理器的储存量应符合多数农村家庭使用需求，不因高度限制牺牲储存空间，保证清掏频率不宜过频繁，减少后期使用维护成本。
7. 粪尿处理器应具备高效无害化处理功能，经过发酵腐熟，达到就地无害化排放的要求。
8. 小便斗可以安装在墙角，适应不同厕间布局，提高空间利用率。
9. 小便斗接尿口形状尖锐，可以减少尿液外溅，保证小便区周围环境卫生。

图4-25 参加展览会的证明材料

五、在规定的学术会议或者技术会议上首次发表

215 在规定的学术会议或者技术会议上首次发表而不丧失新颖性的意义是什么？

《专利法》第24条第（三）项为发明人进行一定范围内的学术和技术交流提供了一种临时保护，尤其对科研机构或者高等院校的科学研究工作者具有重要意义。

科研工作者在完成一项科学研究获得一定的研究成果之后，大多希望通过学术论文、学术会议等方式尽早发表或公开，然而，这却有可能为之后的专利申请埋下隐患，影响专利的新颖性。为了促进科学技术进步，推动学术交流，减少尽早公开研究成果与专利申请丧失新颖性之间的矛盾，《专利法》第24条第（三）项规定了相应的宽限期。

值得注意的是，实践中一些学术研究人员习惯于就研究成果先发表论文再申请专利，这样的做法很容易导致申请的专利丧失新颖性。只有在申请日起6个月内在规定的学术会议或者技术会议上首次发表，才不丧失新颖性。

216 什么是规定的学术会议或者技术会议？

规定的学术会议或者技术会议，是指国务院有关主管部门或者全国性学术团体组织召开的学术会议或者技术会议，以及国务院有关主管部门认可的国际组织召开的学术会议或者技术会议，不包括省以下或者受国务院各部委或者全国性学术团体委托或者以其名义组织召开的学术会议或者技术会议。在后者所述的会议上的公开将导致丧失新颖性，除非这些会议本身有保密约定。规定的学术会议或者技术会议，例如，中国数学会组织举办的中国数学会2021年学术年会、中国光学学会组织举办的2021年亚洲光电子会议、中国化学会组织举办的第48届世界高分子大会等。

217 在规定的学术会议或者技术会议上首次发表，有哪些期限的要求？

（1）学术会议或者技术会议上首次发表的时限要求。申请专利的发明创造在申请日以前6个月内在规定的学术会议或者技术会议上首次发表过，申请人要求不丧失新颖性宽限期的，应当在提出申请时在请求书中声明。

（2）证明文件提交时限。申请人应自申请日起2个月内提交不丧失新颖性宽限期的证明材料。如规定期限内无法提交合格的证明文件，则视为未要求不丧失新颖性宽限期。

218 在规定的学术会议或者技术会议上首次发表，证明文件有哪些要求？

学术会议和技术会议的证明材料，应当由国务院有关主管部门或者组织会议的全国性学术团体出具。证明材料中应当注明会议召开的日期、地点、会议的名

称及该发明创造发表的日期、形式和内容，并加盖公章。

案例 4-19：

申请人在申请日起 2 个月内向国家知识产权局提交了不丧失新颖性宽限期第（三）项的证明材料，如图 4-26 所示。

案例分析：申请人在申请日起 2 个月内向国家知识产权局提交了不丧失新颖性宽限期第（三）项的证明材料，材料由主办方“中国化学会”出具（中国化学会为全国性学术团体组织，符合要求），包含会议召开的日期（2019 年 10 月 15 日—19 日，居于申请日 6 个月内，符合要求）、地点（中国西安）、会议的名称（2019 年全国高分子学术论文报告会）及该发明创造发表的日期（2019 年 10 月 15 日—19 日）、形式和内容（以“论文摘要”被收录），并加盖公章（主办方“中国化学会”公章）。上述内容形式上均符合要求，因此该申请的不丧失新颖性证明材料合格，予以认可。

中 国 化 学 会

证明

国家知识产权局专利局：

中国化学会 2019 年全国高分子学术论文报告会于 2019 年 10 月 15 日-19 日在西安市召开。

在该会上，来自××大学的×××同志，展示了题为《×××自降解嵌段共聚物的研究》的学术成果。该学术成果的论文摘要收录于《中国化学会 2019 年全国高分子学术论文报告会会议论文集》。

特此证明。

2019 年 10 月 15-19 日　　2019 年全国高分子学术论文报告会　　中国 西安

FP-225

×××自降解嵌段共聚物的研究

××、×××、××、××、×××*、××、××

××大学

刺激响应材料在过去的几十年中越来越受到关注。由于生物体内情况非常复杂，不同细胞、细胞器中的 pH 以及还原剂浓度不均衡、差异较小，且处于动态变化过程中，导致内源刺激响应性的效率不稳定。为了进一步提高聚合物的刺激响应性，本研究设计了一种光敏感自降解聚合物，以聚乙二醇(PEG)为亲水组分，以还原响应性胱氨酸衍生物和还原性二硫苏糖醇（DTT）为疏水组分，利用光敏感基团二硝基卞溴（ONB）对 DTT 的巯基进行保护，通过光控开关控制 DTT 的还原性，将内源性刺激与外源性刺激相结合，提高刺激响应效率。在紫外光照下，聚合物胶束发生明显的降解反应，导致药物快速可控释放。激光共聚焦（CLSM）及 MTT 测试证明聚合物自组装体具有良好细胞相容性、细胞内药物控释能力和抗肿瘤活性。本研究为智能响应聚合物的设计提供一种新的思路。

关键词：光响应性；聚合物胶束；药物载体；

会议召开日期：2019 年 10 月 15 -19 日

会议地点：中国 西安

会议名称：2019 年全国高分子学术论文报告会

论文发表日期：2019 年 10 月 15 日-19 日

论文发表形式：会议摘要

图 4-26　参加学术会议的证明材料

案例 4-20：

申请人在申请日（2015 年 9 月 28 日）起 2 个月内向国家知识产权局提交了不丧失新颖性宽限期第（三）项的证明材料，如图 4-27 所示。

案例分析：申请人在申请日起 2 个月内向国家知识产权局提交了不丧失新颖性宽限期第（三）项的证明材料，材料由主办方“中国林学会竹藤资源利用分会”出具（中国林学会属于全国性学术团体组织，但中国林学会竹藤资源利用分会不属于全国性学术团体，因此不符合要求），包含会议召开的日期（2015 年 4 月 12

日—13 日，居于申请日 6 个月内，符合要求）、地点（湖北省咸宁市）、会议的名称（第二届中国竹藤资源利用学术研讨会）及该论文集发表的日期（2015 年 4 月）、形式和内容（以“论文集”被收录），并加盖公章（主办方“中国林学会竹藤资源利用分会”公章）。由于主办方不符合要求，因此该申请的不丧失新颖性证明材料不合格。该专利申请，视为未要求不丧失新颖性宽限期。

不丧失新颖性证明

兹证明：

2015 年 4 月 12 日至 13 日，第二届中国竹藤资源利用学术研讨会在湖北省咸宁市碧桂园凤凰温泉酒店召开；该研讨会主题为“科技创新驱动竹产业技术升级”，主办单位是中国林学会竹藤资源利用分会——是在国家民政部登记的全国性学术团体。

在本次研讨会上，中国林业科学研究院木材工业研究所×××、×××、×××、×××同志首次发表了题目为《×××××××××××××的力学性能研究》的论文且已被收录在 2015 年 4 月《第二届中国竹藤资源利用学术研讨会论文集》中（具体位置：论文集目录第×页第×项，及正文××页至××页），在 2015 年 4 月 12 至 13 日会议期间收录所述论文的论文集由主办单位首次分发给每位参会代表。

随本证明附上一份研讨会上分发给参会代表的论文集一份以及《××××××××××××的力学性能研究》论文副本一份。

上述研讨会主办单位中国林学会竹藤资源利用分会特此加盖公章，以证明上述内容属实。

中国林学会竹藤资源利用分会
2015 年 7 月 22 日

×××××××××××××的力学性能研究

×××，×××、×××，×××

Research on Mechanical Properties of ×××××
××××× by Bamboo Scrimber

Abstract: Bamboo scrimber were used to strengthen the mechanical properties of poplar LVL and the effect of different thickness bamboo scrimber that are attached to the poplar LVL's surfaces on mechanical properties was discussed. The results showed that increasing bamboo scrimber's thickness, had a positive impact on the vertical and parallel loading horizontal shear strength, modulus of rupture (MOR) and modulus of elasticity (MOE). When the bamboo scrimber's thickness was 33.3% of the strengthened poplar LVL's, the increasing of the mechanical properties was obvious. Therefore, the Mechanical Properties of strengthened Poplar LVL can be improved in reasonable condition by controlled the thickness of attached bamboo scrimber, thus meet the need of wood construction.

Keywords: Poplar LVL; Bamboo Scrimber; Mechanical Properties

图 4-27　参加学术会议的证明材料

六、他人未经申请人同意而泄露其内容

219　他人未经申请人同意泄露其内容而不丧失新颖性的意义是什么？

如果他人未经申请人同意而提前泄露发明创造的内容，从而导致专利申请无法授权，这样的结果对申请人而言显然是不公正的。为了在发生这种情况时给申请人提供合理的救济，《专利法》第 24 条第（四）项规定了相应的宽限期。

220　“他人未经申请人同意而泄露其内容”如何定义？

他人未经申请人同意而泄露其内容所造成的公开，包括他人未遵守明示或者默示的保密协议而将发明创造的内容公开，也包括他人用威胁、欺诈或者间谍活动等手段从发明人或者申请人那里得知发明创造的内容而后造成的公开。他人公开的发明创造应是直接或者间接地从申请人那里获知的，如果是从该发明创造的第三人那里获知的，则与申请人无关。“他人”是指申请人之外的其他单位或者个人；申请人为单位的，“他人”也包括本单位的人员。

他人泄露的方式可以是网络公开、电视公开、使用公开、论文公开等多种形式，无论何种形式，其泄露的后果应造成发明技术内容的公开。

221 他人未经申请人同意而泄露其内容，有哪些期限的要求？

（1）他人未经申请人同意而提前泄露其内容的时限要求。申请专利的发明创造在申请日以前 6 个月内他人未经申请人同意而泄露了其内容。

（2）证明文件提交时限。若申请人在申请日前已获知，应当在提出专利申请时在请求书中声明，并在自申请日起 2 个月内提交证明材料。若申请人在申请日以后得知的，应当在得知情况后 2 个月内提出要求不丧失新颖性宽限期的声明，并附具证明材料。

222 他人未经申请人同意而泄露其内容，证明文件有哪些要求？

证明文件应当首先证实发明创造的内容已被他人公开的事实。申请人提交的关于他人泄露申请内容的证明材料，应当注明泄露日期、泄露方式、泄露的内容，并由证明人签字或者盖章。

案例 4-21：

申请人在申请日起 2 个月内向国家知识产权局提交了不丧失新颖性宽限期第（四）项的证明材料，如图 4-28 所示。

不丧失新颖性宽限期的说明

我们，李××和袁××，是××大学的员工。我们同冯××共同完成了下述发明专利申请，并就该发明专利申请符合不丧失新颖性宽限期的情形做如下说明和证明。

申请号：××××××
申请日：2020年4月30日
发明名称：一种××××××××××××××××方法
申请人：××大学

为科研以及学术交流目的，我们于2020年4月23日通过网络方式参加了为期5天的2020国际数据工程会议，即：International Conference on Data Engineering 2020 （ICDE 2020，会议召开日期为2020年4月20至2020年4月24日）；并在参会过程中，以PPT形式展示了该发明创造内容（网络会议中展示的PPT，请参见附件）。

近日，我们了解到在上述网络会议上以PPT展示该发明创造内容之前，应该提请本申请的申请人××大学知悉并批准，于是马上向××大学补充报告了上述公开情形。

基于以上事实，上述公开符合《中华人民共和国专利法》第二十四条第三款规定的情形，即：他人未经申请人同意公开/披露了发明创造的内容；且公开日2020年4月23日至今仍然在法定的六个月期限内。

我们特此证明上述情形。敬请贵局批准上述发明专利申请不丧失新颖性宽限期。

就上述事宜，如有任何问题，敬请联系我们的代理机构（010-8273××）。

附件：
网络会议中展示的PPT打印件

证明人：李××　李××

签字或盖章：李×× 日期：2020.5.20

证明人：袁××

签字或盖章：袁×× 日期：2020.5.20

不丧失新颖性宽限期的声明

我们，××大学，是如下发明专利申请的申请人；就如下发明专利申请特此作出不丧失新颖性宽限期的声明，具体情形如下。

申请号：××××××
申请日：2020年4月30日
发明名称：一种××××××××××××××××方法
申请人：××大学

我们的员工李××、袁××和冯××共同完成了上述职务发明创造，是上述职务发明创造的发明人。

为科研以及学术交流目的，李××和袁××于2020年4月23日通过网络方式参加了为期5天的2020国际数据工程会议，即：International Conference on Data Engineering 2020 （ICDE 2020，会议召开日期为2020年4月20至2020年4月24日）；并在参会过程中，以PPT形式展示了该发明创造内容（网络会议中展示的PPT，请参见附件）。

近日，李××和袁××了解到在上述网络会议上以PPT展示该发明创造内容之前，应该提请本申请的申请人即我们××大学知悉并批准；该两位发明人意识到未提前通知我们的情形后，马上向我们报告了上述情形。我们是在提出上述发明专利申请后，才知悉了上述具体公开的情形。

基于以上事实可知，上述公开符合《中华人民共和国专利法》第二十四条第三款规定的情形，即：他人未经申请人同意公开/披露了发明创造的内容；且公开日2020年4月23日至今仍然在法定的六个月期限内。

因此，我们特此就上述发明专利申请提出要求不丧失新颖性宽限期。敬请贵局批准。

就上述事宜，如有任何问题，敬请联系我们的代理机构（010-8273××）。

附件：
网络会议中展示的PPT打印件

声明方：××大学

签字或盖章：

日期：2020.5.20

图 4-28　他人未经申请人同意而泄露其内容的证明材料

案例解析：证明材料由泄露人和申请人分别出具（已签字或盖章），并注明了泄露日期（2020 年 4 月 30 日）、泄露方式（在 2020 年国际数据工程会议上展示）、泄露的内容（PPT 展示了发明创造内容，附件展示），泄露人为申请人的员工，但也属于申请人之外的“他人”。

因此，上述内容形式上均符合要求，该申请的不丧失新颖性证明材料合格，予以认可。

第四节 涉及生物材料的申请

一、生物材料样品保藏概述

223 什么是生物材料样品保藏？

根据《专栏审查指南》第二部分第十章“9.生物技术领域发明专利申请的审查”的规定，“生物材料”是指任何带有遗传信息并能够自我复制或者能够在生物系统中被复制的材料，如基因、质粒、微生物、动物和植物等。根据《专利法》的相关规定，申请专利的发明涉及新的生物材料，该生物材料公众不能得到，并且对该生物材料的说明不足以使所属领域的技术人员实施其发明的，申请人应当办理和履行生物材料样品保藏相关手续。

近年来，生物技术已成为国内外发明创造最为活跃的重点领域之一。在生物技术领域，专业技术人员经常需要借助微生物的生物学特性实现特定的科研或应用目的。在实践中，当专利申请的技术方案涉及特定的生物材料时，单纯的文字记载往往难以清楚地描述活生物体的复杂性，即使有了这些描述也得不到生物材料本身，所属技术领域的技术人员仍然不能实施发明。为了适应生物领域的这种独特性，在专利制度中出现了“生物材料样品保藏”的规定，目的是满足《专利法》第 26 条第 3 款关于充分公开的要求。

224 国家知识产权局认可的保藏单位有哪些？

国家知识产权局认可的保藏单位是指《布达佩斯条约》[1]承认的生物材料样品国际保藏单位。

（1）我国国内的《布达佩斯条约》承认的国际保藏单位有 3 个，分别如下：

---

[1] 《国际承认用于专利程序的微生物保存布达佩斯条约》简称为《布达佩斯条约》，1977 年 4 月通过。所有加入条约的国家必须承认在专利公开程序中向一个国际保藏单位（IDA）保藏的微生物，不论保藏单位位于何处。

① 中国微生物菌种保藏管理委员会普通微生物中心（缩写 CGMCC，地址：中国北京）；

② 中国典型培养物保藏中心（缩写 CCTCC，地址：中国武汉）；

③ 广东省微生物菌种保藏中心（缩写 GDMCC，地址：中国广州）。

（2）国外的《布达佩斯条约》国际保藏单位，举例见表 4-3。

表 4-3 国外的国际保藏单位名单❶

序号	国家名称	单位代码	序号	国家名称	单位代码
1	美国	NRRL	24	俄罗斯	VKPM
2	美国	ATCC	25	俄罗斯	VKM
3	美国	NCMA	26	韩国	KACC
4	英国	CCAP	27	韩国	KCLRF
5	英国	IMI	28	韩国	KCCM
6	英国	ECACC	29	韩国	KCTC
7	英国	NCTC	30	智利	CChRGM
8	英国	NCYC	31	比利时	BCCM
9	英国	NCIMB	32	澳大利亚	NMI
10	英国	NIBSC	33	澳大利亚	CBA
11	波兰	PCM	34	意大利	DBVPG
12	波兰	IAFB	35	意大利	IRCCS
13	芬兰	VTTCC	36	意大利	IZSLER
14	荷兰	CBS	37	加拿大	IDAC
15	保加利亚	NBIMCC	38	墨西哥	CM-CNRG
16	匈牙利	NCAIM	39	拉脱维亚	MSCL
17	德国	DSMZ	40	摩洛哥	CCMM
18	瑞士	CCOS	41	印度	NAIMCC
19	西班牙	CECT	42	印度	MTCC
20	法国	CNCM	43	印度	MCC
21	斯洛伐克	CCY	44	日本	NITE
22	捷克	CCM	45	日本	NPMD
23	西班牙	BEA			

225 在专利申请中如何办理生物材料样品保藏手续？

对于涉及生物材料的申请，申请人除应当使申请符合专利法及其实施细则的有关规定外，还应当办理下列手续：

❶《布达佩斯条约》承认的国家保藏单位，数据更新截至 2020 年 7 月 28 日。

（1）请求书中填写生物保藏信息。

涉及生物材料的专利申请，应当在请求书中注明保藏该生物材料样品的单位名称、地址、保藏日期和编号，以及该生物材料的分类命名（有拉丁文名称的注明拉丁文名称）。发明专利请求书中“生物材料样品”保藏信息填写如图 4-29 所示。

⑪生物材料样品	保藏单位代码 CCTCC-中国典型培养物保藏中心	地址 湖北省武汉市武昌区八一路珞珈山	是否存活	☒是 □否
	保藏日期 2021年02月04日	保藏编号 CCTCC M 2021×××	分类命名FHX-LYC71	

图 4-29 请求书中“生物材料样品”保藏信息示例

填写时请注意：

① 保藏单位：应是国家知识产权局认可的保藏单位，例如，中国的 CCTCC、CGMCC、GDMCC 或者国外的保藏单位。

② 保藏日期：应在申请日（有优先权的指优先权日）之前。

③ 保藏编号：应填写规范，应包含保藏单位缩写。例如，CGMCC NO.2021001。

④ 保藏单位地址：填写规范。例如，中国武汉。

⑤ 分类命名：应与保藏证明保持一致。分类应包含中文及拉丁文命名，例如，保藏证明中分类命名为“毕赤酵母工程菌（FHX-LYC71）”，请求书中分类命名应当填写“毕赤酵母工程菌（FHX-LYC71）”，只填写纯拉丁文命名“FHX-LYC71”，或只填写中文命名“毕赤酵母工程菌”均不符合要求，国家知识产权局会发出办理手续补正通知书。

（2）说明书中记载生物保藏信息。

在说明书中应注明保藏该生物材料样品的保藏单位名称、保藏单位地址、保藏日期和保藏编号，以及该生物材料样品的分类命名（有拉丁文名称的注明拉丁文名称）。

案例 4-22：

涉及生物保藏的说明书截图如图 4-30 所示，符合要求。

一种整合高拷贝人源溶菌酶基因的重组毕赤酵母工程菌，命名为FHX-LYC71，按相关标准保存重组菌株于-80℃低温冰箱中。其保藏机构为：中国典型培养物保藏中心，保藏号：CCTCC M 2021×××，保藏时间为2021年2月4日，中国典型培养物保藏中心的地址是湖北省武汉市武昌区八一路珞珈山，邮编430072。

图 4-30 说明书中“生物材料样品”保藏信息记载示例

（3）自申请日起 4 个月内提交保藏单位出具的保藏证明和存活证明。

申请人应自申请日起 4 个月内向国家知识产权局主动提交符合规定的生物材料样品的保藏证明和存活证明及其中文题录，未在规定期限内提交保藏证明或存活证明的，国家知识产权局将发出生物材料样品视为未保藏通知书。

值得注意的是，保藏证明及存活证明需要申请人主动提交，国家知识产权局不会发出相关通知书要求申请人提交，申请人请勿错过提交时限。

226 关于生物材料样品保藏，有哪些注意事项？

在发明初审阶段，对于生物材料样品保藏相关信息，请注意以下事项：

（1）保藏单位应为国家知识产权局认可的生物材料样品国际保藏单位。

如非国家知识产权局认可的生物材料样品国际保藏单位，国家知识产权局将发出生物材料样品视为未保藏通知书。

（2）保藏日期应在申请日前或者在申请日（有优先权的，指优先权日）当天。

若保藏日期在申请日之后，国家知识产权局将发出生物材料样品视为未保藏通知书。如保藏日期介于优先权日和申请日之间，国家知识产权局将发出办理手续补正通知书，如申请人声明该生物材料保藏证明涉及的生物材料的内容不要求享有优先权或者撤回优先权要求，则该生物材料保藏日期予以接受。

案例 4-23：

保藏日期介于优先权日和申请日之间，申请人声明如图 4-31 所示，声明予以接受。

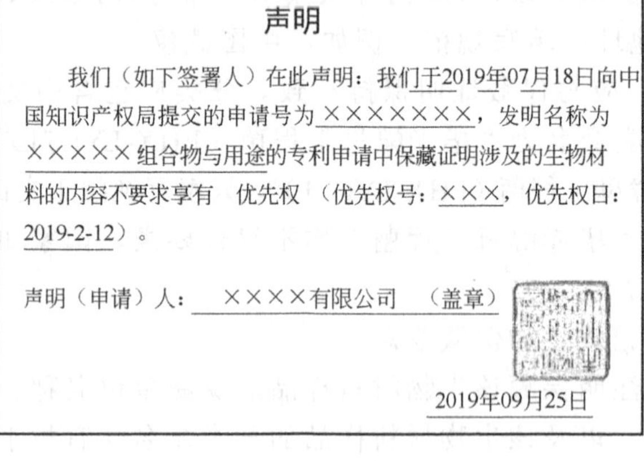

声明

我们（如下签署人）在此声明：我们于2019年07月18日向中国知识产权局提交的申请号为××××××××，发明名称为×××××组合物与用途的专利申请中保藏证明涉及的生物材料的内容不要求享有　优先权（优先权号：×××，优先权日：2019-2-12）。

声明（申请）人：××××有限公司　（盖章）

2019年09月25日

图 4-31　申请人关于生物保藏的声明

（3）请求书及说明书填写的保藏信息应与保藏证明及存活证明一致。

请求书中所填写的保藏事项（生物材料的分类命名，保藏该生物材料样品的单位名称、保藏日期和保藏编号）应当与保藏证明及存活证明中的一致；不一致的，国家知识产权局将发出办理手续补正通知书，要求申请人补正请求书。期满未补正或补正不合格的，生物材料样品视为未保藏。

说明书中应写明生物材料的分类命名，保藏该生物材料样品的单位名称、保藏日期和保藏编号，并且与保藏证明及存活证明中的一致；不一致的，国家知识产权局将发出办理手续补正通知书，要求申请人补正说明书。期满未补正或补正不合格的，生物材料样品视为未保藏。

（4）应在规定期限内提交保藏单位出具的保藏证明和存活证明。

①申请人如提交外国生物材料样品国际保藏单位出具的保藏证明和存活证明的，应提交原件，还应当提交带有签章的中译文。若未提交其中译文，或提交

的中译文未签章的，国家知识产权局将发出办理手续补正通知书。期满未补正的，国家知识产权局应当发出生物材料样品视为未保藏通知书。

②已向国家知识产权局提交过外国生物材料样品国际保藏单位出具的保藏证明和存活证明，需要再次提交的，可以提交该保藏证明和存活证明的中译文，并注明该保藏证明和存活证明所在案卷的申请号。

③已向国家知识产权局提交过中国生物材料样品国际保藏单位出具的保藏证明和存活证明，需要再次提交的，可以提交保藏证明和存活证明复印件，并注明原件所在案卷的申请号。

二、生物材料样品的保藏证明

227 什么是生物材料样品保藏证明和存活证明？

我国国内的生物材料样品保藏证明和存活证明包含在一份证明文件中，一般是在保藏证明文件中记录生物材料的“存活状态”，保藏证明中一般包含保藏单位名称、保藏编号、保藏日期、生物材料的分类命名、存活状态等，如图 4-32A 所示。电子申请，申请人提交保藏证明和存活证明的同时，还须提交该保藏及存活证明的中文题录，如图 4-32B 所示。

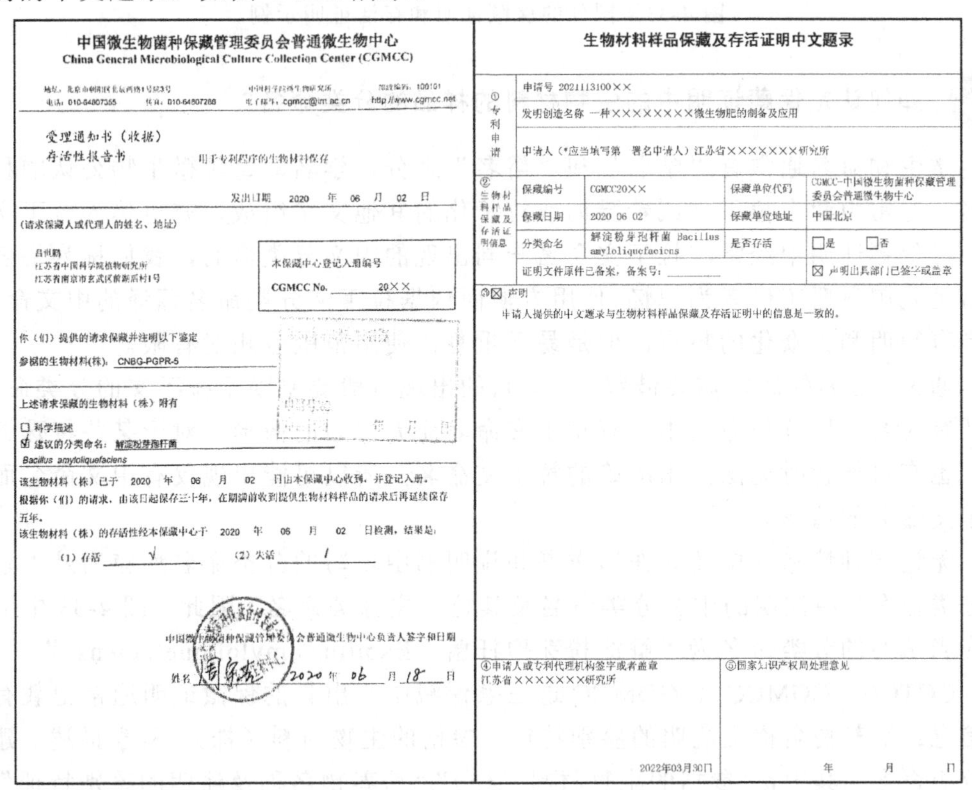

中国微生物菌种保藏管理委员会普通微生物中心
China General Microbiological Culture Collection Center (CGMCC)

地址：北京市朝阳区北辰西路1号院3号 中国科学院微生物研究所 邮政编码：100101
电话：010-64807355 传真：010-64807288 电子邮件：cgmcc@im.ac.cn http://www.cgmcc.net

受理通知书（收据）
存活性报告书 用于专利程序的生物材料保存

发出日期 2020 年 06 月 02 日

（请求保藏人或代理人的姓名、地址）

吕世鹏
江苏省中国科学院植物研究所
江苏省南京市玄武区前湖后村1号

本保藏中心登记入册编号
CGMCC No. 20××

你（们）提供的请求保藏并注明以下鉴定参据的生物材料(株)：CNBG-PGPR-5

上述请求保藏的生物材料（株）附有

☐ 科学描述
☑ 建议的分类命名：解淀粉芽孢杆菌
Bacillus amyloliquefaciens

该生物材料（株）已于 2020 年 06 月 02 日由本保藏中心收到，并登记入册。
根据你（们）的请求，由该日起保存三十年，在期满前收到提供生物材料样品的请求后再延续保存五年。
该生物材料（株）的存活性经本保藏中心于 2020 年 06 月 02 日检测，结果是：

（1）存活 √ （2）失活 /

中国微生物菌种保藏管理委员会普通微生物中心负责人签字和日期

姓名 [签名] 2020 年 06 月 18 日

A 保藏证明

生物材料样品保藏及存活证明中文题录

①专利申请	申请号 2021113100××			
	发明创造名称 一种××××××××微生物肥的制备及应用			
	申请人（*应当填写第 署名申请人）江苏省×××××××研究所			
②生物材料样品保藏及存活证明信息	保藏编号	CGMCC20××	保藏单位代码	CGMCC-中国微生物菌种保藏管理委员会普通微生物中心
	保藏日期	2020 06 02	保藏单位地址	中国北京
	分类命名	解淀粉芽孢杆菌 Bacillus amyloliquefaciens	是否存活	☐是 ☐否
	证明文件原件已备案，备案号：________			☒ 声明出具部门已签字或盖章

③☒ 声明
申请人提供的中文题录与生物材料样品保藏及存活证明中的信息是一致的。

④申请人或专利代理机构签字或者盖章 江苏省×××××××研究所 2022年03月30日	⑤国家知识产权局处理意见 年 月 日

B 保藏及存活证明中文题录

图 4-32 国内的保藏证明和存活证明示例

国外的保藏单位出具的保藏证明和存活证明一般为彼此独立的两份文件，如图 4-33 所示。

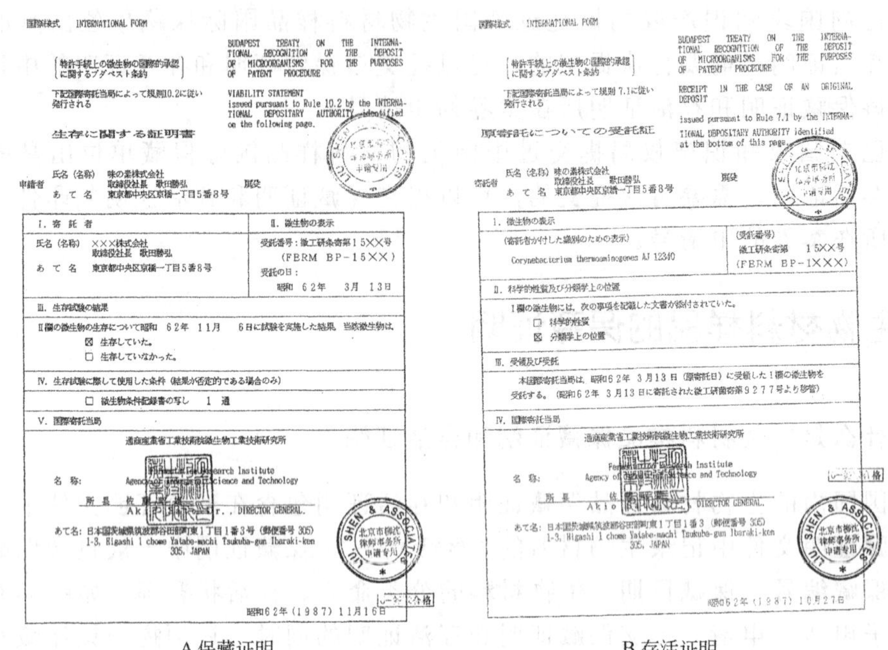

国際様式　INTERNATIONAL FORM

特許手続上の微生物の国際的承認に関するブダペスト条約

BUDAPEST TREATY ON THE INTERNATIONAL RECOGNITION OF THE DEPOSIT OF MICROORGANISMS FOR THE PURPOSES OF PATENT PROCEDURE

下記国際寄託当局によって規則10.2に従い発行される

VIABILITY STATEMENT
issued pursuant to Rule 10.2 by the INTERNATIONAL DEPOSITARY AUTHORITY identified on the following page.

生存に関する証明書

申請者　氏名（名称）　味の素株式会社　取締役社長　歌田勝弘　殿
あて名　東京都中央区京橋一丁目5番8号

Ⅰ. 寄託者	Ⅱ. 微生物の表示
氏名（名称）　×××株式会社　取締役社長　歌田勝弘 あて名　東京都中央区京橋一丁目5番8号	受託番号：微工研条寄第15××号（FERM BP-15××） 受託の日：昭和　62年　3月　13日

Ⅲ. 生存試験の結果

Ⅱ欄の微生物の生存について昭和　62年　11月　6日に試験を実施した結果，当該微生物は，
☒ 生存していた。
☐ 生存していなかった。

Ⅳ. 生存試験に際して使用した条件（結果が否定的である場合のみ）

☐ 微生物条件記録書の写し　1　通

Ⅴ. 国際寄託当局

通商産業省工業技術院微生物工業技術研究所

名称：　Fermentation Research Institute　Agency of Industrial Science and Technology

所長　　　　　DIRECTOR GENERAL.

あて名：日本国茨城県筑波郡谷田部町東1丁目1番3号（郵便番号 305）
1-3, Higashi 1 chome Yatabe-machi Tsukuba-gun Ibaraki-ken 305, JAPAN

昭和62年（1987）11月16日

A 保藏证明

国際様式　INTERNATIONAL FORM

特許手続上の微生物の国際的承認に関するブダペスト条約

BUDAPEST TREATY ON THE INTERNATIONAL RECOGNITION OF THE DEPOSIT OF MICROORGANISMS FOR THE PURPOSES OF PATENT PROCEDURE

下記国際寄託当局によって規則 7.1に従い発行される

RECEIPT IN THE CASE OF AN ORIGINAL DEPOSIT

issued pursuant to Rule 7.1 by the INTERNATIONAL DEPOSITARY AUTHORITY identified at the bottom of this page.

原寄託についての受託証

寄託者　氏名（名称）　味の素株式会社　取締役社長　歌田勝弘　殿
あて名　東京都中央区京橋一丁目5番8号

Ⅰ. 微生物の表示	
（寄託者が付した識別のための表示） Corynebacterium thermoaminogenes AJ 12340	（受託番号） 微工研条寄第　15××号 （FERM BP-1×××）

Ⅱ. 科学的性質及び分類学上の位置

Ⅰ欄の微生物には，次の事項を記載した文書が添付されていた。
☐ 科学的性質
☒ 分類学上の位置

Ⅲ. 受領及び受託

本国際寄託当局は，昭和62年　3月13日（原寄託日）に受領したⅠ欄の微生物を受託する。（昭和62年　3月13日に寄託された微工研菌寄第9277号より移管）

Ⅳ. 国際寄託当局

通商産業省工業技術院微生物工業技術研究所

名称：　Fermentation Research Institute　Agency of Industrial Science and Technology

所長　　　　　DIRECTOR GENERAL.

あて名：日本国茨城県筑波郡谷田部町東1丁目1番3（郵便番号 305）
1-3, Higashi 1 chome Yatabe-machi Tsukuba-gun Ibaraki-ken 305, JAPAN

昭和62年（1987）10月27日

B 存活证明

图 4-33　国外的保藏证明和存活证明示例

228 如何认定保藏证明中的生物材料的样品的分类命名？

微生物命名通常有“学名”和“俗名”之分，学名即每种微生物公认的科学用名，通常由两个拉丁文或希腊词或拉丁化的其他文字组成，亦可称为拉丁文命名。在保藏证明中经常与拉丁文命名一同出现的中文分类命名，我们称为俗名，通常是我国科研工作者为记忆、使用方便而依据拉丁文分类命名翻译的中文命名。它具有简明和大众化的特点，但是易于重复，使用范围也相对有限。

通常，俗名的确定需要借鉴学名，它的出现一般要略晚于拉丁文的分类命名，因此有时会出现分类命名中仅有拉丁文命名而无俗名的情形。对于某些特殊的菌株，也有可能暂时无法给出准确的拉丁文命名，所以可能出现仅有中文命名而无拉丁文命名的情形。

无论哪种情形，申请人在请求书和说明书中填写的分类命名均应当是“建议的分类命名”中注明的中文分类命名及其拉丁文分类命名。因此，图 4-33 中请求书应当填写的分类命名为“解淀粉芽孢杆菌（Bacillus amyloliquefaciens）”。

CCTCC、CGMCC 、GDMCC 这三家保藏中心出具的保藏证明通常记载有如下信息：培养物名称及注明的鉴别特征、参据的生物材料（株）、科学描述、建议的分类命名。其中，“参据的生物材料（株）”“培养物名称及注明的鉴别特征”中所涉及的信息，通常是请求保藏人对其培养物指定的名称、株号或符号，是发明人或科研人员在实验过程中为了实验或者记录方便而对材料样品的指定命名，并

无普适性可言。因此，不应当将此作为分类命名。但是，也存在某些例外情形，例如，保藏证明中虽然表示该生物材料样品存在“科学描述”或“建议的分类命名”，并未明确记载相应的分类命名信息，那么其中记载的“参据的生物材料（株）”“培养物名称及注明的鉴别特征”信息可以认定为等同于分类命名。

229　生物材料样品的保藏日期有何要求？

根据《专利法实施细则》第 24 条的规定，申请人应当在申请日前或者最迟在申请日（有优先权的，指优先权日）当天，将生物材料样品提交至国务院专利行政部门认可的生物材料样品国际保藏单位保藏。因此，要求申请人在请求书及说明书中记载保藏日期，目的是核实确认申请人是否按规定提交保藏。

案例 4-24：

申请人提交的保藏证明中记载有三个不同日期（图 4-34），保藏中心收到生物材料样品时间——2019 年 7 月 10 日，存活性检测时间——2019 年 7 月 12 日，出具保藏证明和存活性检测报告时间——2019 年 7 月 15 日。申请人在请求书和说明书中填写的保藏日期为 2019 年 7 月 12 日。

广东省微生物菌种保藏中心
Guangdong Microbial Culture Collection Center (GDMCC)
地址：广州市先烈中路100号大院59号楼5楼　广东省微生物研究所　邮政编码：510070
电话：020-87137633 37656629　传真：020-87686803　E-mail：gdmcc@gdim.cn　网址：www.gimcc.net

用于专利程序的生物材料保存
受理通知书（收据）
存活性报告书

1.请求保藏人和其代理人的姓名、地址：
××
××××
江苏省无锡市滨湖区×××××××

本保藏中心登记入册编号：
GDMCC　No：607××

2.你（们）提供的生物材料名称及注明的鉴别特征：
Lactobacillus paracasei　CCFM1069

申请专利的发明名称：

申请号NO:

3.上述请求保藏的生物材料（株）附有
□科学描述
✓ 提议的分类学名称：
Lactobacillus paracasei

4.该生物材料（株）已于 2019 年 7 月 10 日由本保藏中心收到，并登记入册。
根据你（们）的请求，由该日起保存三十年，在期满前收到提供生物材料样品的请求后再延续保存五年。

5.该生物材料（株）的存活性经本保藏中心于 2019 年 7 月 12 日检测，结果是：
（1）存活 √
（2）失活 /

广东省微生物菌种保藏中心

负责人（签字）：

2019 年 7 月 15 日

图 4-34　保藏证明示例

案例分析：如图4-34所示，生物材料样品的保藏日期应为保藏中心收到生物材料样品时间，即案例中保藏日期应为2019年7月10日，申请人提交的请求书和说明书中记载的保藏日期有误，国家知识产权局发出办理手续补正通知书，要求申请人在通知书期限内修改保藏日期

根据《用于专利程序的生物材料保藏办法》第6条的相关规定，保藏单位收到生物材料和保藏请求书后，向专利申请人出具的书面保藏证明应当包括“收到生物材料的日期”；根据第8条的相关规定，保藏单位收到生物材料以及保藏请求后应当及时进行存活性检验，在保藏期间内，应专利申请人或者专利权人随时提出的请求，保藏单位对该生物材料进行存活性检验并出具存活证明，存活证明应当包括“收到生物材料的日期”和“存活性检验的日期”。根据《用于专利程序的生物材料保藏办法》第11条和《专利审查指南》第一部分第一章5.2的相关规定，生物材料在保藏期间内发生死亡或者污染等情况的，如申请人能够提供证据证明造成生物材料样品死亡并非申请人责任，可以在申请日起4个月内重新提供与原样品相同的新样品重新保藏，并以原提交保藏日为保藏日。从时间逻辑上不难理解，收到生物材料的日期、存活性检测日期、出具保藏证明和存活性检测报告日期三者存在时间先后顺序和因果关系。在生物材料样品检测结果为“存活”的前提下，应当以保藏机构收到生物材料样品的日期作为保藏日期，而非检测日期或者出具报告的日期。因此，案例4-24中生物材料样品的保藏日期应当为2019年7月10日。

三、生物材料样品保藏的特殊情形

230 什么是非专利程序的生物保藏？

根据《国际细菌命名法规》（1990年修订本）的规定，新种名发表以前，必须将模式菌株的培养物保存在至少一个永久性菌种保藏中心，并进一步要求，至少需要将模式菌株的培养物保存在处于不同国家的两个保藏中心。而《国际系统与进化微生物学杂志》（IJSEM）则要求文章作者必须证明模式菌株已经在保藏中心进行了保存，并且没有限制公众利用该模式菌株，否则，相关论文将不被IJSEM接收发表。

为满足上述要求，科研工作者一般会事先将生物材料样品提交给保藏机构进行保藏。保藏机构向寄存人签发保存证明或受理通知书，标注保藏编号、保藏日期等信息，用以证明寄存人已经履行相应的寄存手续。此类保藏属于非专利程序的生物材料样品保藏，即委托寄存。

由于此类保藏仅仅是为了证明委托人已经办理了保藏手续，而并非用于专利申请程序，故对具体的保藏日期并未作出严格要求，保藏日期一般仅具体至年和月。

案例 4-25：

申请人提交的保藏证明即属于非专利程序的生物材料样品保藏，如图 4-35 所示。

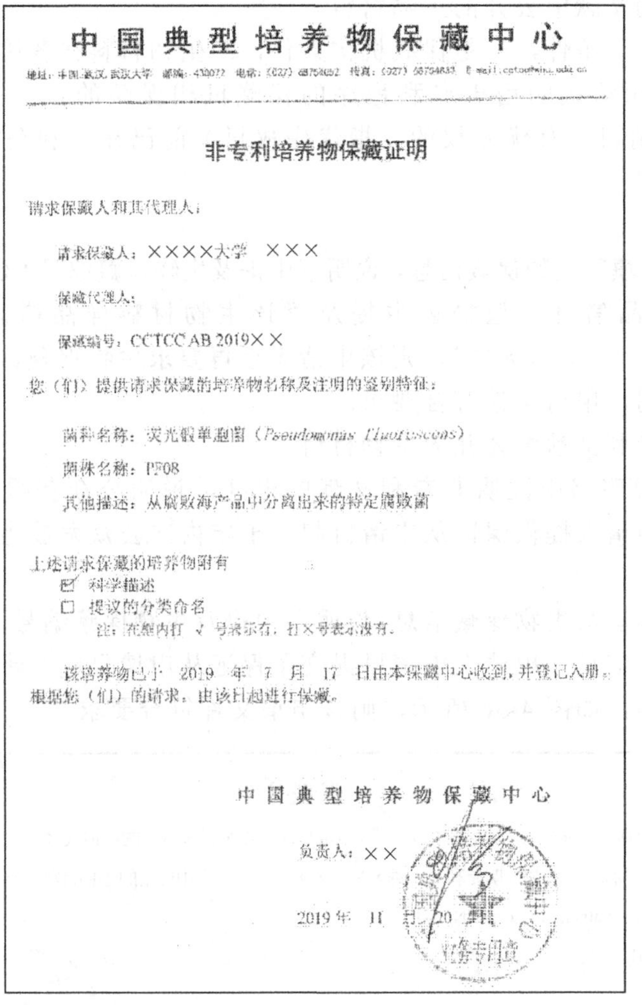

中国典型培养物保藏中心

地址：中国·武汉 武汉大学 邮编：430072 电话：(027) 68754052 传真：(027) 68754833 E-mail: cctcc@whu.edu.cn

非专利培养物保藏证明

请求保藏人和其代理人：

请求保藏人：××××大学 ×××

保藏代理人：

保藏编号：CCTCC AB 2019××

您（们）提供请求保藏的培养物名称及注明的鉴别特征：

菌种名称：荧光假单胞菌（*Pseudomonas fluorescens*）

菌株名称：PF08

其他描述：从腐败海产品中分离出来的特定腐败菌

上述请求保藏的培养物附有

☑ 科学描述

☐ 提议的分类命名

注：在框内打 √ 号表示有，打×号表示没有。

该培养物已于 2019 年 7 月 17 日由本保藏中心收到，并登记入册，根据您（们）的请求，由该日起进行保藏。

中国典型培养物保藏中心

负责人：××

2019 年 11 月 20 日

图 4-35 非专利程序的保藏证明

231 什么情形下不需要办理生物材料样品保藏手续？

在专利申请中，并非所有涉及生物材料的专利申请都必须办理生物材料样品保藏相关手续。根据《专利审查指南》的相关规定，公众可以得到而不要求进行保藏的情况包括以下三种：

（1）公众能从国内外商业渠道购买到的生物材料。

需要满足的条件是，在说明书中应当注明购买的渠道，必要时需要提供证据（如购买目录或发票等）加以证明。

案例 4-26：

请求书中未填写生物保藏信息，说明书中多处提及生物保藏信息，如保藏编号等，但在文中含有“本申请所提及的生物保藏样品 CCTCC NO.×××等均购于……”，则该申请无须再要求生物保藏，也无须提交保藏证明及存活证明，申请文件符合要求。

（2）在专利文献中公开的生物材料。

需要满足两个条件，一是保藏机构条件，即生物材料在各国国家知识产权局或国际专利组织承认的用于专利程序的保藏机构保藏的；二是时间条件，即生物材料在申请日（有优先权的，指优先权日）前已在专利公报中公布或已授权的。

案例 4-27：

请求书中未填写生物保藏信息，说明书中提及生物保藏编号 CCTCC NO. ×××的生物材料样品信息，但描述中提及“该生物材料样品信息已记载于专利 CN20201××××××××中”，则该申请无须再要求生物保藏，也无须提交保藏证明及存活证明，申请文件符合要求。

（3）在非专利文献中公开的生物材料。

要求是在说明书中注明非专利文献的出处，说明公众获得该生物材料的途径，并由专利申请人提供保证从申请日起二十年内向公众发放生物材料的证明。

案例 4-28：

请求书中未填写生物保藏信息，说明书中提及生物保藏编号 CCTCC NO.XXX 的生物材料样品信息，申请人申请日提交了保证从申请日起二十年内向公众发放生物材料的证明，如图 4-36 所示，则该申请文件符合要求。

保证书

发明专利“一种×××××××××”（申请日2020年×月×日）的申请人××大学保证从申请日起二十年内向公众发放发明专利“一种×××××××××”中使用的生物材料——“粘质沙雷氏菌JNB5-1（Serratia marcescens JNB5-1）”。

特此声明！

保证人：

2020 年 5 月 27 日

图 4-36　保证从申请日起二十年内向公众发放生物材料的证明文件示例

232 哪些情况可以办理生物样品保藏的恢复手续？

国家知识产权局发出生物材料样品视为未保藏通知书后，申请人有正当理由的，可以根据《专利法实施细则》第 6 条第 2 款的规定启动恢复程序。除其他方面正当理由外，属于生物材料样品未提交保藏或存活方面的正当理由如下：

（1）保藏单位未能在申请日起 4 个月内作出保藏证明或者存活证明，并出具了证明文件；

（2）提交生物材料样品过程中发生生物材料样品死亡，申请人能够提供证据证明生物材料样品死亡并非申请人的责任。

第五节 涉及遗传资源的申请

一、遗传资源概述

233 遗传资源是什么？

遗传资源，是指取自人体、动物、植物或者微生物等含有遗传功能单位并具有实际或者潜在价值的材料。专利法所称依赖遗传资源完成的发明创造，是指利用了遗传资源的遗传功能完成的发明创造。

234 披露遗传资源的意义是什么？

我国在 1992 年参与缔约的《生物多样性公约》（*Convention on Biological Diversity*，CBD）的第 15 条第 1、5、7 款，即生物多样性公约的三大基本原则：国家主权原则，知情同意原则，惠益分享原则。在农业、生物制药、环境保护等领域，遗传资源的开发有重要的推动作用，是一个国家重要的资源和财富。我国环境多样、物产广博，有丰富的遗传资源，但在过去我国的遗传资源成为发达国家攫取的对象，发生了多个生物海盗（bio-piracy）案例。随着生物遗传技术的发展，面对有限的遗传资源争夺战，我国在避免遗传资源流失中面临严峻挑战。[1]

鉴于此，《专利法》第三次修改后在第 5 条第 2 款规定，对违反法律、行政法规的规定获取或者利用遗传资源，并依赖该遗传资源完成的发明创造，不授予专利权。专利法规定的遗传资源来源信息披露制度属于一种知情同意制度，要求申请人提供遗传材料的合法来源，遗传资源的获取是否获得了事先的知情同意。如果申请人没能提供相应信息，或者隐瞒遗传资源的来源，其需要承担如专利申请被驳回的不利后果。

二、遗传资源相关手续的办理

235 涉及遗传资源，需要办理哪些手续？

就依赖遗传资源完成的发明创造申请专利，申请人应当办理如下手续：

（1）在请求书中勾选“本专利申请涉及的发明创造是依赖于遗传资源完成

[1] 刘婷. 浅谈专利法中的遗传资源保护［J］. 法制博览，2018（24）.

的”，如图4-37所示。申请人在请求书中未说明发明是依赖于遗传资源完成的，但提交遗传资源来源披露登记表的，国家知识产权局可以将该遗传资源来源披露登记表作存档处理。

⑬遗传资源	☒本专利申请涉及的发明创造是依赖于遗传资源完成的

图4-37 发明专利请求书“遗传资源”

（2）提交遗传资源来源披露登记表。遗传资源来源披露登记表中应写明遗传资源的直接来源和原始来源。申请人无法说明原始来源的，应当陈述理由。

申请人在请求书中说明发明是依赖于遗传资源完成的，但未提交遗传资源来源披露登记表，国家知识产权局将发出补正通知书，要求申请人提交遗传资源来源披露登记表。期满未补正的，国家知识产权局将发出视为撤回通知书。

236 如何规范填写遗传资源来源披露登记表？

遗传资源来源披露登记表如图4-38所示，填写的发明名称、申请人及签章需要分别与请求书中填写的完全一致。

此外，还需要填写有关遗传资源的信息，包括遗传资源的名称、获取途径、获取时间，以及遗传资源的直接来源和原始来源。

填写遗传资源来源披露登记表，应注意以下事项：

（1）发明名称、申请人名称。

遗传资源来源披露登记表中的发明名称、申请人名称应当与请求书中填写的一致。

（2）申请号、申请日。

遗传资源来源披露登记表中的申请号、申请日应当与请求书中填写的一致。

（3）遗传资源名称、获取途径。

遗传资源来源披露登记表中应填写遗传资源名称、获取途径，其中获取途径包括遗传来源取自“动物、植物、微生物还是人”及获取方式两部分内容。

（4）直接来源。

遗传资源来源披露登记表中应填写原始来源，申请人可在“非采集方式”和“采集方式”中根据实际情况选择其一进行填写。

（5）原始来源。

遗传资源来源披露登记表中应填写直接来源，如无法说明原始来源的则需要陈述无法说明遗传资源原始来源的理由。

237 什么是遗传资源的直接来源和原始来源？

专利法所称遗传资源的直接来源，是指获取遗传资源的直接渠道。申请人说明遗传资源的直接来源，应当提供获取该遗传资源的时间、地点、方式、提供者等具体信息。

遗传资源来源披露登记表

<table>
<tr><td colspan="3">①申请号</td><td colspan="2">202211092××</td></tr>
<tr><td colspan="3">②发明名称</td><td colspan="2">猫杯状病毒××××及疫苗组合物</td></tr>
<tr><td colspan="3">③申请人（第一署名人）</td><td colspan="2">××××××有限公司</td></tr>
<tr><td rowspan="13">遗传资源(1)</td><td colspan="2">④遗传资源名称</td><td colspan="2">猫杯状病毒××××</td></tr>
<tr><td colspan="4">⑤ 遗传资源的获取途径
Ⅰ遗传资源取自：　☒动物　☐植物　☐微生物　☐人
Ⅱ获 取 方 式：　☐购买　☐赠送或交换　☐保藏机构　☐种子库（种质库）
☐基因文库　☒自行采集　☐委托采集　☐其他</td></tr>
<tr><td rowspan="7">⑥直接来源</td><td colspan="2">⑦获取时间</td><td>2016年5月</td></tr>
<tr><td rowspan="3">非采集方式</td><td>⑧提供者名称（姓名）</td><td></td></tr>
<tr><td>⑨提供者所处国家或地区</td><td></td></tr>
<tr><td>⑩提供者联系方式</td><td></td></tr>
<tr><td rowspan="3">采集方式</td><td>⑪采集地（国家、省（市））</td><td>广西省柳州市</td></tr>
<tr><td>⑫采集者名称（姓名）</td><td>×××</td></tr>
<tr><td>⑬采集者联系方式</td><td>1885××××</td></tr>
<tr><td rowspan="4">⑭原始来源</td><td colspan="2">⑮采集者名称（姓名）</td><td>×××</td></tr>
<tr><td colspan="2">⑯采集者联系方式</td><td>湖北省武汉市高新技术开发区光谷八路××号，188××××；×××××@163.com</td></tr>
<tr><td colspan="2">⑰获取时间</td><td>2016年5月</td></tr>
<tr><td colspan="2">⑱获取地点（国家、省（市））</td><td>广西省柳州市××××医院</td></tr>
<tr><td colspan="5">⑲无法说明遗传资源原始来源的理由：</td></tr>
<tr><td colspan="5">⑳代表人或专利代理机构
××××××知识产权代理有限公司</td></tr>
</table>

图 4-38　遗传资源来源披露登记表示例

根据《专利审查指南》第二部分第十章 9.5.1 的规定，专利法所称遗传资源的原始来源，是指生物体在原生环境中的采集地。遗传资源所属的生物体为自然生长的生物体的，原生环境是指该生物体的自然生长环境；遗传资源所属的生物体为培植或者驯化的生物体的，原生环境是指该生物体形成其特定性状或者特征的环境。申请人说明遗传资源的原始来源，应当提供采集该遗传资源所属的生物体的时间、地点、采集者等具体信息。

238 若无法说明遗传资源的原始来源，该如何处理？

就依赖遗传资源完成的发明创造申请专利，申请人提交的遗传资源来源披露登记表中应写明该遗传资源的直接来源和原始来源。申请人无法说明原始来源的，应当陈述理由；如确实不知原始来源的，可在遗传资源来源披露登记表中陈述无法说明直接来源的事实。对于不符合规定的，国家知识产权局将发出补正通知书，通知申请人补正。期满未补正的，国家知识产权局将发出视为撤回通知书。补正后仍不符合规定的，该专利申请将被驳回。

法条链接——优先权

◆ 《专利法》

第 29 条 申请人自发明或者实用新型在外国第一次提出专利申请之日起十二个月内，或者自外观设计在外国第一次提出专利申请之日起六个月内，又在中国就相同主题提出专利申请的，依照该外国同中国签订的协议或者共同参加的国际条约，或者依照相互承认优先权的原则，可以享有优先权。

申请人自发明或者实用新型在中国第一次提出专利申请之日起十二个月内，或者自外观设计在中国第一次提出专利申请之日起六个月内，又向国务院专利行政部门就相同主题提出专利申请的，可以享有优先权。

第 30 条 申请人要求发明、实用新型专利优先权的，应当在申请的时候提出书面声明，并且在第一次提出申请之日起十六个月内，提交第一次提出的专利申请文件的副本。

申请人要求外观设计专利优先权的，应当在申请的时候提出书面声明，并且在三个月内提交第一次提出的专利申请文件的副本。

申请人未提出书面声明或者逾期未提交专利申请文件副本的，视为未要求优先权。

◆ 《专利法实施细则》

第 32 条 申请人在一件专利申请中，可以要求一项或者多项优先权；要求多项优先权的，该申请的优先权期限从最早的优先权日起计算。

申请人要求本国优先权，在先申请是发明专利申请的，可以就相同主题提出发明或者实用新型专利申请；在先申请是实用新型专利申请的，可以就相同主题提出实用新型或者发明专利申请。但是，提出后一申请时，在先申请的主题有下列情形之一的，不得作为要求本国优先权的基础：

（一）已经要求外国优先权或者本国优先权的；

（二）已经被授予专利权的；

（三）属于按照规定提出的分案申请的。

申请人要求本国优先权的，其在后申请自后一申请提出之日起即视为撤回。

第 43 条 依照本细则第四十二条规定提出的分案申请，可以保留原申请日，享有优先权的，可以保留优先权日，但是不得超出原申请记载的范围。

分案申请应当依照专利法及本细则的规定办理有关手续。

分案申请的请求书中应当写明原申请的申请号和申请日。提交分案申请时，申请人应当提交原申请文件副本；原申请享有优先权的，并应当提交原申请的优先权文件副本。

法条链接——分案申请

◆　《专利法》

第 31 条　一件发明或者实用新型专利申请应当限于一项发明或者实用新型。属于一个总的发明构思的两项以上的发明或者实用新型，可以作为一件申请提出。

一件外观设计专利申请应当限于一项外观设计。同一产品两项以上的相似外观设计，或者用于同一类别并且成套出售或者使用的产品的两项以上外观设计，可以作为一件申请提出。

◆　《专利法实施细则》

第 42 条　一件专利申请包括两项以上发明、实用新型或者外观设计的，申请人可以在本细则第五十四条第一款规定的期限届满前，向国务院专利行政部门提出分案申请；但是，专利申请已经被驳回、撤回或者视为撤回的，不能提出分案申请。

国务院专利行政部门认为一件专利申请不符合专利法第三十一条和本细则第三十四条或者第三十五条的规定的，应当通知申请人在指定期限内对其申请进行修改；申请人期满未答复的，该申请视为撤回。

分案的申请不得改变原申请的类别。

法条链接——不丧失新颖性宽限期

◆　《专利法》

第 24 条　申请专利的发明创造在申请日以前六个月内，有下列情形之一的，不丧失新颖性：

（一）在国家出现紧急状态或者非常情况时，为公共利益目的首次公开的；

（二）在中国政府主办或者承认的国际展览会上首次展出的；

（三）在规定的学术会议或者技术会议上首次发表的；

（四）他人未经申请人同意而泄露其内容的。

法条链接——生物材料样品保藏

◆　《专利法实施细则》

第 24 条　申请专利的发明涉及新的生物材料，该生物材料公众不能得到，并且对该生物材料的说明不足以使所属领域的技术人员实施其发明的，除应当符合专利法和本细则的有关规定外，申请人还应当办理下列手续：

（一）在申请日前或者最迟在申请日（有优先权的，指优先权日），将该生物材料的样品提交国务院专利行政部门认可的保藏单位保藏，并在申请时或者最迟自申请日起4个月内提交保藏单位出具的保藏证明和存活证明；期满未提交证明的，该样品视为未提交保藏；

（二）在申请文件中，提供有关该生物材料特征的资料；

（三）涉及生物材料样品保藏的专利申请应当在请求书和说明书中写明该生物材料的分类命名（注明拉丁文名称）、保藏该生物材料样品的单位名称、地址、保藏日期和保藏编号；申请时未写明的，应当自申请日起4个月内补正；期满未补正的，视为未提交保藏。

法条链接——遗传资源

◆ 《专利法》

第5条 对违反法律、社会公德或者妨害公共利益的发明创造，不授予专利权。

对违反法律、行政法规的规定获取或者利用遗传资源，并依赖该遗传资源完成的发明创造，不授予专利权。

第26条第5款 依赖遗传资源完成的发明创造，申请人应当在专利申请文件中说明该遗传资源的直接来源和原始来源；申请人无法说明原始来源的，应当陈述理由。

第三部分
法律手续篇

第五章

著录项目变更手续

本章主要介绍著录项目变更手续内容，具体包括著录项目变更手续的基本知识、权利转移、权利人姓名/名称变更、连续变更、专利代理事项、联系人及其他事项的变更、发明人变更等内容，重点介绍手续办理的基本要求、申报书的填写、证明文件的要求及注意事项，并对实践中的疑难问题进行解答。

第一节　著录项目变更手续基本知识

一、著录项目变更手续概述

239　什么是著录项目？

著录项目，也称著录事项，主要包括专利的申请号、申请日、发明创造名称、分类号、优先权事项、申请人或者专利权人事项、发明人事项、专利代理事项、联系人事项及代表人等。

240　哪些信息变化需要办理著录项目变更手续？

并非所有著录项目信息变化都需要办理著录项目变更手续（以下简称“变更手续”)，如变更发明创造名称，则不能办理变更手续，建议提交补正书或意见陈述书请求变更发明创造名称。[1]

有关人事的著录项目有变化的，需要办理变更手续。例如，申请人或者专利权人事项（包括申请人或者专利权人的姓名或者名称、国籍或者注册的国家或地区、地址、邮政编码、组织机构代码或者居民身份证件号码），发明人事项（包括发明人的姓名、国籍、证件号码），专利代理事项（包括专利代理机构的名称、机构代码、地址、邮政编码、专利代理师姓名、执业证号码、联系电话），联系人事项（包括姓名、地址、邮政编码、联系电话），代表人等发生变化的，应当按照规定办理变更手续。

专利申请权（或专利权）转让或者因其他事由发生转移的（以下简称“权利转移”），申请人（或专利权人）（以下简称“权利人”）应当以著录项目变更的形式向国家知识产权局登记。为了更好地维护权利人的合法权益，请及时办理变更手续。

241 变更手续如何办理？

变更手续应由办理人提交著录项目变更申报书，必要时还应提交证明文件并缴纳著录事项变更费（以下简称“变更费”），如图5-1所示。

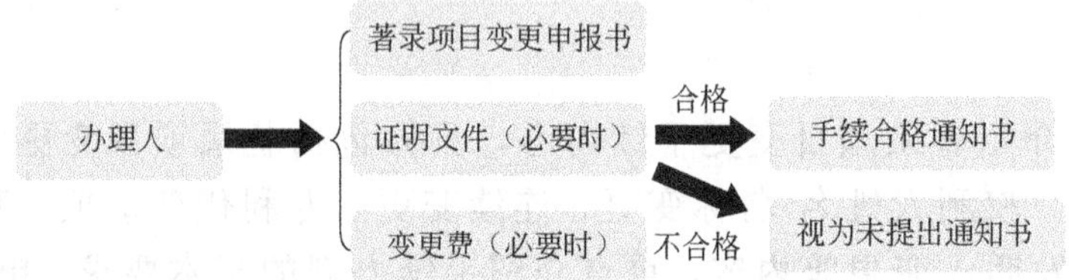

图5-1 著录项目变更手续示意

请注意：①办理变更手续应当提交著录项目变更申报书，而非提交意见陈述书或补正书，著录项目变更申报书中有相应的变更项目可以引导办理人正确填写相应变更内容，以便变更手续尽快顺利完成；②并非所有的变更手续都需要提交证明文件，有些变更事项，如专利代理师信息变更无须提交证明文件；③仅发明人、权利人变更需要缴纳变更费200元，其他事项变更无须缴纳变更费。

若手续合格，国家知识产权局会发出手续合格通知书；若手续不合格，国家知识产权局会发出视为未提出通知书。

242 谁可以办理变更手续？

如果专利申请或专利未委托专利代理机构，变更手续应当由权利人或其代表人（“如何确定代表人”详见本章第二节“权利转移”问题267）办理；如果专利申请或专利已委托专利代理机构，那么变更手续应当由专利代理机构办理。

值得注意的是，因权利转移引起的变更，也可以由新的权利人或者其委托的专利代理机构办理，详细介绍参见本章第二节“权利转移”中的问题270。

[1] 因发明创造名称涉及专利申请的技术方案内容，需要由发明专利实质审查阶段的审查员、实用新型或外观设计初审员根据技术方案的内容进行审查修改。

243 什么时候可以办理变更手续？

在专利申请提交之后的审查过程，以及授权后专利有效期内都可以办理变更手续，只要前述有关人事的著录项目信息发生变化，随时可以办理变更手续。只不过专利申请或专利处于中止期间时变更事项有所限制，专利权处于质押期间时权利转移的证明文件有特殊要求。

值得注意的是，专利失效后一般不予办理变更手续。专利失效包括主动撤回、视为撤回、驳回生效、视为放弃取得专利权、主动放弃、未缴年费终止、届满终止、全部无效等。案件处于此状态的，一般不予办理变更手续。但是专利失效后，若因权属纠纷需要变更，可以依据生效的法律文书办理变更手续。

244 中止期间可以办理变更手续吗？

中止期间涉及权利人姓名或名称的变更、专利申请权或专利权转移的，不予办理变更手续。其他事项可以办理变更手续。

中止期间是指当地方知识产权管理部门或者人民法院受理了专利申请权（或专利权）权属纠纷，或者人民法院裁定对专利申请权（或专利权）采取财产保全措施时，国家知识产权局根据权属纠纷的当事人的请求或者人民法院的要求中止有关程序的期间。这里说的中止有关程序，主要是指：①暂停专利申请的初步审查、实质审查、复审、授予专利权和专利权无效宣告程序；②暂停视为撤回专利申请、视为放弃取得专利权、未缴年费终止专利权等程序；③暂停办理撤回专利申请、放弃专利权、变更申请人（或专利权人）的姓名或者名称、转移专利申请权（或专利权）、专利权质押登记等手续。

为了保护权利人的合法权益，中止期间涉及权利人姓名或名称的变更、专利申请权或专利权转移的，不予办理变更手续，权利人可以待中止程序结束后再提交著录项目变更请求。但涉及发明人、专利代理、联系人、代表人等其他事项可以办理变更手续。

245 专利权质押期间可以办理变更手续吗？

可以办理，但专利权处于质押期间，涉及权利转移的证明文件有特殊要求，需要提交质权人同意变更的证明文件。申请人也可以在办理解除质押手续后提交变更请求。

根据《民法典》第 444 条的第 2 款的规定，知识产权中的财产权出质后，出质人不得转让，但是出质人与质权人协商同意的除外。根据 2021 年 11 月 15 日修改的《专利权质押登记办法》（国家知识产权局第 461 号公告）第 18 条的规定，专利权质押期间，出质人未提交质权人同意转让该专利权的证明材料的，国家知识产权局不予办理专利权转让登记手续。

因此，专利权质押期间仅涉及权利转移的变更有特殊要求，即专利权质押期间的专利申请权或者专利权转让或赠与的变更，除提交权利转移的证明文件外，还应当提交质权人同意变更的证明文件。

246 专利实施许可期间可以办理变更手续吗？

可以。因为专利实施许可只是专利权人将专利的使用权授予被许可人，专利权人对专利仍享有所有权，仍可自由处分，包括转让和赠与。专利实施许可期间权利人仍可以办理包括权利转移在内的变更手续。

247 收到丧失权利的处分决定后还可以办理变更手续吗？

丧失权利的处分决定，主要包括国家知识产权局发出的视为撤回通知书、视为放弃取得专利权通知书、专利权终止通知书、驳回决定。处分决定发出后，国家知识产权局会给予当事人恢复权利请求期限[1]，若恢复期限尚未届满，则可以办理变更手续。对于驳回决定，当事人在收到驳回决定之日起 3 个月内可以提出复审请求，若请求复审期限尚未届满，也可以办理变更手续。因为处于恢复期限或请求复审期限尚未届满的专利申请或专利，还有可能通过办理恢复手续或提交复审请求回归正常状态，当事人的权利并未彻底丧失，专利申请或专利也并未彻底失效，仍然允许办理变更手续。若恢复期限已经届满，当事人则可在恢复手续完成后再重新提交著录项目变更请求。

案例 5-1：

某专利因未及时缴纳第 3 年度年费和滞纳金，国家知识产权局于 2022 年 1 月 24 日发出了专利权终止通知书，恢复期限届满日期为 2022 年 4 月 8 日。当事人于 2022 年 3 月 20 日提交著录项目变更申报书，更换专利代理机构。该变更请求是在恢复期限届满日 2022 年 4 月 8 日前提出的，可以予以变更。

二、著录项目变更申报书

248 什么是著录项目变更申报书？

著录项目变更申报书（以下简称“申报书”）是提出著录项目变更请求的标准表格，在国家知识产权局官方网站（http://www.cnipa.gov.cn）可以下载使用，详见附录二。

249 申报书的表头怎么填？

申报书表头第 1 栏（图 5-2）中的申请号或专利号、发明创造名称、申请人或专利权人填写应与案件记载完全一致；申请人或专利权人如果有多个，请填写第一署名申请人或专利权人。

实践中常见的错误，就是发明创造名称填写错误，如存在多字、漏字、错别字等情况。值得注意的是，有些专利的发明创造名称在发出授权通知书时已被修改，这种情形，当事人则需要填写修改后的发明创造名称。

[1] 权利恢复期一般为 2 个月，自该处分决定的推定收到日起算，推定收到日为自国家知识产权局发出文件之日起满 15 日。关于期限的详细内容参见本书第一章第三节相关内容。

请按照“注意事项”正确填写本表各栏

① 专利申请或专利		本框由国家知识产权局填写
	申请号或专利号	递交日
	发明创造名称	申请号条码
	申请人或专利权人（第一署名人）	挂号条码

图 5-2 申报书表头示例

案例 5-2：

某专利 2019 年 3 月 11 日提交的实用新型专利请求书中填写的发明名称为“生物特征检测模组和背光模组×××××”，2019 年 11 月 27 日发出的第一次补正通知书中指出“该专利申请包含多项实用新型，但实用新型名称未全面准确地表明要求保护的主题，不符合专利法实施细则第十六条的规定。申请人应当修改，同时将各申请文件中的实用新型名称均修改为一致”。后当事人提交了补正书及修改文件，修改了发明名称。2020 年 2 月 3 日发出的授予实用新型专利权通知书和办理登记手续通知书中已将发明名称修改为“背光模组、显示器、生物特征检测模组×××××”。2021 年 11 月 15 日，当事人提交著录项目变更申报书，请求变更联系人，但申报书中填写的发明创造名称还是原名称，于是国家知识产权局发出了视为未提出通知书，指出“著录项目变更申报书中填写的发明创造名称与案件中记载的不一致”。后续当事人补交申报书，将发明名称填写正确，国家知识产权局发出手续合格通知书。

250 申报书中的变更项目怎么填？

申报书第 3 栏“变更项目”（图 5-3）需要根据实际情况勾选变更项目，填写变更前、变更后的内容。

③变更项目	变更前	变更后
□发明人或者设计人		
□申请人或者专利权人事项： □姓名或者名称 变更类型：□更名□转移 □继承□其他 □国籍或注册国家（地区） □地址、邮编 □居民身份证件号码或统一社会信用代码/组织机构代码 □联系电话		
□联系人事项： □姓名 □地址、邮编 □联系电话		
□专利代理事项： □代理机构名称、代码 □专利代理师 □执业证号码 □联系电话		
变更后代表人或代理机构	名称	证件号码

图 5-3 申报书变更项目示例

（1）变更类型，若变更手续涉及申请人或专利权人事项，应勾选变更类型，请注意变更类型是必选项。变更类型主要有更名、转移、继承和其他四种，其含义和区别见表5-1。

表5-1　变更类型汇总

变更类型	主体 是否变化	变更原因
更名	否	姓名/名称发生改变
转移	是	权属纠纷、权利的转让或赠与、企业合并、分立、注销或改变组织形式、拍卖等
继承	是	原权利人死亡
其他	否	除了转移、继承、更名外，其他情形如申请人姓名书写错误或申请人顺序变化、申请人国籍、地址、证件号码等的变更等

值得注意的是，变更类型请务必准确填写，因其影响到变更事务公告及费减比例的变化。首先，对于转移和继承，除减少权利人以外，权利主体发生变化，新权利人不再享有原费减比例，新权利人需要重新办理费用减缴手续；对于更名和其他，权利主体不变，则变更完成后费减比例不变，权利人无须再办理费用减缴手续。其次，若是权利人排名顺序变更，则请勿勾选“转移”，而需要勾选“其他”，实践中常出现勾选错误问题。因为权利人仅是其排名顺序变化，权利主体并未变化，费减比例应保持不变，错误勾选“转移”后则会失去原有的费减比例，给权利人造成不必要的损失。最后，对于继承，仅限原权利人为自然人的情况，自然人死亡，专利申请或专利权由继承人继承；而若原权利人为法人或其他组织注销，则应勾选“转移”。

（2）变更前内容，应当与案件记载一致，尤其是变更前的发明人的姓名、申请人或专利权人的姓名或名称、专利代理机构名称及其代码要与案件记载的一致。

（3）变更后的内容，应当与证明文件中的内容一致，且需要填写完整、准确，尤其是变更后发明人的姓名，变更后申请人或专利权人的姓名或名称、国籍、地址、邮编、证件号码，联系人的姓名、地址、邮编，专利代理机构的名称及其代码、专利代理师的姓名、执业证号码、联系电话等信息要准确、完整。其中，变更后地址应当符合邮件能够迅速、准确投递的要求，具体到街道门牌号码，详细准确。证件号码，一般指身份证件号码或统一社会信用代码，通常为18位，均应填写准确。

251　申报书中“变更后代表人或代理机构”怎么填？

针对电子申请，申报书第3栏最下端有“变更后代表人或代理机构”栏（图5-4），此处应填写变更后的电子权限人，如已委托了专利代理机构，请填写变更后的专利代理机构代码及其名称；若未委托专利代理机构，则需要填写变更后的代表人的电子申请用户代码及名称。

变更后代表人或代理机构	名称	证件号码

图 5-4 申报书变更后代表人或代理机构示例

值得注意的是，对于电子申请，此栏填写非常重要，涉及该专利（申请）所有通知书的发送、接收及所有文件的提交，变更成功后国家知识产权局会将该专利（申请）的所有通知书都发送给“变更后代表人或代理机构”栏所填写的电子权限人，此栏若填写错误，后续权利人将无法接收通知书，也无法正常提交各种文件。

案例 5-3：

某件电子申请提交著录项目变更请求，请求增加联系人，同时解除专利代理机构。申报书中的“变更后代表人或代理机构”栏应填写案件记载的专利权人的电子申请用户代码和名称（图 5-5），但是权利人错误填写了变更前的专利代理机构的电子申请用户代码和名称，若针对该变更请求发出手续合格通知书，则后续案件所有的通知书仍继续发送给变更前的专利代理机构，变更后的专利权人将接收不到电子形式的通知书，也无法提交电子形式的文件，给权利人造成不必要的损失，误时误事。

联系人	联系人姓名		许×
	联系人地址		安徽省阜阳市×××××× 36 号
	联系人电话		0551-656××
	联系人邮编		236000
代理机构	代理机构名称	××××× 知识产权代理事务所（特殊普通合伙）	
	代理机构代码	×××××	
代理人	第一代理师工作证号	××××××××	
	第一代理师姓名	×××	
变更后代表人或代理机构	名称 ×××××××× 有限公司		证件号码 ××××

此处应填写专利权人的电子申请用户代码和名称

图 5-5 “变更后代表人或代理机构”栏填写示例

需要予以明确区分的是，“变更后代表人或代理机构”栏与办理变更手续的人不同，办理变更手续的人体现在申报书第 5 栏“当事人或专利代理机构签字或者盖章”处，由变更前或变更后的办理人签章均可，但是“变更后代表人或代理机构”栏必须填写变更后的代表人或其委托的专利代理机构的电子申请用户代码和名称。

252 申报书中的附件清单应注意什么？

若有总委托书备案编号或证明文件备案编号，则应在申报书第 4 栏的附件清单处写明（图 5-6），申报书中填写总委托书备案号的，视为提交了总委托书或证明文件原件；若未填写或填写错误的，则视为无总委托书或证明文件备案。

④附件清单
□已备案的证明文件备案号：________

图 5-6　申报书附件清单示例

（1）总委托书备案。

同一申请人或专利权人就多件专利申请或专利与代理机构签订代理委托书时，可与代理机构签订总委托书。代理机构可以交到国家知识产权局办理总委托书备案手续，提交经专利代理机构盖章的《文件备案请求书》和专利代理机构与委托人签订的总委托书原件及复印件。备案成功后，会获得总委托书备案编号，编号由 ZW 和 10 位阿拉伯数字组成，如 ZW0010033456。

（2）证明文件备案。

若权利人有多件专利申请均需要提交著录项目变更证明文件的，可以将证明文件送至国家知识产权局备案，备案后仅填写备案编号即视为已提交证明文件。备案手续应提交经专利代理机构或当事人签字或者盖章的《文件备案请求书》、证明文件原件及相应的复印件、证明文件涉及的专利申请号/专利号清单。备案成功后，会获得证明文件备案编号，编号由 ZM 和 10 位阿拉伯数字组成，如 ZM0010033456。

253 在申报书中签字或者盖章需要注意什么问题？

申报书第 5 栏“当事人或专利代理机构签字或者盖章”（图 5-7）处体现的是著录项目变更请求的办理人，应由办理人签字或盖章。也就是说，谁可以办理变更手续，谁就在此处签章。如果专利（申请）未委托专利代理机构，那么就应由申请人（或专利权人）或其代表人签字或者盖章，如果专利（申请）已委托专利代理机构的，则应由专利代理机构签字或者盖章。如果是因权利转移引起的变更，也可以由新的权利人或者其委托的专利代理机构签字或者盖章。

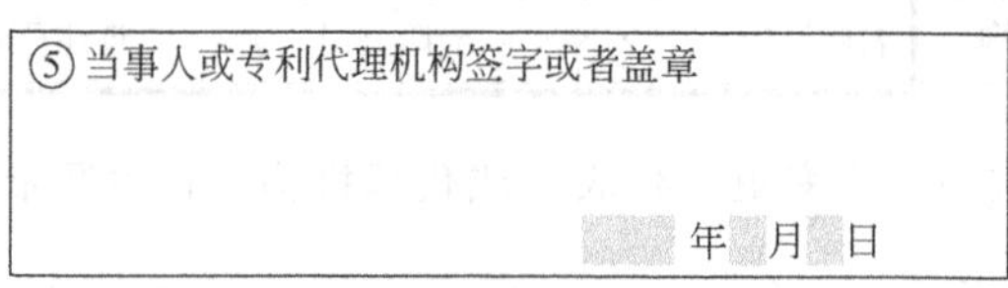
⑤当事人或专利代理机构签字或者盖章

年　月　日

图 5-7　申报书签字或者盖章栏示例

值得注意的是：

（1）对于纸件申请，单位盖章应使用单位公章。若使用合同专用章或财务专用章，则不合格，国家知识产权局会发出视为未提出通知书。

（2）申请人（或专利权人）、代表人或者专利代理机构办理变更手续的，签字或者盖章应与案件中记载的一致；新权利人或者其委托的专利代理机构办理变更手续的，签字或者盖章应与证明文件或专利代理委托书中记载的一致。签字或者盖章不一致，无签字或者盖章、签字或者盖章不清晰，以及签字或者盖章非原迹的，国家知识产权局均会发出视为未提出通知书。

254 电子申请可以提交纸件形式的申报书吗？

不可以。对于电子申请，申请人应当提交电子形式的著录项目变更申报书。纸件形式提出著录项目变更请求的，国家知识产权局会以纸件形式向当事人发出视为未提出通知书，告知其以电子方式办理著录项目变更手续。若权利人不是电子申请用户，则需要注册为电子申请用户，再提交电子形式的申报书。

三、著录项目变更证明文件

255 证明文件必须是原件吗？

证明文件应为原件，证明文件是复印件的，应经过公证或者由出具证明文件的主管部门加盖公章。若原件已在国家知识产权局备案确认，则应在申报书中填写证明文件备案编号。在外国形成的证明文件是复印件的，还应当经过公证。

对于电子申请，可以提交证明文件原件的电子扫描件。

256 证明文件要写明申请号或专利号吗？

证明文件中应写明专利申请号或专利号，并应与案件记载的一致。但是身份证复印件、个人更改姓名的证明、企业更名证明、国籍证明、经常居所证明及费用减缓证明等文件除外。

值得注意的是，证明文件（尤其是转让证明）中若有专利申请或专利号单，建议将请求变更的专利申请号或专利号在证明文件中的序号在申报书中的附件清单处注明，或者在证明文件中注明，以简化审查流程、缩短审查周期，方便当事人尽快完成变更手续。

257 证明文件还需要注意什么？

（1）证明文件一般应由主管部门盖章或由当事人签字或者盖章。

（2）提交的各种证明文件中，除应写明申请号（或专利号）外，还应写明发明创造名称和权利人姓名或者名称。

（3）证明文件的具体要求，因请求变更的事项不同而不同，对于发明人变更、权利转移、权利人姓名/名称变更、专利代理事项变更等不同变更类型需要提交的证明文件，详见本章后续其他小节的介绍。

四、实务问题解答

258 需要缴纳多少变更费？

请求变更发明人和/或申请人（或专利权人）的，应当缴纳著录事项变更费

200 元，请求变更专利代理机构和/或专利代理师、代表人、联系人、地址、国籍、证件号码等其他事项的，无须缴纳变更费，见表 5-2。

表 5-2　变更费用

变更项目	费用
发明人和/或申请人（或专利权人）①	200 元
专利代理机构和/或专利代理师、代表人、联系人、地址、国籍、证件号码等的变更	无须缴费

注：①发明人、申请人（专利权人）排名顺序的变更也需要缴纳变更费。

值得注意的是，变更费是指一件专利申请每次每项请求变更的费用。针对一项专利申请或专利，申请人在一次变更手续中对同一著录项目提出连续变更，视为一次变更，可以只缴纳变更费 200 元。关于连续变更，详见本章第四节相关内容。

案例 5-4：

申请人同一天提交了两份著录项目变更申报书，一份申报书请求将申请人由甲公司更名为乙公司，另一份申报书请求将专利申请由乙公司转移给丙公司，上述同一天针对专利申请人的连续变更，视为一次申请人变更，只需要缴纳变更费 200 元。若同时变更发明人，申请人也只需要缴纳变更费 200 元。

259 变更费需要在什么时间缴纳？

变更费应当自提出变更请求之日起 1 个月内缴纳，如果期满未缴纳或者未缴足，则视为未提出变更请求。申请人若要继续办理变更手续，则需要重新提交申报书，缴纳变更费。

若当事人想要尽快完成变更手续，建议提交申报书的同时缴纳变更费。

260 变更手续不合格怎么办？

变更手续不合格，国家知识产权局会发出视为未提出通知书，若继续办理变更手续，当事人则需要重新提交申报书，克服通知书中指出的缺陷。例如，若申报书填写有误，则应按照通知书的要求正确、完整填写变更事项；若证明文件不合格，则需要补交合格的证明文件；若未缴纳变更费，则需要补缴变更费。

值得注意的是，应重新提交申报书以启动审查程序，且申报书中的所有变更内容需要完整、准确填写。已经提交的合格的证明文件，国家知识产权局仍予以认可。已经缴纳的变更费依然有效，无须重复缴纳。若不再办理变更手续，则无须答复视为未提出通知书。

案例 5-5：

某专利提交变更请求，申报书中填写了专利权人名称变更、增加联系人、解除委托专利代理机构等变更事项，同时提交了工商部门出具的准予变更登记通知书和企业营业执照复印件、解除委托关系声明，并缴纳了变更费。该变更手续证明文件合格，但是因申报书中填写的变更前专利代理机构名称与案件记载的不一致，国家知识产权局发出了视为未提出通知书。

当事人若继续办理变更手续，只需要再次提交正确的申报书即可，此前提交的合格的证明文件无须重复提交，也无须重复缴纳变更费。但是当事人再次提交的申报书仅填写了解除专利代理机构的变更事项，仍不合格，申报书应将权利人名称变更、增加联系人及解除委托专利代理机构的全部变更事项填写完整。

261 变更手续什么时候生效？

变更手续自国家知识产权局发出手续合格通知书之日起生效。专利申请权（或专利权）的转移自登记日起生效，登记日也就是手续合格通知书的发文日。发文日在手续合格通知书的右上角。变更手续生效前，国家知识产权局发出的通知书以及已进入专利公布或公告准备的有关事项，仍以变更前为准。

262 诚信原则对著录项目变更手续有什么要求吗？

2021 年 6 月 1 日施行的《专利法》第 20 条规定，“申请专利和行使专利权应当遵循诚实信用原则”。2021 年 3 月 11 日，《国家知识产权局发布〈关于规范申请专利行为的办法〉的公告》（第 411 号）（以下简称“局 411 号公告”）指出，要坚决打击违背专利法立法宗旨、违反诚实信用原则的各类非正常申请专利行为，根据“局 411 号公告”第 2 条规定，“不以实施专利技术、设计或其他正当目的倒买倒卖专利申请权或专利权，或者虚假变更发明人、设计人的”行为属于非正常专利申请行为。当事人应遵守诚实信用原则，据实提出著录项目变更请求，杜绝虚假变更。

第二节 权利转移

一、权利转移概述

263 什么是权利转移？

专利申请或专利权转移（以下简称“权利转移”），是指专利申请人或专利权人主体发生变更，包括申请人（或专利权人）全部变更、部分变更，以及申请人（或专利权人）增加或减少等情况。例如，申请人（或专利权人）由甲变更为乙，或者由甲、乙、丙变更为乙、丙、丁，或者甲变更为甲、乙，或者甲、乙变更为甲等。

权利转移主要包括以下几种情形：

（1）转让或赠与；

（2）权属纠纷；

（3）涉外转让（或赠与）；

（4）单位合并、分立、注销或者改变组织形式；

（5）继承；

（6）拍卖。

264 权利转移需要哪些手续和流程？

权利转移需要提交著录项目变更申报书、证明文件并缴纳200元变更费，若手续合格则会发出手续合格通知书，若不合格则会发出视为未提出通知书，如图5-8所示。

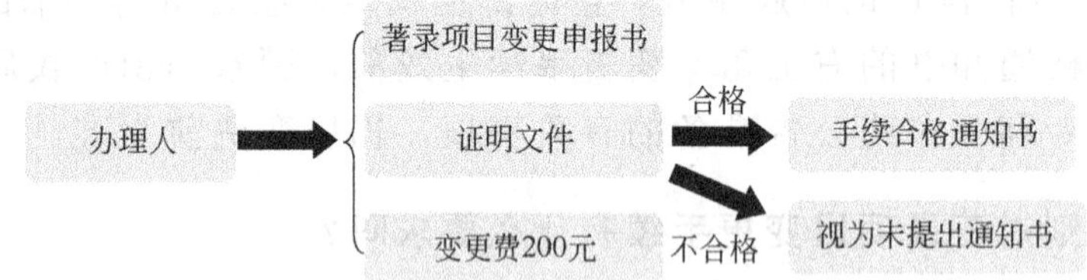

图5-8 办理权利转移手续及流程示意

二、著录项目变更申报书

265 申报书中的变更项目怎么填？

变更项目填写需要：

（1）勾选变更类型“转移”；

（2）填写代表人标记；

（3）准确填写变更前的申请人（或专利权人）姓名或名称；

（4）准确填写变更后的申请人（或专利权人）姓名或名称、国籍、证件号码、地址和邮编等信息，如图5-9所示。

值得注意的是：

（1）变更前的申请人（或专利权人）姓名或名称要与案件记载完全一致，如有多个申请人（或专利权人），需要填写变更前所有申请人（或专利权人）姓名或名称；

（2）变更后的申请人（或专利权人）姓名或名称要与证明文件的完全一致，如有多个申请人（或专利权人），则要全部填写完整；

（3）变更后申请人（或专利权人）的证件号码，如果申请人（或专利权人）是单位，建议填写18位统一社会信用代码；

（4）变更后申请人（或专利权人）的地址应符合邮件能够迅速、准确投递的要求，具体到街道门牌号码，详细准确。

	☒ 转移 申请人 1 姓名或名称	××××××印刷有限责任公司	×××××包装装潢有限公司
	申请人 1 变更类型	转移	转移
	申请人 1 类型		工矿企业
	申请人 1 国籍或注册国家(地区)		中国
	申请人 1 证件类型		统一社会信用代码
申请人或者专利权人	申请人 1 统一社会信用代码或居民身份证件号码		9113100277×××××
	申请人 1 经常居所		中国
	申请人 1 省份		河北省
	申请人 1 城市		廊坊市
	申请人 1 地址		河北省廊坊市×××××××××
	申请人 1 邮编		065000
	申请人 1 是否代表人标志	是	是

图 5-9 权利转移变更项目填写示意

266 变更类型填写应注意什么？

权利转移，变更类型请务必勾选“转移”。关于变更类型的解答详见本章问题 250。

案例 5-6：

某件专利由 1 个专利权人转让给 3 个专利权人，变更类型明显应为“转移”，但是其变更类型勾选的“其他”（图 5-10），不合格，国家知识产权局发出视为未提出通知书，告知当事人申报书中的变更类型填写错误，应填写“转移”，当事人需要重新提交变更申报书。

☒其他 申请人 1 姓名或名称	×××× 有限公司	×××× 有限公司
申请人 1 申请人类型	工矿企业	工矿企业
申请人 1 居民身份证件号码或统一社会信用代码/组织机构代码	913508 ××××	913508 ××××
申请人 1 国籍或注册国家（地区）	中国	中国
申请人 1 省份	福建省	福建省
申请人 1 城市	龙岩市	龙岩市
申请人 1 邮编	364300	364300
申请人 1 地址	武平县 ×××× 兴林路××	武平县 ×××× 兴林路××
申请人 1 经常居所	中国	中国
申请人 2 是否代表人		否
☒其他 申请人 2 姓名或名称		×××× 有限公司
申请人 2 申请人类型		工矿企业

图 5-10 变更类型填写错误示例

值得注意的是，虽然继承是权利转移的一种类型，但是其变更类型必须勾选“继承”，不能勾选“转移”，因为变更事务公告不同。

267 如何确定代表人？

申请人有两人以上且未委托专利代理机构的，一般以第一署名申请人为代表人，但有两个例外：①如果申请人另有声明，则声明的申请人为代表人；②如果是电子申请，申请人有两人以上且未委托专利代理机构的，以提交电子申请的电子申请用户为代表人。

注意代表人应当是申请人之一。代表人可以代表全体申请人办理其他手续，但是委托专利代理、转让专利申请权、优先权或者专利权、撤回专利申请、撤回优先权要求、放弃专利权等手续，应当由全体申请人（或专利权人）签字或者盖章。

268 权利转移还要写联系人吗？

若变更后申请人（或专利权人）是单位，且未委托专利代理机构的，应当填写联系人，联系人是代替该单位接收国家知识产权局所发信函的收件人，联系人应当是本单位的工作人员。

若变更后申请人（或专利权人）是个人，则不需要填写联系人，若需要由他人代收国家知识产权局所发信函的，也可以填写联系人。

请注意联系人只能填写一人。填写联系人的，请注意完整填写联系人的姓名、通信地址、邮政编码和电话号码。

269 权利转移“变更后代表人或代理机构”栏怎么填？

对于电子申请，变更后若未委托专利代理机构，则应填写变更后的申请人（或专利权人）的电子申请用户代码和名称；若委托了专利代理机构，则应填写变更后的专利代理机构的电子申请用户代码和名称。

对于权利转移，“变更后代表人或代理机构”栏填写错误是实践中非常常见的问题，尤其是当事人不再委托专利代理机构以后，对于此栏的填写和《专利审查指南》第一部分第一章6.7.1.4中规定的“办理著录项目变更手续的人”经常混淆。因此，有必要特别提醒注意，此栏应填写“变更后”而非“变更前”的电子申请用户代码和名称。“变更后代表人或代理机构”栏与办理著录项目变更手续的人不同，后者体现在签字或者盖章栏，签字或者盖章栏由“变更前”或“变更后”的当事人签字或者盖章均可，但是“变更后代表人或代理机构”栏必须填写“变更后”的电子申请用户代码和名称，因为此栏的填写关系到后续该专利（申请）所有通知书的发送、接收及所有文件的提交权限。详细解答参见本章第一节问题251。

对于纸件申请，无须填写。

案例5-7：

某件专利由一家公司转移给一个个人“李××”，同时增加联系人，案件记载有专利代理机构，变更后个人不再委托专利代理机构，其“变更后代表人或代理机构”栏填写了变更前的专利代理机构的代码和名称（图 5-11），不合格。当事人应重新提交变更申报书，将“变更后代表人或代理机构”栏修改为变更后的申请人（或专利权人）“李××”的电子申请用户代码和名称。

申请人	申请人 1 是否代表人	是	是
	☒转移 申请人 1 姓名或名称	××××××股份有限公司	李××
	申请人 1 申请人类型	工矿企业	个人
	申请人 1 居民身份证件号码或统一社会信用代码/组织机构代码	91130 ×××××	11010 ×××××
	申请人 1 国籍或注册国家（地区）	中国	中国
	申请人 1 省份	河北省	北京市
	申请人 1 城市	石家庄市	海淀区
	申请人 1 邮编	050000	100089
	申请人 1 地址	高 ×××××　75 号	清华园　×××××　单元 701
联系人	联系人姓名		李××
	联系人邮编		100089
	联系人地址		北京市海淀区×××××××　单元 701
代理机构	代理机构名称	×××××　商标事务所有限公司	
	代理机构代码	×××	
代理人			
变更后代表人或代理机构	名称　×××××　商标事务所有限公司　证件号码 ×××		

图 5-11　权利转移“变更后代表人或代理机构”填写错误示例

270 申报书应该由谁签字或盖章？

权利转移，由变更前或者变更后的专利权人或者其委托的专利代理机构签字或者盖章均可。也就是说，权利转移由转让方或受让方提交均可，如果委托了专利代理机构，则由专利代理机构盖章；若未委托专利代理机构，则由申请人（或专利权人）签字或盖章，若有多个申请人（或专利权人），则由代表人签字或盖章。

案例 5-8：

某件专利的专利权由甲、乙转让给丙、丁。变更前的专利权人为甲、乙，其中乙是代表人，若委托了专利代理机构 A，则申报书可以由专利代理机构 A 盖章，若未委托专利代理机构，则申报书可以由代表人乙签字或盖章；变更后的专利权人为丙、丁，其中丁是代表人，若委托了专利代理机构 B，则申报书可以由专利代理机构 B 盖章，若未委托专利代理机构，则申报书可以由代表人丁签字或盖章。

三、权利转移证明文件

271 权利转移应提交什么样的证明文件？

权利转移的情形比较复杂，有因专利申请权（或专利权）的转让或赠与发生权利转移的，也有因权属纠纷、继承、拍卖发生权利转移的，也有因单位合并、分立、注销或者改变组织形式而提出变更请求的。实践中，权利转移的证明文件多种多样，见表5-3。

表5-3 权利转移证明文件汇总

权利转移类型	具体情形	所需证明文件
转让或者赠与	转让或者赠与	转让或者赠与合同，必要时还应当提交主体资格证明
涉外转让（赠与）	对于发明或者实用新型专利申请（或专利），转让方是中国内地的个人或者单位，受让方是外国人、外国企业或者外国其他组织的	1.《技术出口许可证》或者《自由出口技术合同登记证书》以及与该许可证或登记证书相对应的《技术出口合同数据表》； 2.双方签字或者盖章的转让合同
权属纠纷	协商解决	全体当事人签字或者盖章的权利转移协议书
	地方知识产权局管理部门调解解决	该部门出具的调解书
	人民法院调解或判决确定	生效的人民法院调解书或者判决书
	仲裁机构调解或裁决确定	仲裁调解书或者仲裁裁决书
企业合并、分立	吸收合并、新设合并	工商行政管理部门出具的证明文件
	新设分立、派生分立	
企业注销	公司依法破产	转让合同及工商行政管理部门出具的企业注销或者破产清算组出具的写明详细财产分配情况的证明文件
	被吊销营业执照	
	法院依法予以解散的	
	法律、行政法规规定的其他解散情形	
改变组织形式	企业改变组织形式	工商行政管理部门出具的证明文件
	事业单位改制为企业	上级主管部门作出的批示和变更后企业的营业执照复印件
继承	自然人死亡	经公证的当事人是唯一合法继承人或者当事人已包括全部法定继承人的证明文件
拍卖	通过拍卖获得	拍卖人出具的具有法律效力的证明文件
	人民法院委托拍卖被执行人财产的	已生效的判决书及裁定书

272 权利转让或赠与应提交什么证明文件？

一般应当提交转让或者赠与合同。如果合同是由单位订立的，应当加盖单位公章或者合同专用章。如果合同是个人订立的，应由本人签字或者盖章。有多个申请人（或专利权人）的，还应当提交全体申请人（或专利权人）同意转让或者赠与的证明材料。

实践中当事人可以提交转让或赠与证明。请注意，转让或赠与证明中应包含以下信息：

（1）转让的专利申请或专利明确，如写明申请号（或专利号）；

（2）所有转让方（或赠与方）的名称及其签字或盖章；

（3）所有受让方（或受赠方）的名称及其签字或盖章；

（4）双方当事人关于专利申请权或者专利权转让或赠与的意思表示；

（5）其他必要信息。

转让证明示例如图 5-12 所示。

转让证明

经双方协商，当事人同意将申请号或专利号：______________的专利申请或专利，由____________（此处写：变更前的全部申请人或专利权人的姓名或名称）转让给____________（此处写：变更后的全部申请人或专利权人的姓名或名称）。

（全部） 转让人（签字或盖章）：

（全部） 受让人（签字或盖章）：

年 月 日

图 5-12 转让证明示例

273 转让证明中常见的错误有哪些？

实践中转让证明常见的错误主要有：

（1）申请号或专利号、发明名称与案件记载的不一致；

（2）转让方或受让方的姓名或名称与案件记载或申报书中填写的不一致；

（3）转让方或受让方未全部签字或盖章；

（4）转让方或受让方的签字或盖章与其名称不一致等。

建议当事人在提交证明文件时一定要注意信息的准确性和一致性，请务必仔细核对无误后再提交证明，否则手续不合格，国家知识产权局将发出视为未提出通知书。

案例 5-9：

某件专利由某大学转让给一个个人，转让合同中转让方“某大学”公章处为手写名称，未加盖公章，国家知识产权局发出视为未提出通知书。

274 多件专利申请或专利转移提交转让证明应注意什么？

如果多件专利申请或专利转移，转让证明中可以附专利申请或专利号单，同时建议在申报书中“附件清单”处或提交意见陈述书标注本专利的相关序号（图5-13），或在号单中将本专利的申请号或专利号用醒目的方式进行标识，以节约审查资源，提升效率，缩短办理时限，尽快变更成功。

> 您好！我所2021年12月14日—2021年12月20日期间提交的著录项目变更案件，在证明文件中标记为：序号536。

图 5-13　标注专利号单中本专利序号的意见陈述书示例

若申请人（或专利权人）有多件专利申请或专利均需要提交著录项目变更证明文件的，也可以将证明文件送至国家知识产权局备案，备案后在申报书中的“附件清单”一栏仅填写备案编号即可，无须再重复提交证明文件，便捷高效。

275 什么情形需要提交主体资格证明？

如果存在以下情形，需要提交主体资格证明：

（1）有当事人对专利申请权（或专利权）转让或者赠与有异议的；

（2）当事人办理专利申请权（或专利权）转移手续，多次提交的证明文件相互矛盾的；

（3）转让或者赠与协议中申请人或专利权人的签字或者盖章与案件中记载的签字或者盖章不一致的。

上述情形当事人提交主体资格证明，可以辅助判断转让合同是否是当事人的真实意思表示，进而可以有效降低因仿冒签名形成的虚假证明文件而变更合格的可能性，避免非真正权利人通过伪造他人签字或者盖章，擅自转让他人专利申请权（或专利权）的情况发生，更好地保护真正权利人的合法权益。[1]

如存在上述情形，为了尽快顺利完成变更手续，建议当事人及时提交主体资格证明，例如，个人可以提交身份证复印件，企业可以提交营业执照复印件，事业单位可以提交法人证书复印件等。

案例 5-10：

某专利 2021 年 7 月 1 日由代理机构甲提交了请求将专利权由 A 转移给 B 的申报书，同时提交了 A 和 B 盖章的转让合同、甲和 B 盖章的委托书；2021 年 7 月 5 日，另一家代理机构乙提交请求将专利权由 A 转移给 C 的申报书，同时提交了 A 和 C 盖章的转让合同、乙和 C 盖章的委托书。该专利权转移，前后两次提交的证明文件相互矛盾，受让方 B 和 C 不一致（图 5-14），国家知识产权局发出视为未提出通知书，要求当事人提交主体资格证明。

---

[1] 2019 年《专利审查指南》修改解读[EB/OL].（2019-10-30）[2023-04-26]. https://www.cnipa.gov.cn/art/2019/10/30/art_66_11489.html.

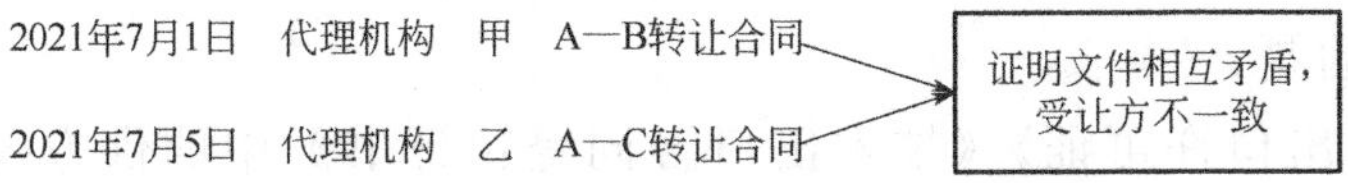

图 5-14 两次变更手续内容矛盾案例示意

276 转让给外国人、外国企业或者外国组织需要提交什么证明文件？

根据《专利法》第 10 条第 2 款的规定，“中国单位或者个人向外国人、外国企业或者外国其他组织转让专利申请权或者专利权的，应当依照有关法律、行政法规的规定办理手续”。对于发明或者实用新型专利申请（或专利），转让方是中国内地的个人或者单位，受让方是外国人、外国企业或者外国其他组织的，应当出具国务院商务主管部门颁发的《技术出口许可证》或者《自由出口技术合同登记证书》，或者地方商务主管部门颁发的《自由出口技术合同登记证书》，以及双方签字或者盖章的转让合同。实践中存在转让方或受让方是多个申请人（或专利权人）的情形，判断是否需要提交《技术出口许可证》或者《自由出口技术合同登记证书》的情形比较复杂，见表 5-4。

表 5-4 涉外转让情形

转让方	受让方	是否提交许可证或登记证
A（中国内地）	B（境外）	是
A（中国内地）	A（中国内地）+B（境外）	是
A（中国内地）	B（中国内地）+C（境外）	是
A（中国内地）+B（境外）	B（境外）	是
A（中国内地）+B（境外）	C（境外）	是
A（中国内地）+B（境外）	A（中国内地）+C（境外）	是
A（中国内地）+B（境外）	C（中国内地）+D（境外）	是
A（中国内地）+B（境外）	C（中国内地）+B（境外）	否

注：表中“许可证”是指《技术出口许可证》，“登记证”是指《自由出口技术合同登记证书》。表格中为实践中常见的转让方或受让方为 1 个或 2 个申请人（或专利权人）的情形梳理，若转让方或受让方为 2 个以上申请人（或专利权人）时，可以参考上述情形进行判断。

根据技术类型的不同，需要提交的证明文件也不同，禁止类技术不得转让，限制类技术及自由类技术的证明文件要求见表 5-5。

表 5-5 涉外转让证明文件

技术类型	证明文件
限制类技术	《技术出口许可证》和《技术出口合同数据表》以及双方签字或者盖章的转让合同
自由类技术	《技术出口合同登记证书》和《技术出口合同数据表》以及双方签字或者盖章的转让合同

值得注意的是：

（1）《技术出口许可证》《技术出口合同登记证书》中的供方公司名称应与申报书中填写的变更前申请人（或专利权人）名称一致，受方公司名称应与申报书中填写的变更后申请人（或专利权人）名称一致，如图5-15所示。

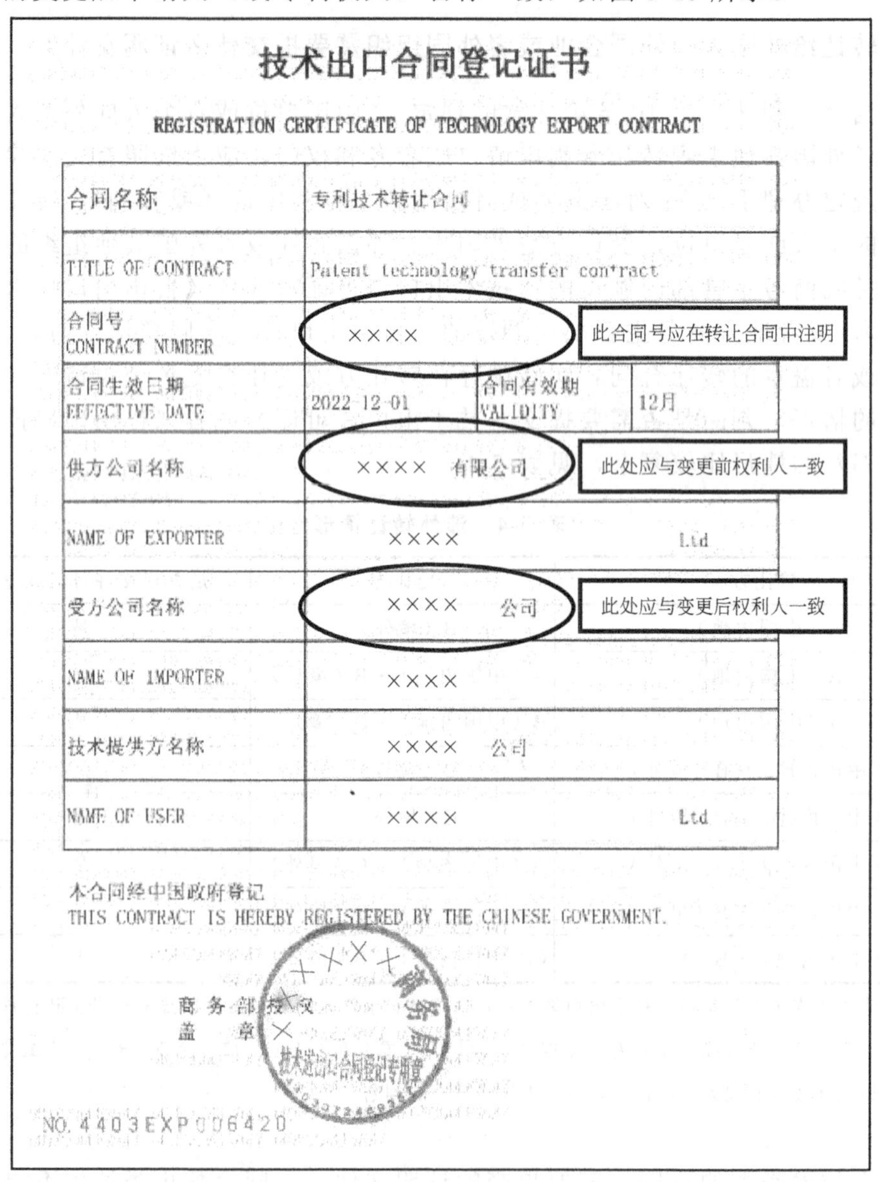

技术出口合同登记证书

REGISTRATION CERTIFICATE OF TECHNOLOGY EXPORT CONTRACT

合同名称	专利技术转让合同		
TITLE OF CONTRACT	Patent technology transfer contract		
合同号 CONTRACT NUMBER	××××		
合同生效日期 EFFECTIVE DATE	2022-12-01	合同有效期 VALIDITY	12月
供方公司名称	××××　有限公司		
NAME OF EXPORTER	××××　　　Ltd		
受方公司名称	××××　公司		
NAME OF IMPORTER	××××		
技术提供方名称	××××　公司		
NAME OF USER	××××　　　Ltd		

本合同经中国政府登记

THIS CONTRACT IS HEREBY REGISTERED BY THE CHINESE GOVERNMENT.

商务部授权

盖　　章

NO. 4403EXP006420

图5-15　《技术出口合同登记证书》示例

（2）转让证明中应记载《技术出口许可证》《技术出口合同登记证书》中的“合同号”或者《技术出口合同数据表》中应注明专利号，以表明商务主管部门批准转让的是该专利（申请），如图5-16、图5-17所示。

（3）《技术出口合同数据表》若附有专利清单，专利清单则应由商务主管部门加盖公章，如图5-16所示。

技术出口合同数据表

合同号	××　01		
合同名称	中文	专利技术转让合同	
	外文	Patent technology transfer contract	
供方	代码	91440300664151××××	
	中文	××××　有限公司	
	外文	××××　Ltd	
	省市	深圳市	
技术提供方	中文	××××　有限公司	
	外文	Ltd	
受方	国别		
	中文	××××　有限公司	
	外文	××××　Ltd.	
合同生效日期	2022-12-01	合同有效期	12月
登记日期		登记号/许可证号	
专利清单	附后		
支付方式	一次总付	币种	美元
		××　美元)	20
合同总价	20(万美元)	技术费	20(万美元)
		设备费	

此处应注明申请号或专利号，或者后附专利清单，专利清单应由商务主管部门加盖公章

申请单位公章　　　　商务主管部门公章

图 5-16 《技术出口合同数据表》示例

专利申请权/专利权转让合同

转让证明中应注明《技术出口合同登记证书》中的合同号

兹有转让方的专利申请/专利：

	案件文号	申请号	申请日	申请人	中文发明名称
1	NW22001BG	2019217×××	2019-10-22	×××××科技有限公司	×××V型送风口
2	NW22002BG	2018215×××	2018-09-21	×××××科技有限公司	×××××××××线型送风管及线型送风管组
3	NW22003BG	2019211×××	2019-07-25	×××××科技有限公司	××××机构
4	NW22004BG	2019211×××	2019-07-25	×××××科技有限公司	×××连体式新风通道
5	NW22005BG	2019211×××	2019-07-25	×××××科技有限公司	×××××滤网快速更换结构
6	NW22006BG	2019212×××	2019-08-06	×××××科技有限公司	××××出风口
7	NW22007BG	2019213×××	2019-08-19	×××××科技有限公司	×××××收边框
8	NW22008BG	2019106×××	2019-07-25	×××××科技有限公司	××××机构
9	NW22009BG	2019106×××	2019-07-25	×××××科技有限公司	×××连体式新风通道
10	NW22010BG	2019106×××	2019-07-25	×××××科技有限公司	×××××滤网快速更换结构
11	NW22011BG	2019107×××	2019-08-06	×××××科技有限公司	××××出风口
12	NW22012BG	2019107×××	2019-08-19	×××××科技有限公司	×××××收边框
13	NW22013BG	2019110×××	2019-10-22	×××××科技有限公司	×××V型送风口

经双方协商，原申请人/专利权人 愿将上述专利申请/专利的全部权益转让给受让方

'×××科技股份有限公司'。

转让方：（签章）

×××××科技有限公司

2022年12月01日

受让方：（签章）

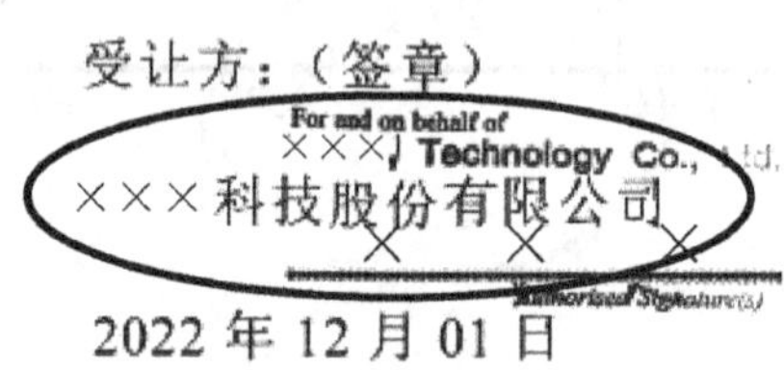

×××科技股份有限公司

2022年12月01日

图5-17　转让专利申请权/专利权转让证明示例

案例5-11：

某件专利申请由中国内地的公司转让给×国的公司（图5-18），提交了申报书、《技术出口合同登记证书》《技术出口合同数据表》和转让证明，《技术出口合同登记证书》《技术出口合同数据表》中受让方名称“×国××公司”与申报书中变更后专利权人名称“××公司”不一致，而且转让证明中未注明合同号，《技术出口合同数据表》中也无专利号，证明文件不合格，国家知识产权局发出视为未提出通知书。

申请人	☒转移 申请人1姓名或名称	×××有限公司	××公司
	申请人1省份	广东省	
	申请人1城市	深圳市	
	申请人1地址	南山区 ×××××× 号南山智园××	俄亥 ×××××× 恩道×××
	申请人1邮编	518055	
	申请人1居民身份证件号码或统一社会信用代码/组织机构代码	914××××××	
	申请人1是否代表人	是	是
	申请人1申请人类型	工矿企业	工矿企业
	申请人1国籍或注册国家（地区）	中国	×国

图 5-18 涉外转让申报书示意

277 转让给中国香港、澳门或者台湾地区的个人、企业或者其他组织需要提交什么证明文件？

对于发明或者实用新型专利申请（或专利），转让方是中国内地的个人或者单位，转让给中国香港、澳门或者台湾地区的个人、企业或者其他组织的，需要提交国务院商务主管部门颁发的《技术出口许可证》或者《自由出口技术合同登记证书》，或者地方商务主管部门颁发的《自由出口技术合同登记证书》，以及双方签字或者盖章的转让合同。

278 因权属纠纷而转移应提交什么证明文件？

因权属纠纷解决的途径不同，证明文件也不同，具体文件类型及要求，见表 5-6。

表 5-6 权属纠纷权利转移证明文件

具体情形	所需证明文件	要求
协商解决	全体当事人签字或者盖章的权利转移协议书	协议书中应明确变更前、变更后的内容
地方知识产权局管理部门调解解决	该部门出具的调解书	调解书中应当明确权利的最终归属，并有双方当事人的签字或者盖章或已生效的证明，同时应加盖地方管理专利工作的部门的公章
人民法院调解或判决确定	生效的人民法院调解书或者判决书	调解书中应明确权利的最终归属，调解书或判决书应已生效
仲裁机构调解或裁决确定	仲裁调解书或者仲裁裁决书	调解书应当明确权利的最终归属并有双方当事人的签字或者盖章或已生效的证明，并加盖仲裁委员会印章。裁决书应当明确权利的最终归属，并加盖仲裁委员会印章

实践中较为常见的证明文件即人民法院或仲裁机构出具的调解书，或人民法院出具的判决书，下面详细介绍这些证明文件需要注意的问题。

279 权属纠纷由人民法院调解解决应提交什么证明文件？

专利申请权或专利权归属纠纷通过人民法院调解解决的，可以提交经各方当事人签字或者盖章的调解协议或人民法院出具的调解书。

首先，可以提交经各方当事人签字或者盖章的调解协议。根据《中华人民共和国民事诉讼法》（以下简称《民事诉讼法》）第101条的规定，“下列案件调解达成协议，人民法院可以不制作调解书：（一）调解和好的离婚案件；（二）调解维持收养关系的案件；（三）能够即时履行的案件；（四）其他不需要制作调解书的案件。对于不需要制作调解书的协议，应当记入笔录，由双方当事人、审判人员、书记员签名或者盖章后，即具有法律效力”。2022年4月10日起施行的《最高人民法院关于适用〈中华人民共和国民事诉讼法〉的解释》第151条规定，“根据民事诉讼法第一百零一条第一款第四项规定，当事人各方同意在调解协议上签名或者盖章后即发生法律效力的，经人民法院审查确认后，应当记入笔录或者将调解协议附卷，并由当事人、审判人员、书记员签名或者盖章后即具有法律效力。前款规定情形，当事人请求制作调解书的，人民法院审查确认后可以制作调解书送交当事人。当事人拒收调解书的，不影响调解协议的效力”。因此，如果权属纠纷是由人民法院调解解决的，当事人各方同意在调解协议上签名或盖章后即发生法律效力的，当事人可以提交经各方当事人签字或者盖章的调解协议。这种情形，当事人无须再提交调解书，也无须提交调解书的生效证明。

其次，可以提交人民法院出具的调解书，必要时需要提交调解书已签收生效的证明。根据《民事诉讼法》第100条第3款的规定，“调解书经双方当事人签收后，即具有法律效力”。根据《最高人民法院关于适用〈中华人民共和国民事诉讼法〉的解释》第149条的规定，“调解书需经当事人签收后才发生法律效力的，应当以最后收到调解书的当事人签收的日期为调解书生效日期”。实践中值得注意的是，如果调解书需经各方当事人签收后生效，则还应当提交调解书经签收生效的证明文件。

案例5-12：

某专利当事人提交的法院民事调解书，调解书结尾处注明“本调解书经双方当事人签收后，即具有法律效力”（图5-19）。后当事人补交了法院的送达回证（图5-20），但是无受送达人的签名或盖章，证明文件不合格，国家知识产权局发出了视为未提出通知书。

请注意，当事人提交的送达回证上应有受送达人的签字或盖章。除了人民法院的送达回证，当事人也可以提交法院出具的生效证明（图5-21），或者由双方当事人在调解书中签字或盖章。

二、双方就上述专利权的权属以及与之相关的所有权益不再存在其他争议；

三、原告为本案支出的诉讼费用由其自行承担。

上述协议，不违反法律规定，本院予以确认。

本调解书经双方当事人签收后，即具有法律效力。

审　判　长　　××

审　判　员　　××

代理审判员　　×××

二〇一×年×月×日

本件与原本核对无异

书　记　员　　×××

图 5-19　需要提交生效证明的人民法院的调解书示例

××知识产权法院

送 达 回 证

案　　由	专利申请权权属纠纷	案号	（2015）×知民初字第××××号
送达文书名称和件数	×××的民事调解书送达回证		
受送达人	×××××××（××）有限公司		
送达地址	广东省东莞市东城区×××××××××××××××××，××××		
受送达人签名或盖章	年　月　日		
代收人及代收理由	年　月　日		
备　　考	签收后请速将此送达回证寄回我院：××××××××××××号，××收。×-×××××××××。		

填发人：××　　　　送达人：邮寄

图 5-20　人民法院送达回证示例

××××××中级人民法院

案件生效证明书

本院（2016）××民初××号民事调解书于2017年5月24日送达各方当事人，本院确认该调解书已发生法律效力。

特此证明。

主审法官：××

书 记 员：××

2017年6月30日

图 5-21　法院出具的案件生效证明示例

实践中，有的调解书结尾处注明“本调解协议经双方当事人在笔录上签名或者盖章，本院予以确认后即具有法律效力”，则该调解书是合格的证明文件，无须再提交该调解书的生效证明，如图 5-22 所示。

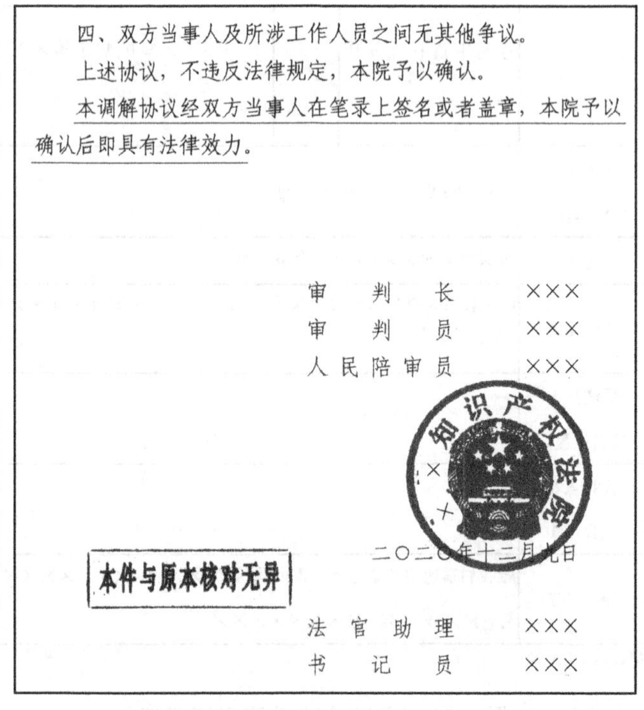

四、双方当事人及所涉工作人员之间无其他争议。

上述协议，不违反法律规定，本院予以确认。

本调解协议经双方当事人在笔录上签名或者盖章，本院予以确认后即具有法律效力。

审 判 长　×××

审 判 员　×××

人民陪审员　×××

二〇二〇年十二月九日

本件与原本核对无异

法官助理　×××

书 记 员　×××

图 5-22　无须提交签收证明的人民法院调解书示例

280 提交仲裁机构出具的调解书应注意什么？

提交仲裁机构出具的调解书应当注意：

（1）写明专利申请号或专利号；

（2）明确该专利申请或专利权的最终归属；

（2）有双方当事人的签字或者盖章或同时提交调解书已签收生效的证明；

（3）加盖仲裁委员会印章。

案例 5-13：

某专利提交变更请求，专利权由甲公司转移给乙公司，并在申报书的附件清单处填写了已备案的证明文件备案号，已备案的证明文件为“××仲裁委员会”出具的调解书，调解书中明确了该专利的归属，调解书结尾处明确写明“本调解书与裁决书具有同等的法律效力，自各方当事人签收之日起生效”。但是，该调解书中并无双方当事人盖章，也未提交调解书签收生效的证明，因此不合格，国家知识产权局发出了视为未提出通知书。后当事人补充证明文件备案，补交了“××仲裁委员会”出具的双方当事人签收的送达回证（图 5-23、图 5-24），证明该调解书已经双方当事人签收生效，证明文件合格。

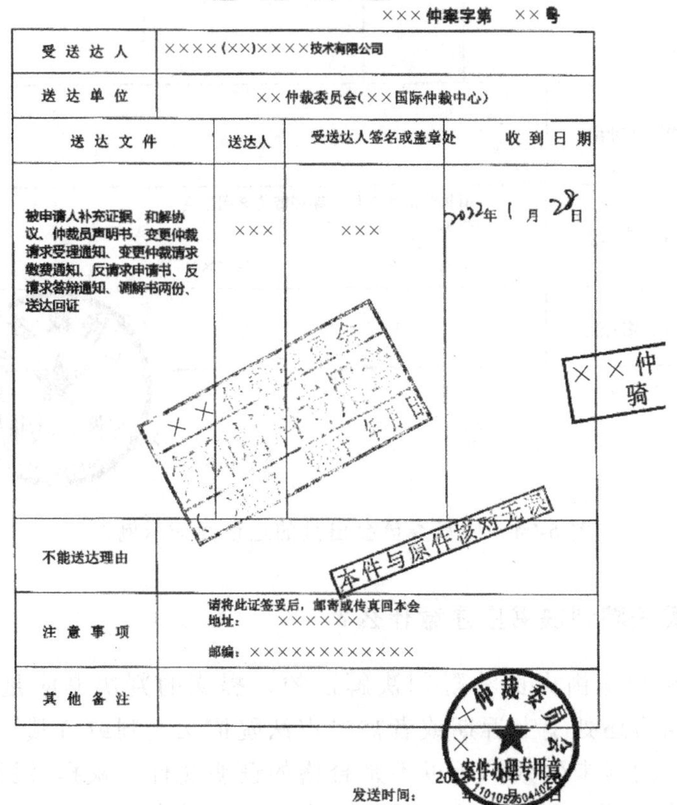

××仲裁委员会(××国际仲裁中心)

送 达 回 证

×××仲案字第 ××号

受送达人	××××(××)××××技术有限公司		
送达单位	××仲裁委员会(××国际仲裁中心)		
送达文件	送达人	受送达人签名或盖章处	收到日期
被申请人补充证据、和解协议、仲裁员声明书、变更仲裁请求受理通知、变更仲裁请求缴费通知、反请求申请书、反请求答辩通知、调解书两份、送达回证	×××	×××	2022年1月28日
不能送达理由			
注意事项	请将此证签妥后，邮寄或传真回本会 地址： ×××××× 邮编：×××××××××××		
其他备注			

本件与原件核对无误

××仲裁委员会 案件办理专用章

发送时间： 20 年 月 日

图 5-23 仲裁委员会出具的送达回证示例一

××仲裁委员会××国际仲裁中心）
送 达 回 证
×××仲案字第 ××号

受 送 达 人	××××（××）×××××× 技术有限公司		
送 达 单 位	×× 仲裁委员会（ ××国际仲裁中心）		
送 达 文 件	送达人	受送达人签名或盖章处	收 到 日 期
申请人补充证据、和解协议、仲裁员声明书、变更仲裁请求申请书、反请求缴费通知、变更仲裁请求答辩通知、调解书两份、送达回证	×××	××× ×××	2022年 1月28日 2022.1.28 裁委员会 缝 章
不能送达理由			
注 意 事 项	请将此证签妥后，邮寄或传真回本会 地址：×××××× 邮编：×××××××××××××××		
其 他 备 注			

××仲裁委员会 案件××专用章 1101052504402

发送时间：20 年 月 日

图 5-24 仲裁委员会出具的送达回证示例二

281 提交人民法院判决书应注意什么？

如果权属纠纷是由人民法院判决解决的，提交的判决书应是已生效的判决书。如果权属纠纷还处于上诉期或者被二审法院依法改判或者裁定撤销原审判决的一审判决书，因其未生效，所以不是合格的证明文件。根据《民事诉讼法》第10条的规定，在我国人民法院审理民事案件实行两审终审制度。根据《民事诉讼法》第158条的规定，“最高人民法院的判决、裁定，以及依法不准上诉或者超过上诉期没有上诉的判决、裁定，是发生法律效力的判决、裁定”。因此一般情况下，最高人民法院作出的判决书、二审法院作出的依法改判的判决书及超过上诉期没有上诉的一审法院的判决书等已生效的判决书是合格的证明文件。实践中需要通过以下审查程序来确认判决书的效力。

如果提交的人民法院判决书为一审法院判决的（一审法院为最高人民法院的除外），国家知识产权局会向其他当事人发出“收到人民法院判决书的通知书”（图 5-25），询问其他当事人是否提起上诉。

收到人民法院判决书的通知书

上述专利申请或专利，国家知识产权局于××年×月×日收到×××提交的××××××××人民法院的××××××××××号判决书，请当事人自收到本通知书之日起1个月内，答复国家知识产权局是否已向上级人民法院提出了上诉，如已上诉，请将上级人民法院出具的证明文件提交国家知识产权局。当事人逾期不答复或未提交上级人民法院出具的证明文件，人民法院的判决书视为发生法律效力。

图 5-25 收到人民法院判决书的通知书示例

根据《民事诉讼法》第 171 条和第 276 条的规定，国内民事诉讼的上诉期限为 15 日，涉外民事诉讼的上诉期限为 30 日。国家知识产权局会建立 1 个月的指定期限，并进行如下处理：

（1）如果当事人逾期未答复或明确答复不上诉的，国家知识产权局将根据该判决书予以审查；

（2）如果当事人答复已经提起上诉，还应当同时提交原审法院或上级人民法院出具的已经上诉的证明文件（如上诉案件受理通知书），则国家知识产权局会针对该著录项目变更请求发出视为未提出通知书；

（3）若当事人答复已经提起上诉，但未提交原审法院或上级人民法院出具的证明文件的，则前述 1 个月的指定期限届满后，国家知识产权局根据该判决书予以审查。

如果提交的人民法院判决书为二审法院判决的，若二审法院维持原一审法院判决，则国家知识产权局将依据原一审法院的判决书予以审查。若二审法院判决书依法改判的，国家知识产权局将依据二审法院的判决书予以审查。

如果提交的人民法院判决为最高人民法院作出的一审判决的，说明该判决已是终审判决，则国家知识产权局将根据最高人民法院的判决书予以审查。

282 因企业合并、分立而转移应提交什么证明文件？

企业因合并、分立而提出变更请求的，应提交工商行政管理部门出具的证明文件。证明文件中应包含合并、分立前后的详细情况，如图 5-26 所示。

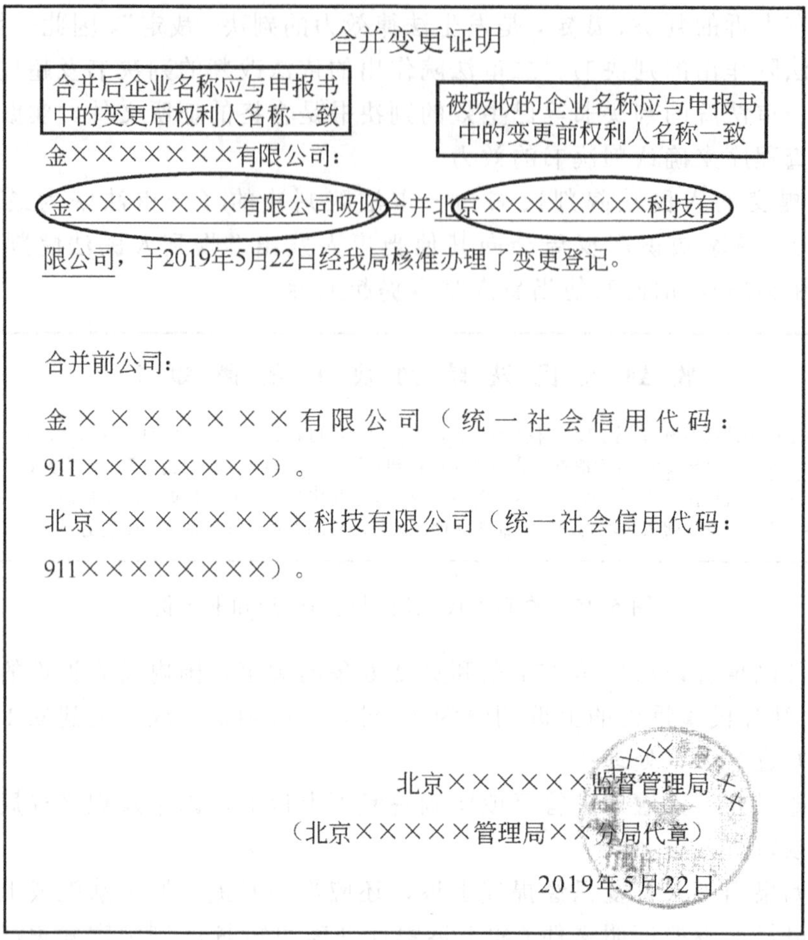

合并变更证明

合并后企业名称应与申报书中的变更后权利人名称一致

被吸收的企业名称应与申报书中的变更前权利人名称一致

金××××××××有限公司：

金××××××××有限公司吸收合并北京××××××××科技有限公司，于2019年5月22日经我局核准办理了变更登记。

合并前公司：

金××××××××有限公司（统一社会信用代码：911××××××××××）。

北京×××××××××科技有限公司（统一社会信用代码：911××××××××××）。

北京××××××监督管理局

（北京×××××管理局××分局代章）

2019年5月22日

图 5-26 工商行政管理部门出具的合并变更证明示例

案例 5-14：

某专利的专利权人甲被乙吸收合并，请求将专利权人由甲变更为乙，提交了甲乙双方盖章的吸收合并协议，证明文件不合格。根据《中华人民共和国公司法》第 173 条的规定："公司合并，应当由合并各方签订合并协议，并编制资产负债表及财产清单。公司应当自作出合并决议之日起十日内通知债权人，并于三十日内在报纸上公告。债权人自接到通知书之日起三十日内，未接到通知书的自公告之日起四十五日内，可以要求公司清偿债务或者提供相应的担保。"第 179 条第 1 款规定："公司合并或者分立，登记事项发生变更的，应当依法向公司登记机关办理变更登记；公司解散的，应当依法办理公司注销登记；设立新公司的，应当依法办理公司设立登记。"可见，公司合并的程序在双方签订吸收合并协议时并未完成，签订吸收合并协议只是一个中间环节，后续还要编制资产负债表和财产清单、通知债权人、刊登报纸公告、办理登记手续等。因此，企业合并，只提交双方签字或者盖章的吸收合并协议不合格，还是需要提交最终由工商行政管理部门出具的包含合并、分立前后详细情况的证明文件。后当事人提交了工商行政管理部门出具的证明（图 5-27），证明文件合格，国家知识产权局发出了手续合格通知书。

证 明

××××××××× 有限责任公司（统一社会信用代码：××××××××××）与 ××××× 板材有限责任公司（统一社会信用代码：××××××××××）实行吸收合并，合并后 ××××××××× 有限责任公司继续存在，注册登记事项不变，××××× 板材有限责任公司于 2021 年 12 月 24 日注销。

2021 年 12 月 24 日

图 5-27 工商行政管理部门出具的吸收合并证明示例

283 因注销而转移应提交什么证明文件？

企业因注销而提出变更请求的，应提交企业注销前签订的申请权或专利权转让合同，或者提交工商行政管理部门出具的企业注销的证明文件，以及企业注销前清算组出具的写明详细财产分配情况的证明文件。

近年来全国各地工商行政部门开始推行“简易注销”，实践中有很多企业进行了简易注销，但是由于简易注销不再要求清算报告，企业注销前未及时处置财产，未明确专利申请或专利权的归属，在办理专利申请权或专利权转移手续时面临较大困难，无法及时提交合格的证明文件。因此，建议企业在注销前及时明确专利申请或专利权的归属，留存相应证据，以便后续顺利办理权利转移的登记手续。

284 因继承而转移应提交什么证明文件？

申请人（或专利权人）因继承提出变更请求的，应当提交经公证的当事人是唯一合法继承人或者当事人已包括全部法定继承人的证明文件。除另有明文规定外，共同继承人应当共同继承专利申请权（或专利权）。根据《民法典》第1123条的规定："继承开始后，按照法定继承办理；有遗嘱的，按照遗嘱继承或者遗赠办理；有遗赠扶养协议的，按照协议办理。"涉及继承的法律规则较为复杂，除法定继承外，还有遗嘱继承、遗赠和遗赠扶养协议等，建议当事人及时办理公证，因继承而进行专利申请权或专利权转移时，提交经公证的证明文件。

案例5-15：

某专利的专利权人死亡，其女儿提出继承该专利权，提交了公证书，但公证书的内容仅能证明当事人之间的家庭关系，并不能证明变更后专利权人"孙××"是唯一合法继承人。后当事人补交了"孙××"是该专利的唯一合法继承人的公证书，证明文件合格，国家知识产权局发出手续合格通知书。

案例5-16：

某专利的专利权人死亡，其哥哥张一和两个姐姐张二、张三提出共同继承该专利权，并提交了公证书。但公证书的内容仅能证明被继承人在某公司的股权资产由哥哥张一和两个姐姐张二、张三共同继承，并未明确该专利权的权利归属。国家知识产权局发出视为未提出通知书，后被继承人的姐姐张三又补交了一份公证书，公证书写明了本专利的专利号，且被继承人的哥哥张一和姐姐张二均表示自愿放弃继承被继承人的该项专利权，明确被继承人的该专利权由其姐姐张三继承。公证书合格，国家知识产权局发出了手续合格通知书，将专利权人变更为张三。

285 因拍卖而转移应提交什么证明文件？

根据《民法典》第645条，拍卖的当事人的权利和义务以及拍卖程序等，依照有关法律、行政法规的规定。根据2015年修正的《中华人民共和国拍卖法》（以下简称《拍卖法》）第52条的规定，"拍卖成交后，买受人和拍卖人应当签署成交确认书"。《拍卖法》第55条规定，"拍卖标的需要依法办理证照变更、产权过户手续的，委托人、买受人应当持拍卖人出具的成交证明和有关材料，向有关行政管理机关办理手续"。因专利申请权或专利权被拍卖而请求变更的，变更请求人应提交拍卖人出具的有法律效力的证明文件。如果人民法院委托拍卖被执行人财产的，应同时提交已生效的判决书及裁定书。裁定书中应包含拍卖该专利申请或专利的内容。

案例5-17：

某公司破产，其名下22项专利权和1项专利申请权依法拍卖，均由买受人魏某拍得，请求变更专利权人，提交了人民法院确认拍卖结果的民事裁定书和协助执行通知书（图5-28、图5-29），并附具拍卖成交的专利权清单，证明文件合格。

××××××区人民法院

民事裁定书

（2020）××××破1号之五

破产人：×××××××× 科技有限公司。住所地：浙江省×××××××××××××××1幢2楼。统一社会信用代码：913×××××××××。

管理人：×××× 律师事务所。住所地：×××××××××××××××A座10楼。

管理人负责人：××× 。

本院受理 ×××××××× 科技有限公司破产清算案，于2020年9月17日裁定宣告其破产。经依法拍卖，破产人×××××××× 科技有限公司的22项专利权及1项申请中的专利权（详见附件：拍卖成交的专利权清单），均×××（公民身份号码：35 ××××××××）买受，款项已付清。据此，本院裁定如下：

×××买受破产人 ×××××××× 科技有限公司的22项专利权及1项申请中的专利权的行为有效。

本裁定送达后立即执行。

图 5-28 确认拍卖结果的法院民事裁定书示例

××××××区人民法院

协助执行通知书

（2020）××××破5号之一

中华人民共和国国家知识产权局：

本院在审理破产人 ×××××××× 科技有限公司破产清算案中，经拍卖，破产人的22项专利权及1项申请中的专利权由×××买受。据此，请协助执行以下内容：

将破产人 ××××××××科技有限公司的22项专利权及1项申请中的专利权（详见附件：拍卖成交的专利权清单）过户给买受人×××，由 ×××办理上述专利权（含申请中的专利权）的转让过户手续。

附：（2020）××××破5号之五民事裁定书一份。

二〇二〇年十二月二十一日

图 5-29 确认拍卖结果的法院协助执行通知书示例

286 因企业破产进行网络司法拍卖而转移需要提交什么证明文件？

应提交法院最终确认拍卖结果的裁定书或协助执行通知书。若因特殊情况无法出具法院最终确认拍卖结果的裁定书或协助执行通知书，也可以提交由破产企业“管理人”和买受人盖章的拍卖成交确认书。根据《中华人民共和国企业破产法》第13条的规定：“人民法院裁定受理破产申请的，应当同时指定管理人。”根据第25条第1款第（六）项的规定，管理人具有管理和处分债务人（也就是该破产企业）财产的职责。因此，证明文件可以形成完整的证据链，证明破产企业名下的专利申请或专利已经合法转移给拍卖成交确认书中的买受人。

需要注意的是，拍卖公告并非合格的证明文件。根据《民法典》第473条的规定，拍卖公告仅是要约邀请，要约邀请是希望他人向自己发出要约的表示。根据《民法典》第471条的规定，“当事人订立合同，可以采取要约、承诺方式或者其他方式”。要约邀请仅是订立合同的初步环节，还需要经过后续当事人要约、承诺等环节后才完成订立合同。拍卖公告仅为要约邀请，并非最终的拍卖合同，不具有确定财产权利归属的效力。

287 质押期间的权利转移应提交什么证明文件？

质押期间的专利权转移，除应当提交变更所需的证明文件外，还应当提交质权人同意变更的证明文件（图5-30）。根据2021年11月15日施行的《专利权质押登记办法》第18条的规定，专利权质押期间，出质人未提交质权人同意转让该专利权的证明材料的，国家知识产权局不予办理专利权转让登记手续。

案例5-18：

某专利质押给某银行，质押生效日是2022年7月22日，质押解除日是2022年12月28日，该专利若在2022年7月22日到2022年12月28日之间办理专利权转移的著录项目变更手续，则除了提交所需的证明文件，如转让合同或赠与协议，还应当提交质权人某银行盖章的同意变更的证明文件。

请注意，如果专利权质押登记已注销，国家知识产权局会发出专利权质押登记注销通知书，质押登记注销后，专利权转移则无须再提交质权人同意变更的证明文件。

四、实务问题解答

288 授权后权利转移会重发专利证书吗？

著录项目变更手续合格后，国家知识产权局不会重发专利证书。颁发专利证书后，因专利权转移发生专利权人变更的，国家知识产权局不再向新专利权人或者新增专利权人颁发专利证书副本。

专利授权后可以办理专利登记簿副本来证明变更后的利权人信息。授予专利权时，专利登记簿与专利证书上记载的内容是一致的，在法律上具有同等效力；专利权授予之后，专利的法律状态的变更仅在专利登记簿上记载，由此导致专利登记簿与专利证书上记载的内容不一致的，以专利登记簿上记载的法律状态为准。专利权授予公告之后，任何人都可以向国家知识产权局请求出具专利登记簿副本。可以通过专利业务办理系统（https://cponline.cnipa.gov.cn）直接请求办理专利登记簿副本，提交办理文件副本请求书并缴纳相关费用。

证　　明

质权人××××集团有限公司同意出质人 ×××× 有限公司将以下专利：

1、专利号"××××"，名称"××××××××设备"，申请日"××××"

2、专利号"×××××××"，名称"×××××××设备"，申请日"××××"

3、专利号"×××××××"，名称"××××××××设备"，申请日"××××"

4、专利号"×××××××"，名称"××××××××设备"，申请日"××××"

5、专利号"×××××××"，名称"××××"，申请日"××××"

6、专利号"×××××××"，名称"××××××××设备"，申请日"××××"

7、专利号"×××××××"，名称"××××××××装置"，申请日"××××"

转让给 ×××××× 有限公司，以此证明。

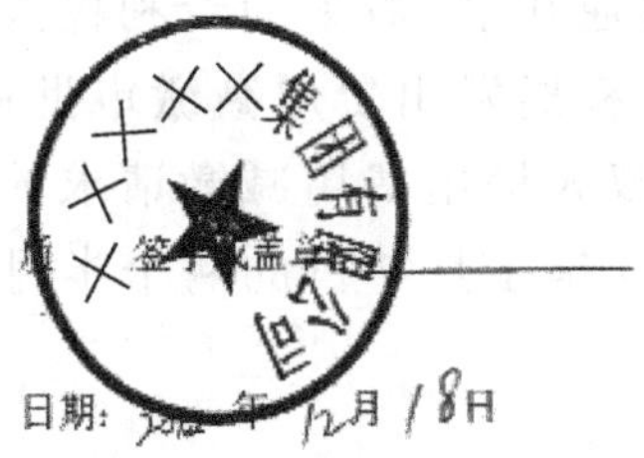

质权人签字或盖章：

日期：2012 年 12 月 18 日

图 5-30　质权人同意转让的证明文件示例

289 权利转移影响费用减缴吗？

如果一项专利的原专利权人享有费用减缴，那么权利转移后，费用减缴情况根据变更后专利权人增加或减少的情况而不同。

（1）如果变更后申请人（或专利权人）减少的，费用减缴比例不变。例如，一项专利的专利权人由甲、乙、丙减少为甲、乙，原费用减缴比例为70%，由于甲、乙原本就享有费减减缴，因此权利转移不会影响费用减缴，费用减缴比例不变仍为70%。但值得注意的是，专利权人由甲、乙、丙减少为一个专利权人甲，原费用减缴比例为70%，权利转移后费减比例不变仍为70%，如果甲想享有费用减缴85%，则需要重新提交费用减缴请求书。

（2）如果申请人（或专利权人）全部变更或者变更后申请人（或专利权人）增加的，则权利转移后不再予以费用减缴，新申请人（或专利权人）需要重新办理费用减缴手续，办理手续详见第六章第二节专利收费减缴相关内容。

值得注意的是，根据《专利收费减缴办法》第 5 条的规定，“专利申请人或者专利权人只能请求减缴尚未到期的收费。减缴申请费的请求应当与专利申请同时提出，减缴其他收费的请求可以与专利申请同时提出，也可以在相关收费缴纳期限届满日两个半月之前提出。未按规定时限提交减缴请求的，不予减缴”。实践中的常见问题，即权利转移手续的办理时间处于专利年费缴纳期限届满日两个半月之后，申请人（或专利权人）全部变更或增加申请人（或专利权人）的，不再享有原费用减缴，而新的申请人（或专利权人）提交费用减缴请求的时间必然不符合上述“相关收费缴纳期限届满日两个半月之前提出”的规定，会导致当年的年费无法享有费用减缴，只能减缴后续年费。因此，建议申请人（或专利权人）合理规划权利转移的办理时间，尽量在相应年费期限届满日两个半月前提前办理权利转移手续，变更后的申请人（或专利权人）及时提出费减请求，以免权利转移后费减请求距当年年费期限届满日不足两个半月，而无法获得当年年费的费用减缴，造成不必要的损失。

案例 5-19：

一件实用新型专利的申请日是 2021 年 1 月 7 日，于 2021 年 11 月 9 日授权公告。该专利第 3 年年费的期限届满日是 2023 年 1 月 7 日，原专利权人张三享有费用减缴 85%。该专利权人在 2022 年 11 月 1 日办理了权利转移手续，国家知识产权局发出手续合格通知书。后新的专利权人于 2022 年 11 月 10 日提交费用减缴请求书，国家知识产权局发出费用减缴审批通知书，告知第 4 年及以后的费用予以减缴。因新的专利权人提出费用减缴请求的日期 2022 年 11 月 10 日未在第 3 年年费期限届满日 2023 年 1 月 7 日的两个半月之前，不符合提出时机的规定，因此第 3 年年费不予减缴。

290 权利转移的同时变更代理机构应注意什么？

权利转移一般同时还涉及专利代理机构、联系人事项变更，还需要注意根据申请人（或专利权人）全部变更、变更后申请人（或专利权人）增加或减少的具体情形，在申报书中写明增加联系人信息、注明解除专利代理机构信息，必要时提交解除委托声明、专利代理委托书等。

首先，关于申报书填写的问题，请注意：

（1）若变更前原申请人（或专利权人）A 已委托专利代理机构甲，变更后新申请人（或专利权人）B 不再委托专利代理机构，则需要在申报书中同时写明专利权人变更、删除原专利代理信息等变更事项。如果变更后新申请人（或专利权人）B 是单位（而非个人），还需要同时在申报书中填写变更后联系人的姓名、地址、邮编。

（2）对于电子申请，变更后申请人（或专利权人）还需要注册为电子申请用户，并在申报书中的“变更后代表人或代理机构”栏填写变更后专利权人 B 的电子申请用户代码和名称，如图 5-31 所示。

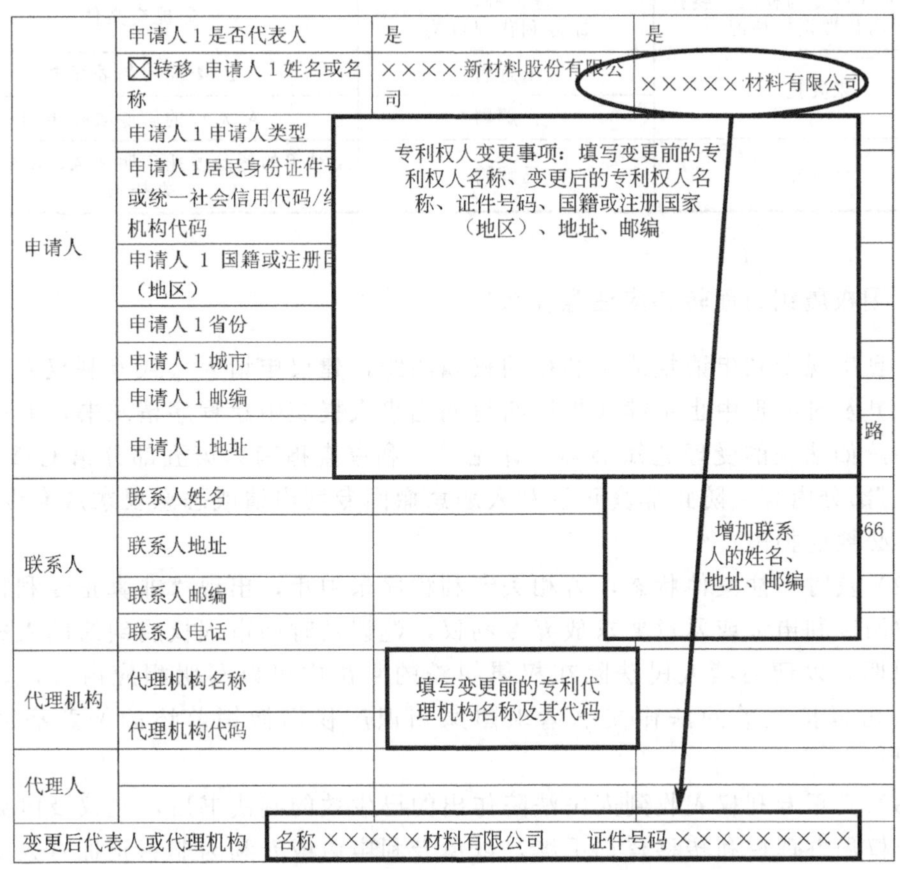

申请人	申请人 1 是否代表人	是	是
	☒转移 申请人 1 姓名或名称	××××新材料股份有限公司	×××××材料有限公司
	申请人 1 申请人类型		
	申请人 1 居民身份证件号或统一社会信用代码/[illegible]机构代码		
	申请人 1 国籍或注册国（地区）		
	申请人 1 省份		
	申请人 1 城市		
	申请人 1 邮编		
	申请人 1 地址		路
联系人	联系人姓名		
	联系人地址		366
	联系人邮编		
	联系人电话		
代理机构	代理机构名称		
	代理机构代码		
代理人			
变更后代表人或代理机构	名称×××××材料有限公司	证件号码×××××××××	

图 5-31 转移的同时变更专利代理机构申报书填写示意

其次，关于是否需要提交解除委托声明及专利代理委托书的问题，如果权利转移新增申请人（或专利权人），原申请人（或专利权人）A 已委托代理机构甲，新申请人（或专利权人）为 A 和 B，请注意：

（1）若申报书中未注明解聘代理机构甲的，应提交新增专利权人 B 委托甲的委托书，因为新增的专利权人与原专利代理机构成立委托关系后，甲才具有代理A和B办理相关手续的权限。

（2）若申报书中注明解聘代理机构甲的，则应提交A对甲的解除委托声明。因为原专利权人与原专利代理机构甲之前存在委托关系，后解聘该代理机构，则需要A与甲解除此前的委托关系，提交A对甲的解除委托声明；而新增的专利权人与原专利代理机构未成立过委托关系，也就不需要解除委托关系，不需要提交B对甲的解除委托声明。

（3）若原申请人（或专利权人）A委托专利代理机构甲，新申请人（或专利权人）A和B委托专利代理机构乙，则应提交A对甲的解除委托声明和A、B委托乙的专利代理委托书，见表5-7。

表5-7　权利转移同时是否提交解除委托声明和委托书示例

新申请人（或专利权人）委托专利代理机构情况	是否解聘原专利代理机构	需提交文件
未委托	未解聘	B委托甲的委托书
	已解聘	A对甲的解除委托声明
已委托	已解聘	A对甲的解除委托声明和A、B委托乙的委托书

291 因权属纠纷而转移应注意什么？

一旦出现专利申请权或专利权的权属纠纷，建议申请人（或专利权人）：

（1）及时办理中止手续（权属纠纷的当事人提交中止程序请求书，并附具证明文件，如法院的受理通知书等，详见《专利审查指南》第五部分第七章“7.中止程序”部分内容），防止非真正权利人恶意撤回专利申请或恶意要求放弃专利权，造成不必要的损失；

（2）及时关注案件状态，若相关专利程序未中止，出现“非真正专利权人”恶意撤回专利申请或恶意要求放弃专利权，建议及时向审理权属纠纷的人民法院进行说明，以便后续人民法院在权属纠纷的判决中可以写明相应内容，真正专利权人可以持生效的法律文书请求国家知识产权局撤销前述的恶意撤回或放弃结果；

（3）真正专利权人收到人民法院作出的已生效的判决书后，建议及时到国家知识产权局办理权利转移登记手续，以免专利申请或专利因非真正拥有人未及时缴纳年费，而造成权利丧失。

案例5-20：

杜某2015年1月26日提交一件专利申请，2018年9月某科技公司主张该专利属于职务发明创造，应归属于原告，2018年8月起诉到人民法院。2020年3月27日人民法院作出一审判决，该专利归原告某科技公司所有。2020年6月3日某科技公司到国家知识产权局办理权利转移手续，才发现杜某已于2018年10

月26日对该专利提出放弃专利权声明，国家知识产权局于2018年11月8日发出手续合格通知书，该专利已失效。

首先，对于权利转移的变更手续，国家知识产权局发出收到人民法院判决书的通知书，询问杜某是否上诉，后续杜某提交意见陈述书答复已上诉，并提交了最高人民法院上诉案件受理通知书。后某科技公司再次提交变更请求，并提交了最高人民法院2020年8月21日作出的终审判决，驳回上诉维持原判。该专利归某科技公司所有。国家知识产权局据此终审判决将专利权人由杜某变更为某科技公司，于2020年10月26日发出手续合格通知书。

其次，对于杜某恶意放弃专利权的行为效力问题，某科技公司在诉讼期间请求法院确认被告放弃专利权的行为无效。一审法院认为："被告向国家知识产权局放弃其专利申请的涉案专利权的行为不属于民事行为，不是民事诉讼确认之诉的诉讼标的，且在本案的专利权权属纠纷案由项下已无法处理该项诉讼请求。虽然，本院对该项诉讼请求无法支持，但为方便当事人变更权属，节约社会成本，本院基于以下理由认定被告放弃涉案专利权的行为具有恶意：1.被告在涉案专利所涉专利权权属纠纷案件审理期间向国家知识产权局提出放弃涉案专利权，根据我国民事诉讼法的相关规定，在民事诉讼过程中双方当事人均应遵循诚实信用原则，在法院最终对系争专利权属做出认定之前，任何一方均不应擅自作出影响系争专利权效力的行为；2.被告放弃涉案专利权没有正当的理由，欠缺正当行使权利的主观意图。综上本院认为被告放弃涉案专利权的行为具有损害原告合法权益的主观恶意，还会极大影响法院权属纠纷判决的执行，浪费行政和司法资源。"

后最高人民法院在终审判决中指出："杜某在法院最终对系争专利权属做出生效认定之前向国家知识产权局提交申请放弃涉案专利权，该行为没有正当理由，不具有合理性，且违背了民事诉讼中应遵循的诚实信用原则，结合本案案情，可合理推断其欠缺正当行使权利的主观意图，具有主观恶性。杜某在权属纠纷期间，利用其为名义上的专利权人的便利条件主动放弃专利权的行为，客观上为两公司后续依据本案权属纠纷的判决变更涉案专利权制造了障碍，损害了某科技公司的合法权益。原审法院基于为方便当事人变更权属的立场出发，对杜某放弃涉案专利权的行为作出具有主观恶意的评判，避免双方为确认主观恶意再次启动诉讼程序，具有正当性，应予肯定。"根据《专利审查指南》第五部分第九章2.3的规定，专利权人无正当理由不得要求撤销放弃专利权声明，除非在专利权非真正拥有人恶意要求放弃专利权后，专利权真正拥有人（应当提供生效的法律文书来证明）可要求撤销放弃专利权声明。

某科技公司后提出意见陈述书，据此终审判决请求撤销放弃专利权，国家知识产权局最终依据该终审判决，于2021年2月26日撤销了此前的恶意放弃，针对此前放弃专利权的手续合格通知书发出了修改更正通知书，目前该专利处于专利权维持状态。

292 存在多个名称的事业单位办理权利转移手续应注意什么？

应注意变更前后申请人（或专利权人）名称与其盖章的一致性，申请人（或专利权人）若使用其中一个名称，则证明文件中也应使用该名称对应的盖章，若使用全部名称，则证明文件应使用申请人（或专利权人）的全部盖章。例如，申请人（或专利权人）的名称为A（B），若申报书填写申请人（或专利权人）为A，则证明文件中也应使用A的盖章；申报书中填写申请人（或专利权人）为A（B），则证明文件中也应同时有A和B的盖章。

案例5-21：

某专利申请当事人于2020年6月4日提交著录项目变更请求，进行申请权转移。申报书中填写的变更前申请人名称为“××职业技术学院（××化工技工学校、××机电工程学校、××机械化学校）”，但是当事人提交的转让证明中，变更前申请人签字或者盖章仅为“××职业技术学院”，缺少与申报书中填写名称相对应的括号中3个单位的盖章，转让证明不合格。当事人应提交加盖“××职业技术学院”“××化工技工学校”“××机电工程学校”“××机械化学校”4个单位公章或合同专用章的转让协议，或者仅重新提交申报书，变更后申请人名称填写为“××职业技术学院”。

第三节 利权人姓名/名称变更

一、权利人姓名/名称变更概述

293 什么是权利人姓名/名称变更？

权利人姓名/名称变更，即申请人（或专利权人）姓名或名称的变更，指专利申请或专利的权利主体不变，仅其姓名或者名称发生变化的变更，例如，“张三”更名为“张四”，“某技术有限公司”更名为“某科技有限公司”等。一般情况下，变更前后申请人（或专利权人）的身份证件号码或统一社会信用代码都相同，主体不变。

权利人姓名/名称变更主要有个人更改姓名、个人姓名书写错误、企业名称变更、事业单位/社会团体/机关法人/其他组织名称变更、外国人/外国企业或外国其他组织名称变更或更改中文译名等情形。

294 如何办理权利人姓名/名称变更手续？

办理权利人姓名/名称变更手续，应提交著录项目变更申报书、附具相应的证明文件并缴纳200元变更费。若手续合格，国家知识产权局则会发出手续合格通知书；若不合格，国家知识产权局则会发出视为未提出通知书。下面将具体介绍著录项目变更申报书的填写注意事项及证明文件的具体要求。

二、著录项目变更申报书

295 申报书中的变更项目填写应注意什么？

（1）申报书变更项目中的变更类型应填写“更名”。需要注意：变更类型必须填写正确，否则可能会影响费减比例，填写“更名”的，专利申请或专利的费减比例不变，若误填写“转移”，则变更后专利申请或专利将不再享有原有的费减比例，申请人（或专利权人）需要重新办理费用减缴手续。

（2）申报书变更项目中应填写变更前和变更后的申请人（或专利权人）姓名或名称，变更前的姓名或名称应与案件记载的完全一致，变更前、变更后的姓名或名称应与证明文件中的完全一致。若有多个申请人（或专利权人），仅需要填写“更名”申请人（或专利权人）的变更信息，其他没有变化的信息无须填写。

296 权利人姓名/名称变更，“变更后代表人或代理机构”栏怎么填？

对于电子申请，需要填写“变更后代表人或代理机构”栏。若未委托专利代理机构，权利人的电子申请用户名称也应办理权利人姓名/名称变更的手续，此栏需要填写变更后的申请人（或权利人）的电子申请用户代码和名称。若委托了专利代理机构，则应填写专利代理机构的电子申请用户代码和名称。

三、权利人姓名/名称变更的证明文件

297 权利人姓名/名称变更，应提交什么证明文件？

权利人姓名/名称变更的情形复杂多样，需要提交的证明文件也不同，见表5-8。

表5-8 权利人姓名/名称变更的证明文件汇总

类别	权利主体	变更原因	需提交文件
国内主体	个人	更改姓名	户籍管理部门出具的证明文件
		姓名书写错误	本人签字或者盖章的声明及本人的身份证明
	企业、法人/其他组织	企业名称变更	工商行政管理部门出具的证明文件
		事业单位、社会团体、机关法人、其他组织名称变更	登记管理部门出具或上级主管部门签发的证明文件

续表

类别	权利主体	变更原因	需提交文件
国外主体	外国人、企业/其他组织	名称变更	参照上面国内主体名称变更的情形提交相应的证明
		更改中文译名	申请人（或专利权人）签字或者盖章的更改中文译名声明
		代理机构翻译错误	专利代理机构签字或者盖章的改正错误声明

298 个人姓名变更，提交证明文件应注意什么？

个人姓名变更包括个人更改姓名和姓名书写错误两种情形。前者是指姓名完全改变，后者是指同音字、错别字等书写错误而请求变更。

（1）个人更改姓名，应提交户籍管理部门出具的姓名变更证明文件，证明文件中应注明变更前和变更后的姓名。户籍管理部门具体包括当地公安局、派出所等。

（2）个人因姓名书写错误，应提交本人签字或者盖章的声明及本人的身份证明文件复印件。其中，本人签字或者盖章的声明应注明申请号、被填错者正确的姓名及其签字或者盖章。请注意，声明无须所有申请人（或专利权人）签字或盖章，只需要被填错的申请人（或专利权人）签字或盖章即可，如图 5-32 所示。

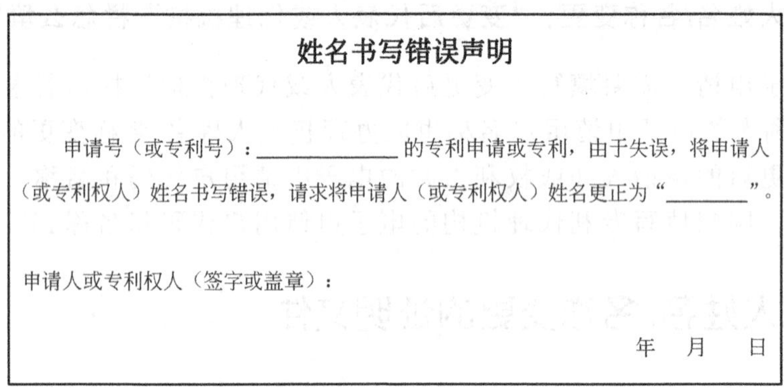
姓名书写错误声明

申请号（或专利号）：__________的专利申请或专利，由于失误，将申请人（或专利权人）姓名书写错误，请求将申请人（或专利权人）姓名更正为"______"。

申请人或专利权人（签字或盖章）：

年 月 日

图 5-32 个人姓名书写错误声明示例

299 企业名称变更，应提交什么证明文件？

企业名称变更，应提交工商行政管理部门出具的证明文件。证明文件中应包含企业名称变更前、变更后的内容。

值得注意的是，企业名称变更的证明文件，应是企业名称变更过程已经完成的证明文件，如加盖工商行政管理部门行政许可专用章的企业名称变更通知书、工商行政管理部门以信函的形式出具说明变更事实的证明文件、加盖企业档案管理部门企业档案查询专用章的记载企业名称变更情况的档案材料，都是合格的证明文件。

实践中的证明文件名称和形式多种多样，有名称变更通知、变更登记情况、核准变更登记通知书等，如图 5-33、图 5-34、图 5-35 所示。

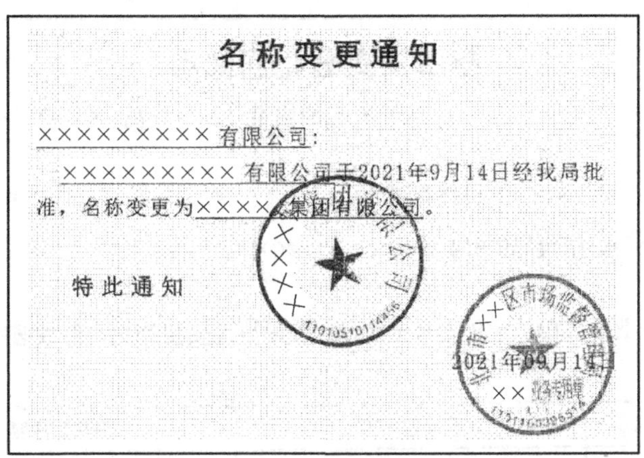

名称变更通知

××××××××××有限公司：

××××××××××有限公司于2021年9月14日经我局批准，名称变更为××××集团有限公司。

特此通知

2021年09月14日

图 5-33　名称变更通知示例

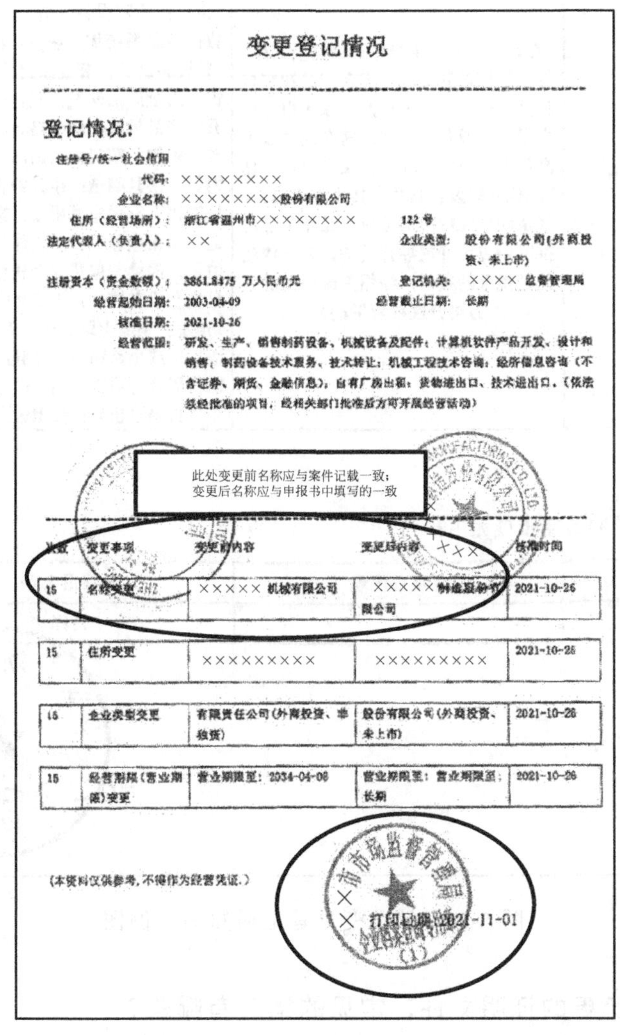

变更登记情况

登记情况：

注册号/统一社会信用代码：××××××××

企业名称：××××××××股份有限公司

住所（经营场所）：浙江省温州市×××××××××　122号

法定代表人（负责人）：××　企业类型：股份有限公司(外商投资、未上市)

注册资本（资金数额）：3861.8475 万人民币元　登记机关：×××× 监督管理局

经营起始日期：2003-04-09　经营截止日期：长期

核准日期：2021-10-26

经营范围：研发、生产、销售制药设备、机械设备及配件；计算机软件产品开发、设计和销售；制药设备技术服务、技术转让；机械工程技术咨询；经济信息咨询（不含证券、期货、金融信息）；自有厂房出租；货物进出口、技术进出口。（依法须经批准的项目，经相关部门批准后方可开展经营活动）

此处变更前名称应与案件记载一致；
变更后名称应与申报书中填写的一致

次数	变更事项	变更前内容	变更后内容	核准时间
15	名称变更	××××× 机械有限公司	×××××制造股份有限公司	2021-10-26
15	住所变更	×××××××××	×××××××××	2021-10-26
15	企业类型变更	有限责任公司(外商投资、非独资)	股份有限公司(外商投资、未上市)	2021-10-26
15	经营期限（营业期限）变更	营业期限至：2034-04-08	营业期限至：营业期限至：长期	2021-10-26

（本资料仅供参考，不得作为经营凭证。）

打印日期：2021-11-01

图 5-34　变更登记情况示例

核准变更登记通知书

×××变通内字〔2021〕第 ××××××××× 号

名称： ××××× 科技有限公司

统一社会信用代码：914 ×××××××××

以上企业于二〇二一年七月十九日经我局核准变更登记，经核准的变更登记事项如下：

登记事项	变更前内容	变更后内容
名称	××××× 制品有限公司	××××× 科技有限公司
经营范围	设计、研发、生产经营锁具及其配件、灯饰及其配件、五金制品和塑料制品、模具、电子产品、家用电器、电子监控设备、智能家居产品（以上产品不含电镀工序）；从事上述产品的软件研发；货物及技术进出口。（依法须经批准的项目，经相关部门批准后方可开展经营活动。）（依法须经批准的项目，经相关部门批准后方可开展经营活动）	一般项目：技术服务、技术开发、技术咨询、技术交流、技术转让、技术推广；安防设备制造；安防设备销售；信息系统集成服务；智能家庭消费设备制造；智能家庭消费设备销售；五金产品研发；五金产品制造；五金产品批发；照明器具制造；照明器具销售；塑料制品制造；塑料制品销售；模具制造；模具销售；电子产品销售；家用电器研发；家用电器制造；家用电器销售；软件开发；软件销售；网络与信息安全软件开发；信息安全设备销售；人工智能基础软件开发；集成电路设计；集成电路制造；集成电路销售；互联网销售（除销售需要许可的商品）；许可项目：货物进出口；技术进出口。

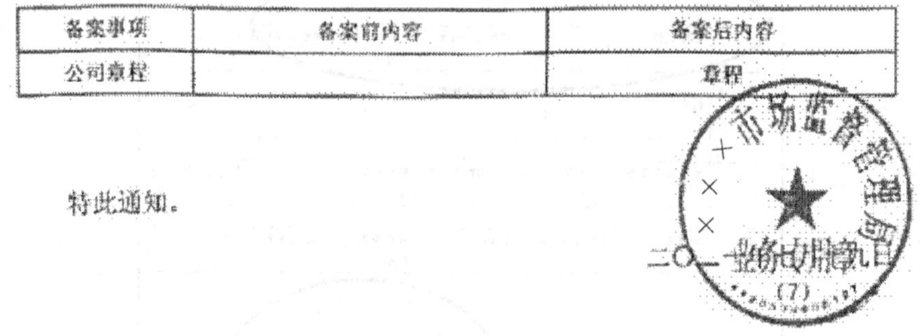

经核准的备案事项如下：

备案事项	备案前内容	备案后内容
公司章程		章程

特此通知。

二〇二一[illegible]

图 5-35 核准变更登记通知书示例图

300 企业名称变更的证明文件，常见的错误有哪些？

企业名称变更的证明文件，常见的错误：仅表示企业名称变更中间过程的证明文件不合格，例如，单独提交的企业名称变更预先核准通知书、准予变更登记通知书，以及证明文件中注有“……日内领取营业执照或者颁发营业执照后生效”或“本通知书有效期至……”或者“该名称保留期至……”等字样的，为不合格的证明文件。此种情形下，还需要同时提交加盖变更后企业公章的变更后企业营业执照复印件，如图 5-36 所示。

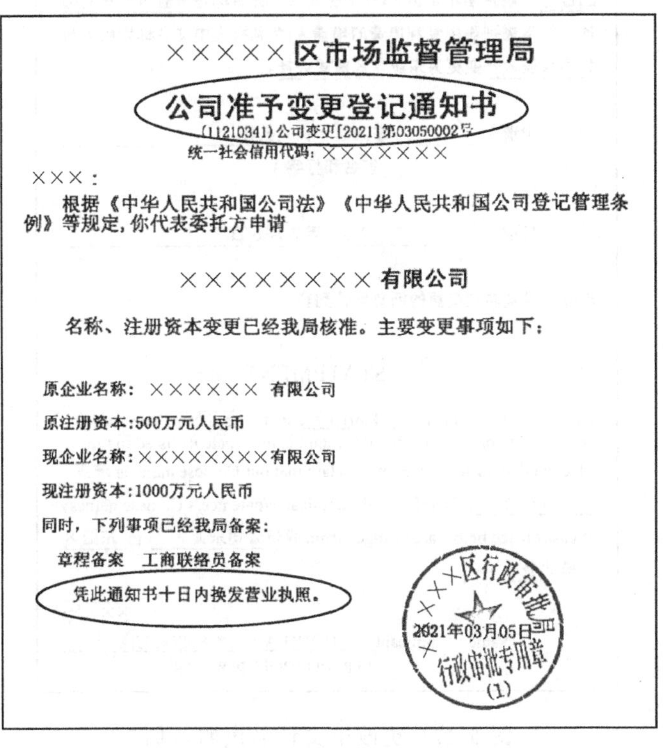
××××× 区市场监督管理局

公司准予变更登记通知书

（11210341）公司变更[2021]第03050002号

统一社会信用代码：×××××××

×××：

根据《中华人民共和国公司法》《中华人民共和国公司登记管理条例》等规定，你代表委托方申请

×××××××× 有限公司

名称、注册资本变更已经我局核准。主要变更事项如下：

原企业名称：×××××× 有限公司

原注册资本：500万元人民币

现企业名称：××××××××有限公司

现注册资本：1000万元人民币

同时，下列事项已经我局备案：

章程备案 工商联络员备案

凭此通知书十日内换发营业执照。

图 5-36 准予变更登记通知书示例

301 企业名称变更，可以提交政府官方网站下载的证明文件吗？

推进电子政务是政府改进服务、便利当事人的重要举措。现阶段本着方便当事人的原则，对当事人提交的从政府官方网站下载、打印的证明文件，经必要的核实，可以确认其作为原件的法律效力。例如，当事人可以提交从国家企业信用信息公示系统中下载或打印的证明文件。

302 外国权利人更改中文译名，提交证明文件应注意什么？

外国权利人更改中文译名，应提交申请人或者专利权人签字或者盖章的更改中文译名的声明；专利代理机构因翻译错误请求变更的，应提交专利代理机构签字或者盖章的改正错误声明。声明中应写明申请号或专利号、外文名称及变更后的中文译名。

案例 5-22：

韩国的某专利权人更改中文译名，由“股份公司东亚××”变更为“东亚××株式会社”，提交了专利权人签字或者盖章的声明，如图 5-37、图 5-38 所示。

声明 （不公证认证）

我/我们是　韩　国的个人/法人，是下述列表中的中国专利申请的申请人/专利权人股份公司东亚××（DONG-A ×××× CO., LTD.），现声明本申请人/专利权人的中文名称是东亚××株式会社。故下述列表中专利申请的申请人/专利权人中文名称均由股份公司东亚××变更为东亚××株式会社。

申请人　东亚××株式会社

（签名和打字）

日期　2021年7月5日

附件：涉及本次变更的所有案件列表

STATEMENT

We, legal entity/citizen of　Korea　, are the applicants/patentee of the Chinese applications for all the applications/patents listed in the attached document. Hereby we declare that our Chinese name is 东亚××株式会社. Therefore, the applicants/patentee's Chinese names of cases listed below are changed from 股份公司东亚×× to 东亚××株式会社.

Name of applicant　DONG-A×××× CO., LTD.

(signature and typewriting)

图 5-37　更改中文译名声明示例

附件（Enclosure: List for all the cases for the change）

No.	Our Ref	Application No.	Appl. Date
1	MSD1310270	20133××××	2013-11-15
2	MSD1402200	20143××××	2014-03-03
3	MSD1402199	20143××××	2014-03-03
4	MSD21406023	20143××××	2014-08-07
5	MSD21406024	20143××××	2014-08-07
6	MSD21412109	20143××××	2014-12-18
7	MSD1508074	20153××××	2015-08-28
8	MSD1703195	20173××××	2017-03-27
9	MSD1709163	20173××××	2017-09-20
10	MSU1712194	20172××××	2017-12-27
11	MSU1712193	20172××××	2017-12-27
12	MSU1712195	20172××××	2017-12-27
13	MSU1712197	20172××××	2017-12-27
14	MSD1810063	20183××××	2018-10-22
15	MSP1811364	20181××××	2018-11-30
16	MSD1901251	20193××××	2019-01-28

图 5-38　更改中文译名声明所附专利号单

303 权利人顺序若确需变更，应提交什么证明文件？

申请人（或专利权人）顺序若确需变更，应提交全体申请人（或专利权人）签字或者盖章的证明文件，证明文件中应注明申请号或专利号、变更后的排名顺序，且排名顺序应与申报书中填写的变更后申请人（或专利权人）顺序完全一致。申请人（或专利权人）顺序在专利制度上没有实质影响，仅一般情形认定第一署名申请人为代表人，代表人可以代为办理某些手续事务，至于申请人（或专利权人）之间权益分配请依据当事人之间的合同约定。

四、实务问题解答

304 权利人姓名/名称变更后，需要重新办理费用减缴手续吗？

针对同一专利申请或专利，申请人（或专利权人）的姓名/名称变更后，无须重新办理费用减缴手续。权利人姓名/名称变更，因仅其姓名或名称发生变化，权利主体并未变化，权利主体仍享有原费减比例，申请人（或专利权人）无须再重新提交费用减缴请求书。

305 若企业名称变更过多次，提交证明文件需要注意什么？

若企业名称变更过多次，应分别提交体现申请人（或专利权人）姓名/名称变更全部过程的证明文件。如果企业更名，工商部门出具的证明文件需要提交营业执照复印件的，只需要提交最终变更后的企业名称的营业执照复印件，表明更名过程最终已经完成即可，无须提交中间过程企业名称的营业执照复印件。例如，企业名称由A更名为B，再更名为C，需要提交A更名到B，以及B更名到C的证明文件，确需提交企业营业执照复印件的情形，只需要提交C的企业营业执照复印件即可。

306 企业名称变更证明文件中，变更前的企业名称为代码可以吗？

一般情况下，企业名称变更的证明文件中应记载变更前的企业名称，且应与案件记载的企业名称一致，但是实践中存在例外情形。根据《企业名称登记管理规定》第23条的规定，使用企业名称应当遵守法律法规，诚实守信，不得损害他人合法权益。人民法院或者企业登记机关依法认定企业名称应当停止使用的，企业应当自收到人民法院生效的法律文书或者企业登记机关的处理决定之日起30日内办理企业名称变更登记。名称变更前，由企业登记机关以统一社会信用代码代替其名称。因此，实践中若存在人民法院或者企业登记机关依法认定企业名称应当停止使用的，企业更名的证明文件有可能将变更前的企业名称以其统一社会信用代码代替，证明文件可以合格。

案例5-23：

某专利的专利权人因企业名称变更提出著录项目变更请求，根据规定应当提交工商行政管理部门出具的证明文件。当事人提交了核准变更登记通知书和加盖变更后企业公章的变更后企业营业执照复印件。但是，核准变更登记通知书中记载的变更前企业名称为18位统一社会信用代码，而非案件记载的权利人名称。当事人补充提交了人民法院的判决书和声明。判决书中明确记载“××顿××有限公司”应立即变更企业名称，且变更后的名称中不得含有“××顿”字样。

本案例存在人民法院依法认定企业名称应当停止使用的情形，故核准变更登记通知书未记载变更前的企业名称，而是用统一社会信用代码代替。当事人提交的证明文件形成完整证据链，国家知识产权局发出手续合格通知书。

第四节 连续变更

307 什么是连续变更？

连续变更是指针对一项专利申请（或专利），申请人（或专利权人）在一次著录项目变更申报手续中对同一著录项目提出的连续变更，例如，申请人（或专利权人）姓名/名称连续变更，或申请人（或专利权人）先请求姓名/名称变更再进行权利转移，或申请人（或专利权人）先进行权利转移再请求姓名/名称变更等。

连续变更视为一次变更，只需要缴纳一次变更费。例如，申请人（或专利权人）的名称由A变更为A′，再转让给B，只需要缴纳变更费200元。

308 连续变更，提交申报书时需要注意什么？

一件专利申请同一著录项目发生连续变更的，应当于同一天分别提交著录项目变更申报书。为减轻申请人提交材料的负担，一定情形下也可以仅提交一份著录项目变更申报书。例如，企业名称连续变更或企业名称由A变更为A′，再转让给B，申请人可以提交一份著录项目变更申报书，变更类型勾选“转移”，变更内容填写由A变为B。

309 连续变更，提交证明文件需要注意什么？

连续变更，需要提交各次变更的证明文件。例如，企业名称由A变更为A′，A′再将专利权转移给B，应提交企业名称A变更为A′的证明文件，以及A′转移给B的证明文件。

案例5-24：

“××科技有限公司”名称变更为“××技术有限公司”，后又将专利权转移给李某，当事人提交了记载“××科技有限公司”变更为“××技术有限公司”的准予变更登记通知书和“××技术有限公司”的企业营业执照复印件，以及“××技术有限公司”与李某的共同签字、盖章的转让合同，证明文件合格。

310 连续变更的手续有什么不同？

与普通变更的手续合格通知书相比，连续变更的手续合格通知书中会显示连续变更的过程，如第一次变更、第二次变更、第三次变更……申请人（或专利权人）可以清晰地看到申请人（或专利权人）变更的全部过程。

此外，专利授权后的连续变更，其专利登记簿、事务公告也与普通变更不同，会有多次变更的多条专利登记簿信息和事务公告信息。

第五节　专利代理事项的变更

一、专利代理事项变更概述

311 哪些专利代理事项变化需要办理著录项目变更手续？

专利代理事项，包括专利代理机构名称、代理机构代码、专利代理师姓名及其执业证号码、联系电话等，这些事项变化应当由专利代理机构办理个案变更手续。变更专利代理事项，不需要缴纳变更费。

值得注意的是，专利代理机构名称变更、迁址的，应当首先在国家知识产权局办理备案的注册变更手续，注册变更手续生效后，由国家知识产权局统一对其代理的全部有效专利申请及专利进行变更处理，无须针对个案办理变更手续。

312 不及时变更专利代理机构会有什么后果？

根据《专利法实施细则》第 4 条第 2 款的规定，“国务院专利行政部门的各种文件，可以通过邮寄、直接送交或者其他方式送达当事人。当事人委托专利代理机构的，文件送交专利代理机构；未委托专利代理机构的，文件送交请求书中指明的联系人”。不及时变更专利代理机构，可能会导致申请人（或专利权人）无法及时收到国家知识产权局发出的各种通知书，延误相应期限，甚至造成权利丧失等严重后果。

案例 5-25：

某公司 2011 年 1 月 21 日委托某专利代理机构 A 提出发明专利申请，2013 年该专利授权公告。某公司 2015 年与曾委托的专利代理机构 A 终止了代理关系，但其未按照规定向国务院专利行政部门办理变更手续。国家知识产权局分别于

2019年2月27日、2019年8月28日向原专利代理机构A发出《缴费通知书》《专利权终止通知书》，告知某公司"专利权人未按缴费通知书中的规定缴纳或者缴足第9年度年费和滞纳金，根据专利法第四十四条的规定，该专利权于2019年1月21日终止"。2020年1月10日，国家知识产权局发布该专利权终止的公告。

2020年3月28日，某公司不服上述《专利权终止通知书》，提起行政诉讼。一审法院审理认为："根据专利法实施细则第119条第2款的规定，某公司应自行承担其未在终止与原专利代理机构A的代理关系后，依法向国家知识产权局办理著录项目变更手续的法律后果"，判决驳回某公司的诉讼请求。某公司上诉，二审最高人民法院知识产权法庭也认为，"国家知识产权局依据相关规定向原专利代理机构送达缴费通知书符合法律规定，某公司因未办理变更手续而导致未有效接收到缴费通知书，系因其过错所致，不影响国家知识产权局按照相关规定进行送达的效力"，判决驳回上诉，维持原判。[1]

因此，建议当事人及时变更专利代理机构，否则因未及时办理变更手续而导致未接收到国家知识产权局发出的有关通知书，可能造成难以挽回的损失。

二、解除委托、辞去委托

313 申报书中的变更项目应如何填写？

解除委托、辞去委托，申报书中应注意填写变更前的专利代理机构名称及其代码，且应与案件记载的完全一致（图5-39）。

如果申请人（或专利权人）是单位，解除委托或辞去委托后，不再委托新的专利代理机构，还应当注意：在申报书中填写变更后联系人的姓名、地址、邮编。

314 "变更后代表人或代理机构"栏应如何填写？

对于电子申请，解除委托或辞去委托后，申请人（或专利权人）若不再委托新的专利代理机构，申请人（或专利权人）需要首先注册为电子申请用户，然后在"变更后代表人或代理机构"栏填写申请人（或专利权人）或代表人的代码及名称，如图5-39所示。

案例5-26：

某专利的专利权人解除专利代理机构，但是提交的申报书中填写的变更后代表人或代理机构是原专利代理机构的代码和名称（图5-40），不合格。国家知识产权局发出视为未提出通知书，告知当事人"著录项目变更申报书中填写的'变更后代表人或代理机构'不是该案记载的申请人（或专利权人）的用户代码和名称"。专利权人应自己注册电子申请用户，在"变更后代表人或代理机构"栏填写申请人（或专利权人）的代码及名称。

---

[1] （2021）最高法知行终322号判决。

联系人	联系人姓名		×××
	联系人电话		×××××
	联系人邮编		322100
	联系人地址		浙江省金华市东阳市××××××××浙江××××用品有限公司
代理机构	代理机构代码	×××	
	代理机构名称	×××　专利代理事务所（普通合伙）	
	代理机构代理类型	全程代理	
代理人	第一代理师工作证号	333×××	
	第一代理师姓名	×××	
	第一代理师电话	×××	
变更后代表人或代理机构	名称 浙江××××用品有限公司　证件号码××××××		

请填写申请人或专利权人的名称及证件号码

图 5-39　解除委托、辞去委托申报书的填写示意

联系人	联系人姓名		×××
	联系人邮编		362200
	联系人地址		福建省泉州市晋江市××××××××××××××××发展有限公司
	联系人电话		××××××
代理机构	代理机构名称	××××××专利代理事务所（普通合伙）	
	代理机构代码	××××	
	代理机构代理类型	全程代理	
代理人	第一代理师工作证号	333×××	
	第一代理师姓名	×××	
	第一代理师电话	××××××	
变更后代表人或代理机构	名称 ××××××专利代理事务所（普通合伙）　证件号码××××		

图 5-40　解除专利代理机构的申报书填写错误示意

315 解除委托应提交什么证明文件？

申请人（或专利权人）解除委托，应当事先通知专利代理机构。

解除委托时，申请人（或专利权人）应当提交申报书，并附具全体申请人（或专利权人）签字或者盖章的解聘书，或者仅提交由全体申请人（或专利权人）签字或者盖章的申报书。

（1）对于电子申请，若申请人（或专利权人）为一个，仅由申请人（或专利权人）通过专利业务办理系统提交申报书即可，无须再提交解聘书，因为申请人（或专利权人）在申报书中的电子签名已经体现了其解除委托的意思表示；若申请人（或专利权人）为多个，则除了提交申报书之外，还需要提交全体申请人（或专利权人）签字或者盖章的解聘书，因为除提交申报书的

申请人（或专利权人）之外，其他申请人（或专利权人）解除委托的意思表示均需要体现在解聘书中。

（2）对于纸件申请，可以提交申报书，并附具全体申请人（或专利权人）签字或者盖章的解聘书，或者仅提交全体申请人（或专利权人）签字或者盖章的申报书。

316 辞去委托应提交什么证明文件？

专利代理机构辞去委托，应当事先通知申请人（或专利权人）。

辞去委托时，专利代理机构应当提交申报书，并附具申请人（或专利权人）或者其代表人签字或者盖章的同意辞去委托声明，或者附具由专利代理机构盖章的表明已通知申请人（或专利权人）的声明。

317 提交解聘书，应注意什么？

解聘书中应注明解除原专利代理机构的意思表示，并由申请人（或专利权人）签字或者盖章，其中原专利代理机构名称应与案件记载的完全一致；若写明申请号或专利号、发明名称，则申请号或专利号、发明名称也应与案件记载的完全一致，如图5-41所示。

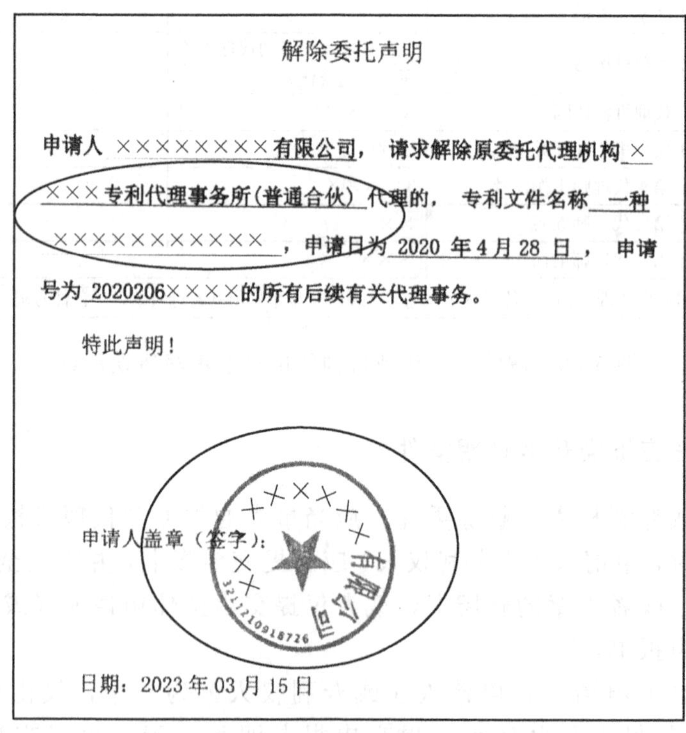

解除委托声明

申请人 ××××××××有限公司， 请求解除原委托代理机构 ××××专利代理事务所（普通合伙）代理的， 专利文件名称 一种×××××××××××， 申请日为 2020 年 4 月 28 日， 申请号为 2020206××××的所有后续有关代理事务。

特此声明！

申请人盖章（签字）：

日期：2023年03月15日

图5-41 解除委托声明示例

案例5-27：

某专利更换专利代理机构，原专利代理机构名称为“苏州市××专利事务所有限公司”，而解除委托声明中写明的专利代理机构名称是“无锡××知识产权代理有限公司”，与案件记载的专利代理机构名称不一致，不合格。

三、委托专利代理机构

318 委托专利代理机构，申报书填写应注意什么？应提交什么证明文件？

申报书中应准确填写变更后的专利代理机构名称及其机构代码、专利代理师姓名及其执业证号码、联系电话，且应与专利代理委托书中的信息填写一致。

委托专利代理机构，应提交由全体申请人（或专利权人）签字或者盖章的专利代理委托书。

委托书应当使用国家知识产权局制定的标准表格，在国家知识产权局官方网站（http://www.cnipa.gov.cn/，首页—政务服务—表格下载—与专利申请相关—通用类）可以下载使用，见附录二。

案例 5-28：

某专利，专利权人提交著录项目变更申报书请求委托专利代理机构，但未提交专利代理委托书，不合格，国家知识产权局发出视为未提出通知书，告知当事人应当重新提交著录项目变更申报书，并补交专利代理委托书，若已办理总委托书备案手续，在申报书中填写总委托书编号即可。

319 提交专利代理委托书，应注意什么？

对于电子申请，除提交专利代理委托书的扫描件以外，还应当提交专利代理委托书的电子件（图 5-42）。

专利代理委托书应写明发明名称、申请号或专利号、委托权限、专利代理师姓名、委托人姓名或名称、被委托的专利代理机构名称，专利代理委托书纸件或电子扫描件应由申请人（或专利权人）签字或者盖章，并由专利代理机构盖章，如图 5-43 所示。

320 专利代理委托书中，委托人签字或者盖章应注意什么？

如果申请人或专利权人是个人，委托书应当由申请人或专利权人签字或者盖章；如果申请人或专利权人是单位，应当加盖单位公章，而非合同专用章；如果申请人或专利权人有两个以上，应当由全体申请人或专利权人签字或者盖章。

案例 5-29：

某专利的专利权转移，变更后的专利权人委托原专利代理机构，提交的专利代理委托书的扫描件中委托人的盖章为“××公司”的合同专用章，不合格，国家知识产权局发出视为未提出通知书，指出“专利代理委托书扫描件中的变更后专利权人盖章应为公章，而非合同章”。

专利代理委托书

☒声明填写的专利代理委托信息与专利代理委托书扫描文件是一致的。
根据专利法第18条的规定

委　托 ×××××专利代理事务所（普通合伙） 机构代码（×××）

1. 代为办理名称为 一种混凝土××××××装置 的发明创造
申请或专利（申请号或专利号为2022234××× ）以及在专利权有效期内的全部专利事务。

2. 代为办理名称为 __
专利号为 __ 的专利权评价报告或实用新型专利检索报告。

3. 代为办理名称为 __
申请号或专利号为 __ 的中止程序请求。

4. 其他
专利代理机构接受上述委托并指定专利代理师
【专利代理师】 ×××
【专利代理师】
办理此项委托。

委托人（单位或个人） ××××××工程有限公司

被委托人（专利代理机构） ×××××专利代理事务所（普通合伙）

2023年03月18日

图5-42　专利代理委托书电子件示例

专利代理委托书

请按照"注意事项"正确填写本表各栏

根据专利法第 18 条的规定

委　托 ×××××　专利代理事务所（普通合伙）　机构代码（　×××　）

1. 代为办理名称为 一种混凝土××××××装置 的发明创造

申请或专利（申请号或专利号为×××××××）以及在专利权有效期内的全部专利事务。

2. 代为办理名称为＿＿＿＿＿＿

专利号为＿＿＿＿＿＿的专利权评价报告或实用新型专利检索报告。

3. 其他＿＿＿＿＿＿

专利代理机构接受上述委托并指定专利代理人 ××× 、＿＿＿＿＿＿办理此项委托。

委托人（单位或个人）　　（盖章或签字）

××××建设工程有限公司

被委托人（专利代理机构）　　（盖章）

××××专利代理事务所（普通合伙）

5001127206804

2023 年　3　月　18　日

图 5-43　专利代理委托书扫描件示例

321 多件专利申请或专利，提交专利代理委托书有便捷方式吗？

有便捷方式，当事人可以办理总委托书备案手续。同一申请人或专利权人就多件专利申请或专利与代理机构签订代理委托书时，可与专利代理机构签订总委托书（图5-44）。代理机构可以将总委托书交至国家知识产权局办理总委托书备案手续，提交经专利代理机构签字或者盖章的《文件备案请求书》和专利代理机构与委托人签订的总委托书原件及复印件。国家知识产权局审核后会给出总委托书备案编号，总委托书备案编号由ZW和10位阿拉伯数字组成，如ZW0010033456。专利代理机构在申报书中填写总委托书编号即可，无须再在每件专利申请中单独提交专利代理委托书。

总 委 托 书
GENERAL POWER OF ATTORNEY

编号

我/我们是____的公民/法人，根据中华人民共和国专利法第18条的规定，兹委托________________________（机构代码________），代为办理属于国家知识产权局业务范围内的全部专利事宜。

Pursuant to the Article 18 of the Patent Law of the People's Republic of China, I/we, citizen/legal entity of ____ hereby authorize ________________________ (Code: ________) to represent me/us in all proceedings and act for me/us in all patent affairs within the scope of services of the CNIPA.

委托人姓名或名称
Authorized by (Name) ________________________

委托人签字或盖章
Signature or Seal ________________________

委托日期
Date of Authorization ________________________

以下由被委托专利代理机构填写（To be filled out by the Agent）：

本机构指定专利代理师__________、__________代为办理名称为________________________申请号（或专利号）/国际申请号为__________的专利申请在中华人民共和国的全部专利事宜。

Patent attorney(s) __________,__________ is(are) appointed to deal with all patent affairs related to the application with title as______________ and application number(or patent number)/international application number as______________ in the PRC.

被委托专利代理机构盖章
Seal of the Authorized Agent ________________________

图5-44 总委托书示例

总委托书在审查环节智能化程度高，审查效率较高，可以大大缩短业务办理时限，建议当事人根据自身实际情况适当采用总委托书备案的方式提交专利代理委托书。

322 专利代理委托书的常见错误有哪些？

实践中，因专利代理委托书存在缺陷发出视为未提出通知书的著录项目变更案件较多，主要有以下几种常见错误：

（1）电子申请，仅提交专利代理委托书的扫描件，未提交专利代理委托书的电子件；

（2）专利代理委托书中的申请号或专利号、发明名称、专利代理师姓名、委托人名称、专利代理机构名称错写或漏写，此类错误在实践中最为常见，因此建议办理人在提交委托书时仔细核对相关信息的准确性和完整性；

（3）权利转移，新专利权人委托原专利代理机构或更换新专利代理机构，未提交新专利权人的委托书；

（4）委托书中的签字或盖章不清晰；

（5）委托书中缺少申请人（或专利权人）或专利代理机构的盖章；

（6）一份专利代理委托书扫描件中填写多个申请号等。

案例 5-30：

某电子申请，专利权转移的同时更换专利代理机构，专利权人由“天津××科技有限公司”变更为“北京××科技有限公司”，提交的专利代理委托书扫描件中的委托人盖章是“天津××科技有限公司”，专利代理委托书电子件中的委托人名称也是“天津××科技有限公司”，未提交变更后专利权人“北京××科技有限公司”的专利代理委托书，不合格。

案例 5-31：

某电子申请，更换专利代理机构，提交的专利代理委托书扫描件中缺少委托人的签字或者盖章，不合格。

案例 5-32：

某电子申请，权利转移，新专利权人委托原专利代理机构，提交的新专利权人的专利代理委托书扫描件中缺少专利代理机构的盖章，不合格。

四、更换专利代理机构

323 更换专利代理机构，申报书填写应注意什么？

申报书中应准确填写变更前的专利代理机构名称及其代码，变更后的专利代理机构名称及其代码、专利代理师姓名及其执业证号码、联系电话。其中，变更前的专利代理信息应根据实际情况与案件记载、解聘书中填写的一致，变更后的专利代理信息应与申报书、专利代理委托书中填写的一致。

对于电子申请，“变更后代表人或代理机构”栏应填写变更后的专利代理机构代码和名称。

324 更换专利代理机构应提交什么证明文件？

申请人（或专利权人）更换专利代理机构的，应当提交由全体申请人（或专利权人）签字或者盖章的对原专利代理机构的解除委托声明及对新的专利代理机构的委托书。

案例 5-33：

某电子申请，专利权人请求将原专利代理机构 A 更换为 B，提交了著录项目变更申报书、专利权人委托 B 的专利代理委托书，但未提交专利权人针对 A 的解除委托声明，不合格。专利权人应当补交针对 A 的解除委托声明。

325 权利转移同时涉及委托专利代理机构，应提交什么证明文件？

专利申请权（或专利权）转移的，变更后的申请人（或专利权人）委托新专利代理机构的，应当提交变更后的全体申请人（或专利权人）签字或者盖章的委托书；变更后的申请人（或专利权人）委托原专利代理机构的，只需要提交新增申请人（或专利权人）签字或者盖章的委托书。

案例 5-34：

某专利，专利权转移的同时更换专利代理机构，变更前专利权人为某科技有限公司，变更后增加一个专利权人，为某科技有限公司、某创新科技有限公司，专利代理机构由 A 更换为 B，提交了申报书、转让证明、某科技有限公司与 B 的专利代理委托书，但因未提交原专利权人某科技有限公司针对原专利代理机构 A 的解除委托声明，以及新增专利权人与 B 的专利代理委托书，不合格。原专利权人某科技有限公司应先与原专利代理机构 A 解除委托关系之后，再与新专利代理机构 B 建立委托关系，新增的专利权人某创新科技有限公司也应与 B 建立委托关系，B 须获得变更后全部专利权人某科技有限公司、某创新科技有限公司的授权后，才能代为办理该专利后续的各项事务和手续。

案例 5-35：

某电子申请，权利转移的同时更换专利代理机构，提交了申报书（图 5-45）、转让协议、孙××签字的解除委托声明和委托书，不合格。

该项著录项目变更手续只需要提交申报书、转让协议、变更后专利权人“赵××”签字的与变更后专利代理机构“北京××××知识产权代理事务所（普通合伙）”的专利代理委托书即可。当事人无须提交变更前专利权人“孙××”与变更前专利代理机构“北京××××专利代理有限公司”的解除委托声明，也无须提交变更前专利权人“孙××”与变更后专利代理机构“北京××××知识产权代理事务所（普通合伙）”的专利代理委托书。因为专利权转移后，只需要新专利权人与新专利代理机构之间存在委托关系即可，原专利权人已不再是本专利的申请人（或专利权人），所以原专利权人的解除委托声明和委托书无须提交。

由此可见，办理人若能清楚理解当事人之间的法律关系，明确证明文件的要求，则可以省去一些不必要的证明文件，尽可能一次性提交合格的证明文件，尽快完成变更手续，省时省力。

申请人	申请人 1 是否代表人	是	是
	☒转移 申请人 1 姓名或名称	孙××	赵××
	申请人 1 申请人类型	个人	个人
	申请人 1 居民身份证件号码或统一社会信用代码/组织机构代码	370829××××××	370830××××××
	申请人 1 国籍或注册国家（地区）	中国	中国
	申请人 1 省份	山东省	山东省
	申请人 1 城市	济宁市	济宁市
	申请人 1 邮编	272409	272504
	申请人 1 地址	嘉祥县 ×××××××号	次丘镇 ×××××××号
联系人			
代理机构	代理机构名称	北京××××专利代理有限公司	北京××××知识产权代理事务所（普通合伙）
	代理机构代码	××××	××××
代理人	第一代理师工作证号	1142××××	1198××××
	第一代理师姓名	×××	×××
	第一代理师电话	010-××××	18××××
变更后代表人或代理机构	名称北京××××知识产权代理事务所（普通合伙） 证件号码 ××××		

图 5-45 转移同时更换专利代理机构的申报书示例

326 委托的专利代理机构被惩戒了怎么办？

国家知识产权局加大对专利代理机构的监管力度，对代理不以保护创新为目的的非正常专利申请的行为，违背专利法立法宗旨、浪费公共资源，严重干扰专利审查工作正常进行的专利代理机构进行惩戒，2021 年 12 月、2023 年 2 月、2023 年 4 月分别对多家专利代理机构进行了行政处罚。

根据《专利代理管理办法》（国家市场监督管理总局令第 6 号）第 19 条第 2 款的规定，专利代理机构注销营业执照，或者营业执照、执业许可证被撤销、吊销的，应当在营业执照注销 30 日前或者接到撤销、吊销通知书之日起 30 日内通知委托人解除委托合同，妥善处理尚未办结的业务，并向国家知识产权局办理注销专利代理机构执业许可证的手续。

若委托的专利代理机构被惩戒了，建议申请人或专利权人及时办理解除委托或更换专利代理机构的变更手续；建议专利代理机构及时办理辞去委托手续，妥善处理尚未办结的业务。

第六节　联系人及其他事项的变更

一、联系人的变更

327 什么情况需要变更或填写联系人？

联系人[1]一般不是必填项，但存在以下变化，需要变更或填写联系人：

（1）案件记载有联系人，联系人的姓名、地址、电话等信息发生变化影响接收国家知识产权局发文时；

（2）专利申请权或专利权转移，变更后的申请人或专利权人是单位，且未委托专利代理机构的，需要在申报书中填写联系人；

（3）解除委托或者辞去委托，申请人或专利权人是单位，且不再委托新的专利代理机构的，需要在申报书中填写联系人。

328 填写联系人需要注意什么问题？

填写联系人需要注意：

（1）需要同时填写联系人的姓名、地址、邮政编码。地址应为便于国家知识产权局发文送达的详细地址。

（2）联系人应当是本单位的工作人员。必要时国家知识产权局可以要求申请人出具证明，例如，填写的联系人涉及无资质专利代理的情形。

（3）联系人只能填写一人。填写两人的，以第一人为联系人，联系人姓名填写为“甲转乙”形式的，将以乙作为联系人，“甲转”字样将会写入联系人地址。

（4）联系人应为自然人的真实姓名。实践中常见的错误有将联系人误写为单位名称，建议修改为自然人的真实姓名。

（5）变更联系人事项无须缴纳变更费。

案例 5-36：

某专利的权利转移，变更后专利权人是“苏州××电子科技有限公司”，未委托专利代理机构，应当填写联系人。但是其 2021 年 11 月 15 日提交的申报书中填写的联系人为该公司的名称“苏州××电子科技有限公司”（图 5-46），不合格，国家知识产权局发出视为未提出通知书，指出“著录项目变更申报书中填写的变更后联系人不是自然人”。当事人 2021 年 12 月 22 日提交的著录项目变更申报书将联系人修改为自然人“张×”，予以合格。

---

[1] 关于联系人的概念详见本书第二章问题 73 的解答。

联系人	联系人姓名	××	苏州××电子科技有限公司
	联系人邮编	215127	215127
	联系人地址	苏州××××××××	苏州××××××××
	联系人电话	18××××	18××××

图 5-46 联系人误写为公司名称的申报书示例

329 联系人具有办理手续、提交文件的权限吗？

联系人仅为接收国家知识产权局发文的收件人。请注意联系人并非专利代理师，没有办理相关手续的权限；同时，专利申请或专利提交各种文件应由申请人或专利权人或其代表人签字或盖章，联系人签字不具有法律效力。

案例 5-37：

某电子申请，申请人因办理电子注册用户手续烦琐，即让单位工作人员注册电子申请用户，作为联系人代为提交著录项目变更申报书，还附具说明委托联系人办理著录项目变更手续，该手续不合格。申请人应自己注册为电子申请用户，以申请人的电子用户办理手续，提交申报书及证明文件。联系人只是收件人，并非专利代理师，不具有办理手续、提交文件的权限。

330 个人申请人、已委托专利代理机构的单位申请人可以填写联系人吗？

如果申请人为个人且需要由他人代收国家知识产权局发文的，也可以填写联系人。个人申请人如果未委托代理机构，且未填写联系人信息的，国家知识产权局纸件发文方向为填写的个人申请人地址。

如果申请人是单位且委托了专利代理机构的，也可以填写联系人，只不过需要注意的是，此时文件会发送给专利代理机构，而非联系人。根据《专利法实施细则》第 4 条第 2 款的规定，“当事人委托专利代理机构的，文件送交专利代理机构；未委托专利代理机构的，文件送交请求书中指明的联系人”。

二、代表人的变更

331 什么情况下需要变更代表人？

代表人是申请人有两人及以上，代表全体申请人办理某些手续的申请人。存在以下情形，需要变更或填写代表人：

（1）原代表人办理相关手续不便，需要变更代表人的；

（2）权利转移，变更后的申请人（或专利权人）是多个，需要指定代表人的。

注意两个及以上申请人（或专利权人）中代表人应仅为一人，对应申报书中的代表人标记为“是”。代表人的变更不需要缴纳变更费。确定代表人有三种情形：

（1）一般以第一署名申请人为代表人；

（2）如果申请人在请求书或申报书中有声明，则声明的申请人为代表人；

（3）代表人为非内地申请人的，应当委托代理机构。解除委托且不再委托新代理机构时应同时将代表人修改为内地申请人。

对于电子申请，有以下特殊要求：

（1）如果是电子申请，申请人有两人以上且未委托专利代理机构的，以提交电子申请的电子申请用户为代表人；

（2）电子申请的申请人解除委托手续合格的，以办理解除委托手续并已经成为电子申请用户的申请人为该专利申请的代表人；

（3）电子申请的专利代理机构辞去委托手续合格的，以指定的已成为电子申请用户的申请人为该专利申请的代表人。未指定代表人的，以第一署名并已成为电子申请用户的申请人为该专利申请的代表人。

案例 5-38：

某电子申请，专利权人为甲、乙，甲是代表人，乙更名，乙作为电子申请用户提交申报书，更名的同时解除专利代理机构，增加联系人。根据上述对于电子申请的特殊要求，以办理解除委托手续的已经成为电子申请用户的申请人乙为代表人，但是案件记载的代表人是甲，则需要变更代表人，申报书中应填写代表人变更事项。若申报书中未填写代表人的变更事项，变更手续合格后，案件记载的代表人仍是甲，但电子申请用户则为乙，两者不一致，后续乙无法正常提交文件办理各种手续，可能延误期限或造成不必要损失。

332 变更代表人需要提交证明文件吗？

请求变更代表人的，应提交全体申请人（或专利权人）签字或者盖章的声明。

未委托代理机构的申请人（或专利权人）提交的意见陈述书、补正书、信函等文件中声明改变代表人的，并且有全体申请人（或专利权人）签字或者盖章的，也视为合格。

对于纸件申请，仅提交由全体申请人（或专利权人）签字或者盖章的著录项目变更申报书也可以合格。

三、权利人国籍及其他信息的变更

333 什么是权利人国籍的变更？

实践中权利人国籍的变更主要是指申请人（或专利权人）变更国籍和国籍填写错误两种情形。其中，变更国籍，主要分为外国人取得中国国籍和中国人取得外国国籍两种情形，国籍填写错误主要有申请人（或专利权人）填写错误和因专利代理机构原因填写错误两种情形。国籍变更不需要缴纳变更费。

334 权利人国籍变更，应提交什么证明文件？

权利人国籍变更不同情形提交的证明文件也不同，见表 5-9。

表 5-9 权利人国籍变更证明文件

变更类型	具体情形	所需证明文件
变更国籍	外国人取得中国国籍	身份证复印件或户口簿复印件或我国国籍管理机关出具的证明文件
	中国人取得外国国籍	经该国公证机关公证的身份证明文件或该国国籍管理机关出具的证明文件
国籍填写错误	申请人（或专利权人）填写错误	申请人（或专利权人）签字或者盖章的声明及相应的证明文件
	代理机构原因造成	代理机构盖章的改正错误声明及相应的证明文件

335 权利人其他信息如何变更？

如果申请人（或专利权人）的其他信息［如申请人（或专利权人）的地址、证件号码、电话、传真、电子邮箱等］变化，仅需要在申报书中准确、完整填写变更后信息即可，无须填写变更前的信息。

值得注意的是，申请人（或专利权人）的英文信息（包括英文的姓名或名称、英文地址）不予变更。

第七节 发明人的变更

一、发明人的变更概述

336 什么是发明人？

根据《专利法实施细则》第 13 条的规定，专利法所称发明人或者设计人，是指对发明创造的实质性特点作出创造性贡献的人。在完成发明创造过程中，只负责组织工作的人、为物质技术条件的利用提供方便的人或者从事其他辅助工作的人，不是发明人或者设计人（在发明和实用新型专利中称为“发明人”，在外观设计专利中称为“设计人”，为表述简便，本章“发明人或设计人”以下简称“发明人”）。

根据 2022 年 1 月 1 日起施行的《中华人民共和国科学技术进步法》第 67 条的规定，科学技术人员应当恪守职业道德，诚实守信，不得在科学技术活动中弄虚作假。申请人应当将对发明创造的实质性特点作出创造性贡献的人填写为发明人，未对发明创造的实质性特点作出创造性贡献的人不得填写为发明人。科学技术人员应当恪守科研诚信，不得弄虚作假、谎报发明人。

337 哪些情形可以请求变更发明人？

只有对发明创造的实质性特点作出创造性贡献的人才是发明人，发明人的身份是客观事实，不得随意变更。根据《专利法》第20条及“局411号公告”（详见附录一），不得虚假变更发明人。

常见的可以请求变更发明人的情形主要有以下几种：

（1）发明人未填写或填写错误，例如，提交专利申请时未填写发明人，或者填写明显错误，如发明人重复填写或者误写为单位名称等；

（2）发明人姓名书写错误，例如，“王芸”误写为“王云”；

（3）发明人顺序的变更，例如，将发明人甲、乙、丙，修改为“乙、丙、甲”；

（4）发明人更改中文译名，例如，“林达”改为“琳达”；

（5）发明人更改姓名，例如，“张三”改名叫“张四”；

（6）发明人资格纠纷，例如，某件发明创造，提交专利申请时发明人填写的是张三，李四主张自己才是该专利申请的发明人，后到人民法院提起诉讼，法院判决李四才是真正的发明人，李四可以依据人民法院作出的判决书请求变更发明人；

（7）漏填、错填发明人，例如，将发明人甲错写为乙，将发明人甲错写为甲、乙，将发明人甲、乙错写为甲。

二、发明人变更手续办理

338 变更发明人，填写申报书应注意什么？

申报书中填写的变更前发明人应与案件记载的一致，变更后的发明人应与证明文件中的一致。第一发明人变更的，申报书中还需要填写变更后第一发明人的国籍和证件号码。

案例5-39：

某专利请求变更发明人，证明文件中变更后的发明人姓名为“某田伟”，申报书中填写的变更后发明人为“某天伟”，著录项目变更申报书中填写的变更后发明人姓名与证明文件中填写的变更后发明人姓名不一致，变更手续不合格，国家知识产权局发出视为未提出通知书。

339 变更发明人，应提交什么证明文件？

发明人变更情形不同，证明文件也不同，见表5-10。

表 5-10 发明人变更证明文件汇总

变更类型	所需证明文件
未填写	由全体申请人和全体发明人签字或者盖章的证明文件
姓名书写错误	被错填者本人签字或者盖章的声明及其身份证明文件复印件
漏填、错填	由全体申请人（或专利权人）和变更前全体发明人签字或者盖章的证明文件。为便于核实确认发明人，一定情形下还需要提交以下证明文件： （1）变更情况说明：①注明变更原因；②承诺“变更请求中所主张的发明人是对发明创造的实质性特点作出创造性贡献的全体人员，所提交的文件材料真实合法，符合国家有关法律法规，如有不实之处，请求人愿承担相应的法律责任，并承担由此造成的一切后果”等；③由变更前全体申请人、变更前及变更后全体发明人签字或盖章。 （2）全体发明人身份证复印件：包括变更前及变更请求所主张的全体发明人的身份证复印件。 （3）提供足以证明变更请求所主张的所有发明人对本发明创造的实质性特点作出创造性贡献的证据
排名顺序	全体申请人及全体发明人签字或者盖章的证明文件
外国人更改中文译名	发明人的声明，该声明中应写明申请号或专利号、外文姓名及变更后的中文译名
	专利代理机构翻译错误，应提交专利代理机构签字或者盖章的改正错误声明，声明中应写明申请号或专利号、外文姓名及变更后的中文译名
发明人更改姓名	户籍管理部门出具的证明文件
发明人资格纠纷	（1）协商解决：全体当事人签章的权利转移协议书； （2）地方知识产权局管理部门调解解决：该部门出具的调解书； （3）人民法院调解或判决确定：生效的人民法院调解书或判决书； （4）仲裁机构调解或裁决确定：仲裁调解书或仲裁裁决书

340 发明人姓名书写错误，证明文件应注意什么？

发明人姓名书写错误，应提交被错填者本人签字或者盖章的声明及其身份证明文件复印件。声明中应注明申请号或专利号、变更理由、正确的发明人姓名，并由发明人签字或者盖章。

案例 5-40：

某专利第 2 发明人姓名书写错误，应为“×峰”，误写为“×锋”，当事人提交了著录项目变更申报书，“×峰”的身份证复印件和“×峰”签字的声明（图 5-47），证明文件合格。

证 明

国家知识产权局专利局：

申请人于 2019 年 1 月 8 日提交的发明专利申请《××××××装置》（申请号：×××××××），由于打字人员失误，将发明人“×峰”的名字错打为“×锋”。在此，申请人请求国知局将错写的发明人姓名“×锋”变更为正确的“×峰”。

谢谢！

发明人签字：×峰

2021 年 11 月 29 日

图 5-47 发明人姓名书写错误声明示例

341 错填或漏填发明人，证明文件应注意什么？

证明文件中应注明申请号或专利号、变更理由、正确的发明人姓名，并由全体申请人（或专利权人）和变更前全体发明人签字或者盖章。

值得注意的是，发明人不得随意变更，错填或漏填发明人应写明变更理由。

案例 5-41：

某专利权利转移的同时请求变更发明人，发明人变更的证明文件和专利权人变更的证明文件同是一份“专利权变更说明”，其中只阐述了增加共同发明人的情况，并未注明变更理由，不合格，国家知识产权局发出视为未提出通知书。

三、其他问题

342 发明人的公开标记可以变更吗？

在发明专利申请公布前或发明专利申请公布后授权公告前，实用新型和外观设计专利授权公告前，可以请求将发明人公开标记由“不公开”变为“公开”。但如果专利申请已经进入公布或公告准备后，则不得再请求变更发明人公开标记。

请求重新公布发明人姓名应提交要求公布发明人姓名的声明。声明应注意以下事项：

（1）注明专利申请号、发明名称；

（2）写明请求公布发明人的意愿；

（3）由请求公布姓名的发明人签字或盖章，例如，发明人有张某、赵某两人，其中赵某请求公布发明人姓名，则声明只需要由赵某签字或盖章即可，无须全体发明人签字或盖章。

343 发明人的其他信息怎么变更？

发明人的其他信息，是指除发明人姓名以外的信息，如发明人国籍、身份证件号码等，均无须缴纳变更费。

若变更发明人国籍，需要提交证明文件，可参考本章第六节权利人国籍变更的要求。

若变更发明人身份证件号码，可以提交申报书，将变更后的证件号码填写正确即可。

发明人姓名字体变更，如将繁体字变更为简体字的，可以提交申报书，将变更前后发明人字体填写清楚即可，无须提交证明文件。

344 发明人的署名权可以转让吗？

不可以。《专利法实施细则》第 13 条明确规定：“专利法所称发明人或者设计人，是指对发明创造的实质性特点作出创造性贡献的人。”发明人的认定只能是基于发明创造的客观事实，而非转让等其他法律行为。谁对发明创造的实质性特点作出了创造性贡献，谁就是发明人，发明人的身份是一种客观既成事实，不以人的意志为转移，在发明创造完成时就已经确定，与专利（申请）权的转移无关，发明人的身份并不随专利权的转移而转移。随意转让发明人署名权，属于“局411号公告”中的“虚假变更发明人”的行为，违背专利法的立法宗旨、违反诚实信用原则。所以，在提出专利申请时，请务必核实发明人姓名，避免错填或漏填，以免影响真正发明人的合法权益。

案例 5-42：

某专利发明人变更证明文件中写明“专利申请权和发明人由张三转让给李四”。该证明文件中“发明人转让”的表述不合格，发明人是指对发明创造的实质性特点作出创造性贡献的人，发明人署名权不得转让。国家知识产权局发出视为未提出通知书。

法条链接

◆ 《专利法》

第10条 专利申请权和专利权可以转让。

中国单位或者个人向外国人、外国企业或者外国其他组织转让专利申请权或者专利权的，应当依照有关法律、行政法规的规定办理手续。

转让专利申请权或者专利权的，当事人应当订立书面合同，并向国务院专利行政部门登记，由国务院专利行政部门予以公告。专利申请权或者专利权的转让自登记之日起生效。

第81条 向国务院专利行政部门申请专利和办理其他手续，应当按照规定缴纳费用。

◆ 《专利法实施细则》

第13条 专利法所称发明人或者设计人，是指对发明创造的实质性特点作出创造性贡献的人。在完成发明创造过程中，只负责组织工作的人、为物质技术条件的利用提供方便的人或者从事其他辅助工作的人，不是发明人或者设计人。

第14条第1款 除依照专利法第十条规定转让专利权外，专利权因其他事由发生转移的，当事人应当凭有关证明文件或者法律文书向国务院专利行政部门办理专利权转移手续。

第93条第1款 向国务院专利行政部门申请专利和办理其他手续时，应当缴纳下列费用：

（一）申请费、申请附加费、公布印刷费、优先权要求费；

（二）发明专利申请实质审查费、复审费；

（三）专利登记费、公告印刷费、年费；

（四）恢复权利请求费、延长期限请求费；

（五）著录事项变更费、专利权评价报告请求费、无效宣告请求费。

第99条第3款 著录事项变更费、专利权评价报告请求费、无效宣告请求费应当自提出请求之日起1个月内缴纳；期满未缴纳或者未缴足的，视为未提出请求。

第119条 向国务院专利行政部门提交申请文件或者办理各种手续，应当由申请人、专利权人、其他利害关系人或者其代表人签字或者盖章；委托专利代理机构的，由专利代理机构盖章。

请求变更发明人姓名、专利申请人和专利权人的姓名或者名称、国籍和地址、专利代理机构的名称、地址和代理人姓名的，应当向国务院专利行政部门办理著录事项变更手续，并附具变更理由的证明材料。

第120条第2款 除首次提交专利申请文件外，向国务院专利行政部门提交各种文件、办理各种手续的，应当标明申请号或者专利号、发明创造名称和申请人或者专利权人姓名或者名称。

第六章

专利费用相关手续

专利费用是专利审批过程中的必要流程和办理部分手续的启动条件。依据《专利法实施细则》第九章，《财政部 国家发展改革委关于印发〈专利收费减缴办法〉的通知》（财税〔2016〕78 号），《国家知识产权局关于调整专利收费减缴条件和商标注册收费标准的公告》（第 316 号），国家知识产权局《关于专利、商标、集成电路布图设计受疫情影响相关期限事项的公告》（第 350 号）（以下简称“局 350 号公告”）等的规定，本章主要介绍与专利费用相关的内容，具体包括专利费用的基本知识、收费减缴、退款、费用种类转换及“局 350 号公告”适用中与专利费用相关的知识。

第一节　专利费用缴纳

一、专利费用缴纳概述

345　国内申请，专利审批过程中需要缴纳哪些费用？

依据《专利法实施细则》第 93 条的规定，向国务院专利行政部门申请专利和办理其他手续时，应当缴纳不同的费用。由于涉及的种类较多，以下依据涉及的阶段或手续进行介绍。

（1）申请阶段涉及的费用及费用金额，见表6-1。

表6-1　申请阶段涉及的费用及费用金额

费用种类		金额/元
申请费	发明专利	900
	实用新型专利	500
	外观设计专利	500
申请附加费	权利要求附加费从第11项起每项加收	150
	说明书附加费从第31页起每页加收	50
	说明书附加费从第301页起每页加收	100
公布印刷费		50
优先权要求费（每项）		80

（2）专利申请授权和授权后涉及的费用及费用金额，见表6-2。

表6-2　专利申请授权和授权后涉及的费用及费用金额

费用种类			金额/元	
年费	发明专利		1～3年（每年）	900
			4～6年（每年）	1200
			7～9年（每年）	2000
			10～12年（每年）	4000
			13～15年（每年）	6000
			16～20年（每年）	8000
	实用新型专利		1～3年（每年）	600
			4～5年（每年）	900
			6～8年（每年）	1200
			9～10年（每年）	2000
	外观设计专利	年费	1～3年（每年）	600
			4～5年（每年）	900
			6～8年（每年）	1200
			9～10年（每年）	2000
			11～15年（每年）	3000
		单独指定费（指定进入我国的外观设计国际申请及国际注册续展）	第一期（1～5年）	4100
			第二期（6～10年）	7600
			第三期（11～15年）	15000

值得注意的是，根据 2022 年 7 月 1 日起施行的《中华人民共和国印花税法》、国家知识产权局《关于终止代征印花税有关事宜的公告》（国家知识产权局第 489 号公告），国家知识产权局将自 2022 年 7 月 1 日起终止印花税代征业务。因此，原专利申请授权阶段专利证书的 5 元印花税，申请人无须再缴纳。

（3）请求复审需要缴纳的费用种类及金额，见表 6-3。

表 6-3　请求复审需要缴纳的费用种类及金额

费用种类		金额/元
复审费	发明专利	1000
	实用新型专利	300
	外观设计专利	300

（4）办理不同的法律手续业务需要缴纳的费用种类及金额，见表 6-4。

表 6-4　法律手续业务需要缴纳的费用种类及金额

费用种类		金额/元
发明专利申请实质审查费		2500
恢复权利请求费		1000
延长期限请求费	第一次延长期限请求费（每月）	300
	第二次延长期限请求费（每月）	2000
著录事项变更费	发明人、申请人或专利权人的变更	200
专利权评价报告请求费	实用新型专利	2400
	外观设计专利	2400
无效宣告请求费	发明专利权	3000
	实用新型专利权	1500
	外观设计专利权	1500
专利文件副本证明费（每份）		30

346 不同费用的缴纳期限是如何规定的？

专利审批过程中涉及的费用种类较多，且不同费用的缴纳期限也不尽相同，见表 6-5。

表 6-5　不同费用的缴纳期限

费用种类	缴纳期限
申请费	自申请日起 2 个月内或者在收到受理通知书之日起 15 日内缴纳
申请附加费	
公布印刷费	

续表

费用种类	缴纳期限
优先权要求费（要求优先权的）	缴纳申请费的同时缴纳优先权要求费
发明专利申请实质审查费	发明专利申请自申请日起3年内缴纳
复审费	收到国务院专利行政部门作出的驳回决定之日起3个月内缴纳
授权当年年费[①]	收到国务院专利行政部门作出的授予专利权通知书和办理登记手续通知书之日起2个月内缴纳
年费	除授权当年年费之外，以后的年费在上一年度期满前缴纳，缴费期限届满日是申请日在该年的相应日
恢复权利请求费	当事人因其他正当理由延误专利法或者其实施细则规定的期限或者国务院专利行政部门指定的期限，导致其权利丧失的，可以自收到国务院专利行政部门的通知之日起2个月内缴纳
延长期限请求费	请求延长期限的，应当在相应期限届满前缴纳
著录事项变更费	自提出请求之日起1个月内缴纳
专利权评价报告请求费	
无效宣告请求费	

注：①根据财政部、国家发展改革委发布的《关于停征 免征和调整部分行政事业性收费有关政策的通知》（财税〔2018〕37号），自2018年8月1日起，停征专利收费（国内部分）中的专利登记费、公告印刷费。

347 费用缴纳方式有哪些？

专利费用有多种缴纳方式，当事人可以通过网上缴费系统在线缴纳，也可通过银行、邮局汇款或直接向代办处或国家知识产权局面交，具体见表6-6。

表6-6　缴费方式及具体要求

缴费方式	具体要求
在线缴纳	缴费人可登录专利业务办理系统，进入专利缴费服务模块网上缴费页面缴纳专利费用。缴费人可选择微信、支付宝、银行卡或对公账户支付方式进行缴费。网上缴费的缴费日以网上缴费系统收到的支付平台反馈的实际支付时间所对应的日期来确定。网上缴费方式方便快捷，缴费信息完整准确，建议缴费人采用该缴费方式进行缴费
面交	可按属地就近的原则选择国家知识产权局专利局各地方代办处[①]或到国家知识产权局专利局受理大厅进行缴纳。特别说明的是，PCT国际阶段费用的缴费方式为网上缴费、银行汇款至国家知识产权局专利局银行账户和向国家知识产权局专利局面交。不接受邮局汇款、银行汇款至代办处银行账户和向代办处面交。外观设计国际申请费用的缴费方式详见国家知识产权局官方网站海牙协定专栏
银行或邮局汇款转账	通过银行或邮局汇付专利费用时，应当在汇款单附言栏中写明正确的申请号（或专利号）及费用名称（或简称）。通过银行或邮局汇款的，缴费人可按属地就近汇至全国34个专利代办处银行或邮局账户，各代

续表

缴费方式	具体要求
银行或邮局汇款转账	办处地址、银行/邮局账户以及联系电话等信息详见国家知识产权局专利局缴费信息列表[②]，也可登录国家知识产权局官方网站代办处页面进行查看[③]。费用不得直接邮寄到国家知识产权局专利局受理处、其他部门或者审查员个人。 国家知识产权局专利局银行汇付： 开户银行：中信银行北京知春路支行 户名：国家知识产权局专利局 账号：7111710182600166032； 国家知识产权局专利局邮局汇付： 收款人姓名：国家知识产权局专利局收费处 商户客户号：110000860（可代替地址邮编）

注：①国家知识产权局各地方代办处详细信息请见 http://www.cnipa.gov.cn/col/col245/index. html，访问时间 2023 年 3 月 11 日。

②国家知识产权局. 专利和集成电路布图设计缴费服务指南附件 1［EB/OL］.（2023-06-29）［2023-07-30］. https://www.cnipa.gov.cn/art/2023/6/29/art_1518_171803.html.

③ 参见 https://www.cnipa.gov.cn/col/col245/index.html。

348 缴费日的确定依据是什么？

当事人应当在规定的期限内缴纳相关费用，因缴费方式不同，缴费日的确定依据也不同，具体见表 6-7。

表 6-7 缴费日的确定

缴费方式	缴费日的确定
在线缴纳	以网上缴费系统收到的银联在线支付平台反馈的实际支付时间所对应的日期来确定
面交	以当天缴费的日期为缴费日
银行或邮局汇款转账	费用通过邮局汇付，且在汇单上写明申请号（或专利号）以及费用名称的，以邮局取款通知单上的汇出日为缴费日；费用通过银行汇付，且写明申请号（或专利号）以及费用名称的，以银行实际汇出日为缴费日。如通过邮局或者银行汇付时遗漏了必要缴费信息，当日补充完整缴费信息的，以汇款日为缴费日；当日补充不完整而再次补充的，以补充完整缴费信息日为缴费日

349 国家知识产权局确定的缴费日与实际缴纳日不一致，该如何处理？

若因银行或者邮局的责任导致国家知识产权局确定的缴费日与实际缴费时间不符的 ，当事人需要以书面形式陈述意见，并附具汇款银行或者邮局出具的加盖公章的证明材料。该证明至少应当包括汇款人姓名或者名称、汇款金额、汇款日期、汇款时所提供的申请号（或专利号）、费用名称等内容。

满足上述条件的，国家知识产权局对缴费日重新认定，以证明文件中所证实的缴费日期重新确定缴费日。

二、实务问题解答

350 缴费时的注意事项有哪些？

当事人缴费时，尤其是选择邮局或银行汇款的方式进行缴费时，为保证缴纳成功，应当在银行或邮局汇单附言栏内写明申请号或专利号、费用名称（或简称）、分项金额。请注意：

（1）如果没有写明申请号或专利号，由于国家知识产权局无法确定是哪项专利的费用信息，会将费用退回；

（2）如果缴费人信息填写不完整或者不准确，造成费用不能退回或者无人接收的，费用会暂时存入国家知识产权局专利局账户。

（3）因汇款时缺少必要缴费信息、逾期补充缴费信息或补充信息不符合规定的，造成汇款被退回或因款项无法退回而暂时存入国家知识产权局专利局账户（以下简称“暂存”）的，视为未缴纳费用。[1]

351 汇款时未注明费用必要信息的，怎么补救？

缴费人通过银行或邮局汇付的，如果未在汇款时注明申请号（或专利号）、费用种类等信息的，可以在汇款当天最迟不超过汇款次日补充缴费信息。补充缴费信息需要登录专利业务办理系统，进入专利缴费服务模块电子缴费清单页面提交电子缴费清单。

352 缴费时出现错误导致哪些后果？

如果未在规定期限内缴足相关费用，或申请号（或专利号）、费用种类等填写错误，会导致申请人（或专利权人）的相应权利丧失。

案例 6-1：未在规定期限内缴足申请费导致专利申请被视为撤回

一件实用新型专利申请，申请日是 2021 年 5 月 27 日，申请费缴纳的期限届满日是 2021 年 7 月 27 日，因未申请费用减缴，申请人应当缴纳申请费 500 元。申请人于 2021 年 7 月 26 日缴纳申请费 90 元，因未在规定期限内缴足申请费，国家知识产权局发出视为撤回通知书。

案例 6-2：因缴纳费用时申请号（或专利号）填写错误导致专利申请被视为撤回

申请人 2021 年 9 月 26 日提交了一件实用新型专利申请 A，2021 年 9 月 28 日提交了一件实用新型专利申请 B。申请人 2021 年 9 月 30 日针对 A 缴纳了申请费 500 元，在针对 B 缴纳申请费时附言中输入申请号错误，输入了 A 的申请号，导致案件 A 收到两笔申请费，但是案件 B 因未在规定期限内缴纳申请费，国家知识产权局发出视为撤回通知书。

---

[1] 国家知识产权局. 专利和集成电路布图设计缴费服务指南附件 1[EB/OL].（2023-06-29）[2023-07-30]. https://www.cnipa.gov.cn/art/2023/6/29/art_1518_171803.html.

案例 6-3：因缴纳费用时费用种类填写错误导致优先权被视为未要求

一件实用新型专利申请，申请日是 2021 年 1 月 6 日，要求了一项本国优先权，申请费及优先权费缴纳的期限届满日是 2021 年 3 月 8 日。依据规定，本申请应当缴纳申请费 500 元和优先权要求费 80 元。申请人在缴费时，将优先权要求费的费用种类错误填写为优先权恢复费，导致专利申请的优先权被视为未要求。

353 未在规定期限内缴纳费用会产生什么后果？

依据规定，当事人应当在规定期限内足额缴纳相关费用，如期限届满未缴纳或者未缴足的，会导致当事人的权利丧失，具体见表 6-8。

表 6-8　期限届满未缴纳或者未缴足费用的后果

费用种类	后果
申请费	专利申请视为撤回
申请附加费	
公布印刷费	
优先权要求费	优先权视为未要求
发明专利申请实质审查费	实质审查请求视为未提出
复审费	复审请求视为未提出
授权当年年费	视为放弃取得专利权
年费	专利权终止
恢复权利请求费	视为未提出恢复权利请求/不予恢复
延长期限请求费	视为未提出延长期限请求/不予延长
著录事项变更费	著录项目变更请求视为未提出
专利权评价报告请求费	专利权评价报告请求视为未提出
无效宣告请求费	无效宣告请求视为未提出

第二节　专利收费减缴

一、专利收费减缴手续概述

354 哪些费用可以请求费用减缴？

申请人或专利权人可以请求减缴下列专利收费：

（1）申请费（不包括公布印刷费、申请附加费）；

（2）发明专利申请实质审查费；

（3）年费（自授予专利权当年起10年内的年费）；

（4）复审费。

355 收费减缴的比例是多少？

根据申请人或专利权人的个数不同，可享有的减缴比例不同，专利申请人或者专利权人为个人或者单位的，减缴前述收费的85%；两个或者两个以上的个人或者单位为共同专利申请人或者共有专利权人的，减缴上述收费的70%，具体见表6-9。

表6-9 可享有的减缴比例

申请人或专利权人的个数	减缴比例/%
一个（个人或者单位）	85
两个或者两个以上的（个人或者单位）	70

356 可以请求减缴专利费用的主体及满足的条件有哪些？

不同的请求主体，需要满足的减缴条件不尽相同，具体见表6-10。

表6-10 请求减缴专利费用的主体及需满足的条件[1]

主体	条件
个人	上年度月均收入低于5000元（年6万元）
企业	上年度企业应纳税所得额低于100万元
事业单位、社会团体、非营利性科研机构	无

需要注意的是，两个或者两个以上的个人或者单位为共同申请人或者共有专利权人的，应分别满足上述条件。

357 请求收费减缴需要提交什么证明文件？

不同的请求主体，请求收费减缴，需要提交的证明文件也不同，具体见表6-11。

如专利申请人或专利权人为个人，存在以下情形的，出具的相应证明材料视为符合要求：

（1）县级以上社保部门出具的工资收入证明；

（2）申请人为学生，所在学校出具的学生证明或能表明学生身份的证明，例如，从身份证上的信息看，明显为学生身份的；

（3）监狱服刑人员，由所在监狱出具的情况说明。

[1] 据《财政部 国家发展改革委关于减免部分行政事业性收费有关政策的通知》（财税〔2019〕45号），自2019年7月1日起，对《专利收费减缴办法》中的专利收费减缴的条件进行了调整。

表 6-11 请求收费减缴需提交的证明文件

主体	条件
个人	提交所在单位出具的年度收入证明（具体如图 6-1 所示）； 无固定工作的，提交户籍所在地或者经常居住地县级民政部门或者乡镇人民政府（街道办事处）出具的关于其经济困难情况证明
企业	提交经会计师事务所和税务师事务所审计的上年度企业财务报告复印件。在汇算清缴期内，企业提交经会计师事务所和税务师事务所审计的上上年度企业财务报告复印件（具体如图 6-2 所示）
事业单位、社会团体、非营利性科研机构	法人证明文件复印件，如事业单位法人证书复印件（加盖公章）

个人收入证明

兹证明 ××× (先生或女士)，身份证号 ×××××× 系我单位职工，已在我单位工作 3 年，职务 员工 ，月收入为 ××× 元人民币，2022 年收入为 ×××× 元人民币。

特此证明，我单位对本证明的真实性负责。

单位地址：内蒙古×××××××××××××

单位电话：×××××　　单位联系人：×××

单位盖章：

年　月　日

0-签章形审通过

图 6-1 单位出具的收入证明

（注：证明文件中应加盖单位公章）

358 提出费用减缴请求有期限限制吗？

专利申请人或者专利权人只能请求减缴尚未到期的收费。特别提醒注意的是，减缴申请费的请求应当与专利申请同时提出。减缴其他收费的请求可以与专利申请同时提出，也可以在相关收费缴纳期限届满日两个半月之前提出，减缴请求不满足上述提交时机的，不予减缴。

因此，不同的费用种类，费用减缴请求的提出时机存在差异，具体见表 6-12。

A100000 中华人民共和国企业所得税年度纳税申报表(A类)(2021版)

行次	类别	项　目	金　额
1	利润总额计算	一、营业收入（填写A101010\101020\103000）	
2		减：营业成本（填写A102010\102020\103000）	
3		减：税金及附加	
4		减：销售费用（填写A104000）	
5		减：管理费用（填写A104000）	
6		减：财务费用（填写A104000）	
7		减：资产减值损失	
8		加：公允价值变动收益	
9		加：投资收益	
10		二、营业利润（1-2-3-4-5-6-7+8+9）	
11		加：营业外收入（填写A101010\101020\103000）	
12		减：营业外支出（填写A102010\102020\103000）	
13		三、利润总额（10+11-12）	
14	应纳税所得额计算	减：境外所得（填写A108010）	
15		加：纳税调整增加额（填写A105000）	
16		减：纳税调整减少额（填写A105000）	
17		减：免税、减计收入及加计扣除（填写A107010）	
18		加：境外应税所得抵减境内亏损（填写A108000）	
19		四、纳税调整后所得（13-14+15-16-17+18）)	
20		减：所得减免（填写A107020）	
21		减：弥补以前年度亏损（填写A106000）	
22		减：抵扣应纳税所得额（填写A107030）	
23		五、应纳税所得额（19-20-21-22）	
24	应纳税额计算	税率（25%）	
25		六、应纳所得税额（23×24）	
26		减：减免所得税额（填写A107040）	
27		减：抵免所得税额(填写A107050)	
28		七、应纳税额（25-26-27）	
29		加：境外所得应纳所得税额（填写A108000）	
30		减：境外所得抵免所得税额（填写A108000）	
31		八、实际应纳所得税额（28+29-30）	
32		减：本年累计实际已缴纳的所得税额	
33		九、本年应补（退）所得税额（31-32）	
34		其中：总机构分摊本年应补（退）所得税额（填写A109000）	
35		财政集中分配本年应补（退）所得税额（填写A109000）	
36		总机构主体生产经营部门分摊本年应补（退）所得税额（填写A109000）	
37	实际应纳税额计算	减：民族自治地区企业所得税地方分享部分：（□ 免征　　□ 减征：减征幅度　　%）	
38		十、本年实际应补（退）所得税额（33-37）	

图 6-2　企业年度纳税申报表（主表）

表 6-12　费用减缴请求提出时机

请求减缴的费用种类	费用减缴请求提出时机
申请费	与专利申请同时提出（须特别注意）
实审费	与专利申请同时提出；或在相关收费缴纳期限届满日两个半月之前提出
年费	
复审费	

案例 6-4：未在相关收费缴纳期限届满日两个半月之前提出导致年费不能享有费减

一件实用新型专利，申请日是 2019 年 11 月 21 日，国家知识产权局 2020 年 4 月 7 日发出授权通知书。本专利第 3 年年费的缴纳期限届满日是 2021 年 11 月 21 日，专利权人 2021 年 10 月 21 日提出费用减缴请求，因该请求未在第 3 年年费缴纳期限届满日（2021 年 11 月 21 日）两个半月之前提出，不符合上述费用减缴请求提出时机的要求，因此，第 3 年年费不能予以减缴。

此外，对于申请人（或专利权人）因权利转移提出著录项目变更请求，变更后申请人（或专利权人）提交费用减缴请求的，应当特别关注“相关收费缴纳期限届满日两个半月之前提出”的时机要求，以免造成不必要的经济损失。

359 不予批准专利费用减缴请求的情形有哪些？

专利费用减缴请求存在下列情形之一的，不予批准：

（1）电子申请，未进行专利收费减缴备案的；

（2）未使用国家知识产权局制定的费用减缴请求书的；

（3）费用减缴请求书未由权利人或其委托的专利代理机构签字或者盖章的；

（4）费用减缴请求不符合可请求减缴的费用、主体及相应条件的；

（5）费用减缴请求的个人或者单位未提供符合规定的证明材料的；

（6）费用减缴请求书中的专利申请人或者专利权人的姓名或者名称，或者发明创造名称，与专利请求书或者专利登记簿中的相应内容不一致的。

二、专利费用减缴手续的办理

360 请求收费减缴的基本流程包括哪些？

请求收费减缴的基本流程包括三步，具体如图 6-3 所示。

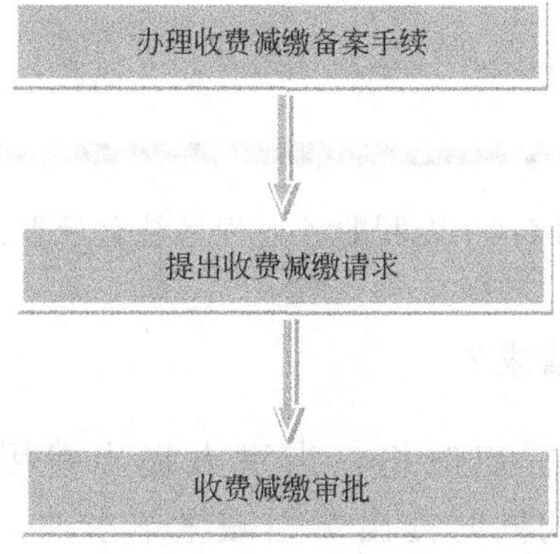

图 6-3 请求收费减缴的基本流程

361 为什么要在申请专利前办理费减备案？

根据《专利收费减缴办法》第5条的规定，减缴申请费的请求应当与专利申请同时提出。在提交专利申请之前办理费用备案手续，且备案成功后，当事人在提出专利申请时提出费用减缴请求，申请费才能予以减缴。

否则，申请专利之后再办理收费减缴备案手续，后续提交费用减缴请求书，只能减缴尚未到期的年费等其他费用，而申请费无法获得减缴。

362 如何办理收费减缴备案？

专利申请人或者专利权人通过专利业务办理系统下的专利事务服务系统费减备案模块（图6-4）办理收费减缴备案手续，登录后选择费减备案请求，点击业务办理填写所需信息（图6-5）。例如，对于个人请求减缴专利收费的，需要如实填写本人上年度收入情况或经济困难情况；对于企业请求减缴专利收费的，应当如实填写企业应纳税所得额情况，并上传相关证明文件。审核批准备案后，在一个自然年度内再次请求减缴专利收费，仅需要提交费用减缴请求书，无须再提交相关证明材料。

图6-4 专利业务办理系统登录界面

363 如何提出费用减缴请求？

依据费用减缴请求的提出时机，当事人提出费用减缴请求的方式有两种：

（1）在提出专利申请的同时提出费用减缴请求的，需在请求书中勾选“全体申请人请求费用减缴且已完成费用减缴资格备案”，具体如图6-6所示。请注意，此处填写的居民身份证件号码或统一社会信用代码应与收费减缴备案的证件号码完全一致，否则申请费可能无法获得减缴。

图 6-5　费减备案信息填写示意

☒全体申请人请求费用减缴且已完成费用减缴资格备案		
申请人(1)	姓名或名称　×××××	申请人类型　××××
	国籍或注册国家（地区）　中国	电子邮箱
	居民身份证件号码或统一社会信用代码　×××××	
	经常居所地或营业所所在地　中国	电话
	详细地址　××××××××××	邮政编码　××××

图 6-6　请求书中费用减缴请求的勾选项

（2）申请日后提出费用减缴请求的，应当提交“费用减缴请求书（申请日后提交适用）”的标准表格，表格可在国家知识产权局官方网站下载。提出专利申请之后只能请求减缴除申请费外尚未到期的费用，最迟应当在有关费用缴纳期限届满前两个半月之前提出。

364　提出专利费用减缴请求时如果提供虚假情况或虚假证明会导致什么后果？

根据《专利收费减缴办法》第 11 条的规定，在提出专利费用减缴请求时若提供虚假情况或者虚假证明文件的，国家知识产权局查实后会撤销减缴专利收费决定，通知当事人在指定期限内补缴已经减缴的收费，并取消申请人（或专利权人）自本年度起五年内收费减缴资格，期满未补缴或者补缴额不足的，按缴费不足依法作出相应处理。

专利代理机构或者专利代理师帮助、指使或引诱专利申请人（或专利权人）实施上述行为的，依照有关规定进行惩戒。

2021年6月1日施行的《专利法》第20条中规定，申请专利和行使专利权应当遵循诚实信用原则。根据《国家知识产权局知识产权信用管理规定》第6条的规定，提交虚假材料或隐瞒重要事实申请行政确认的行为可以认定为失信行为。国家知识产权局对失信主体会实施相关管理措施。因此，当事人在办理收费减缴备案手续或请求收费减缴过程中，应当严格遵循诚实信用原则，以免带来不良信用记录或其他严重后果。

三、实务问题解答

365 申请人（或专利权人）变更的情形对专利收费减缴有影响吗？

申请人（或专利权人）变更，因变更类型不同，对专利收费减缴的影响也不同：

（1）申请人（或专利权人）更名的，主体不变，无须重新提交费用减缴请求，继续享有原减缴比例。

案例6-5：申请人更名费减比例不变

一件实用新型专利申请，申请人为“北京××××××科技有限公司”，申请日提出费用减缴请求，费减审批合格。随后，申请人因企业更名，提交著录项目变更请求，请求将公司名称由“北京××××××科技有限公司”更名为“北京××××××科技股份有限公司”。此情形下，因主体未发生变更，因此，享有原费减比例，申请人无须重新提交费用减缴请求。

（2）专利申请权（或专利权）赠与或转让的，其权利主体发生变更，需要重新提交费用减缴请求，具体情形包括：

① 申请人（或专利权人）全部变更或增加的，变更后的申请人（或专利权人）未提出费用减缴请求的，不再予以费用减缴。

案例6-6：专利权转移（权利人全部变更或增加）变更后专利权人需要重新提交费用减缴请求

一件实用新型专利，专利权人为A公司，申请日提出费用减缴请求，费减审批合格，费减比例85%。随后，因专利权转移，当事人提交著录项目变更请求，请求将专利权人由A公司变更为A公司和B公司。此情形下，因主体发生变更，所以不再享有原费减比例，变更后专利权人要重新提交费用减缴请求办理费减手续。

② 变更后申请人（或专利权人）减少的，申请人（或专利权人）未再提出费用减缴请求的，费用减缴比例不变；变更后的申请人（或专利权人）可以根据专利费用减缴办法重新办理请求收费减缴的手续。

案例6-7：专利权转移（权利人减少）费减比例不变

一件实用新型专利，专利权人为A公司和B公司，申请日提出费用减缴请求，费减审批合格，费减比例70%。随后，因专利权转移，当事人提交著录项目变更请求，请求将专利权人由A公司和B公司变更为A公司。此情形下，虽然主体发生变更，但因A公司为原来的专利权人，因此可以继续享有原70%的费减比例；当然，A公司也可以重新提交费用减缴请求，如费减请求合格的情况下，可以取得85%的费减比例。

366 存在多个名称的事业单位，在办理费用减缴手续时需要注意哪些问题？

常见一些医疗或教育领域申请主体，其名称存在A（B）的情形，这种情况下，必须保证备案信息中的申请人（或专利权人）名称与请求书中填写的申请人名称完全一致，费用减缴请求才有可能审批通过。

申请人在办理费用减缴手续时可以有以下两种方式：

（1）费减备案时备案人名称填写为A（B），请求书中申请人名称也应填写为A（B）；

（2）费减备案时备案人名称填写为A，请求书中申请人名称也应填写为A。

案例6-8：因名称不一致费减审批未通过

一件实用新型专利，专利权人办理费减备案时记载的申请人名称为“深圳市××保健医院（深圳市××医学研究所）”。提交专利申请时，请求书中填写的申请人名称为“深圳市××保健医院”，未加括号中的信息，勾选了请求费用减缴。但因请求书中填写的申请人名称与费减备案信息中记载的申请人名称不一致，费减审批未通过。

367 申请日提交的费用减缴请求不合格，申请费是否还可以再减缴？

根据《专利收费减缴办法》第5条的规定，请求减缴申请费应当在提出专利申请的同时提出；如果申请日提交的费用减缴请求不合格，后续再提交费用减缴请求书，申请费将不再予以减缴。

368 请求书中填写的申请人证件号码、名称与备案信息之间有什么关系？

申请人在填写专利请求时，申请人的证件号码、姓名或名称应当与费减备案信息中记载的证件号码完全一致。实践中常见的费用减缴审批未通过的情形即证件号码不一致、申请人姓名或名称不一致。

（1）证件号码不一致，例如，字母大小写，或者数字与字母混淆（如0与O、1与I等），以及18位统一社会信用代码和9位组织机构代码混淆的情况，都属于证件号码不一致，会导致不予减缴。

案例6-9：费减备案信息与请求书中填写的申请人的证件号码不一致

申请人为A公司，申请时请求书中填写的申请人的统一社会信用代码为“911222333O×××××111”，但费减备案信息中记载的申请人的统一社会信用代码为“9112223330×××××111”，因0与O、1与I的区别，系统在审批费减请求时，会认定费减备案信息中的统一社会信用代码与请求书中填写的统一社会信用代码不一致，费减审批未通过。

温馨提示：18位的统一社会信用代码中没有字母O的情况，所以在填写相关信息时要特别注意。

（2）申请人名称不一致，例如，缺少“市”“股份”“有限责任”字样，或者企业存在更名的情形。

案例6-10：费减备案信息与请求书中填写的申请人名称不一致

A公司，曾在工商行政管理部门办理了企业更名，更名后的名称为A′。申请时请求书中填写的申请人名称为A，但在费减备案时填写的申请人名称为更名后名称A′。系统在审批费减请求时，会认定费减备案信息中记载的申请人名称与请求书中填写的申请人名称不一致，费减审批未通过。

369 收费减缴备案年度如何计算？

申请人或专利权人在费减备案时须选择预备案的自然年度，按每一自然年度的费减备案资格有效期至当年的12月31日。每年的第四个季度起（10月1日起）开放下一年度的费减备案。

370 电子申请费减备案当日提交新申请或费用减缴请求的，对费减审批有什么影响？

申请人请求费用减缴，应当在费减备案后再提交新申请或费用减缴请求。尤其是对于电子申请，申请人应当先办理费减备案，在费减备案完成的第二天及以后再提交申请文件。如果在备案当日提交申请文件的，由于备案数据尚未同步到审查系统，会导致费减审批不合格，专利费用不予减缴。

案例6-11：费减备案的同时提交费用减缴请求

申请人A公司，2021年9月21日在专利事务服务系统办理了费减备案手续，并经过审核，同日提交了一件实用新型专利申请，并在请求书中勾选费减请求项，但因费减审批时备案数据未同步至审批系统，因此费减审批未通过。

371 因疫情相关原因延误费用减缴请求的提出时机，是否可以适用“局350号公告”？

《专利收费减缴办法》第5条规定，专利申请人或专利权人只能请求减缴尚未到期的收费。减缴申请费的请求应当与专利申请同时提出，减缴其他收费的请求可以与专利申请同时提出，也可以在相关收费缴纳期限届满日两个半月之前提出。未按规定时限提交费用减缴请求的，不予减缴。[1]如当事人因疫情相关原因延误了费用减缴请求的提出时机，并附具必要的证明文件加以说明的，可以参照适用“局350号公告”（相关内容详见本章第五节）。

372 疫情防控期间，因个人申请人在办理专利费用减缴请求备案时，所在单位尚未复工，无法提交相应的个人收入证明材料，怎么办？

根据《专利收费减缴办法》第9条的规定，个人未提供所在单位等出具的年度收入证明的，不予批准专利费用减缴请求。但考虑到新冠疫情的特殊情况，个

[1] 《财政部 国家发展改革委关于印发〈专利收费减缴办法〉的通知》，2016年7月27日印发。

人所在单位等因受疫情影响未复工、无法开具年度收入证明的，个人在办理费减备案时，可以仅提交声明，告知其无法提交年度收入证明的原因，并承诺所告知的收入情况属实。对于疫情防控期间收到的个人费减备案请求，国家知识产权局将按照告知承诺制进行审查。❶

第三节 退款

一、退款手续概述

373 可以请求退款的情形包括哪些？

《专利法实施细则》第 94 条第 4 款规定，多缴、重缴、错缴专利费用的，当事人可以自缴费日起 3 年内，向国务院专利行政部门提出退款请求。

所谓多缴、重缴、错缴的专利费用，具体是指：

（1）多缴费用的情形：如当事人应当缴纳年费为 600 元，在规定期限内实际缴纳费用为 650 元，可以对多缴的 50 元提出退款请求。

（2）重缴费用的情形：如提出一次著录项目变更请求应当缴纳著录项目变更手续费 200 元，当事人缴纳 200 元后，再次缴纳了 200 元，当事人可以对再次缴纳的 200 元提出退款请求。

（3）错缴费用的情形：如当事人缴费时写错费用种类、申请号（或专利号）的，或者因缴费不足、逾期缴费导致权利丧失的，或者权利丧失后缴纳专利费用的，当事人可以提出退款请求。

此外，根据国家知识产权局 2018 年 6 月 15 日发布的《关于停征和调整部分专利收费的公告》（第 272 号），对进入实质审查阶段的发明专利申请，在第一次审查意见通知书答复期限届满前（已提交答复意见的除外）主动申请撤回的，可以请求退还 50%的专利申请实质审查费。

374 谁可以提出退款请求？

请求退款，应当由缴款人提出退款请求，缴款人即费用收据（左上角）中写明的交款人。

如果申请人（或专利权人），或本专利申请（或专利）委托的专利代理机构作为非缴款人请求退款的，应当声明受缴款人委托办理退款手续。该声明可以在“意见陈述书（关于费用）”表格第 2 栏中勾选“委托声明：受缴款人委托请求退款”（相应案

❶ 与疫情相关的专利个人申请办理费用减缴请求相关问题解答［EB/OL］.（2020-02-20）［2023-04-30］. http://www.cnipa.gov.cn/art/2020/2/20/art_771_44439.html.

例见本章问题382），或者单独提交由缴款人签章的委托办理退款手续的证明材料。

375 提出退款请求的有期限限制吗？

当事人请求退回多缴、重缴、错缴专利费用的，可以自缴费日起3年内，提出退款请求。但是对于专利申请已被视为撤回或者撤回专利申请的声明已被批准后，并且在国家知识产权局作出发明专利申请进入实质审查阶段通知书之前，已缴纳的实质审查费（不包括多缴、重缴、错缴的实质审查费）；在专利权终止或者宣告专利权全部无效的决定公告后缴纳的年费；恢复权利请求审批程序启动后，国家知识产权局作出不予恢复权利决定的，当事人已缴纳的恢复权利请求费及相关费用，不受上述期限的限制。

376 电子申请，可以以纸件形式提交退款请求吗？

电子申请，原则上应以电子形式提交退款请求。如果非本电子申请的权限人作为缴款人请求退回的，可以以纸件形式提交退款请求。

案例6-12：非本电子申请的权限人作为缴款人请求退款

一件实用新型专利的电子申请，申请人A公司，委托了B代理机构，C公司于2022年6月17日重复缴纳了一笔申请费500元。因本案为电子申请，原则上应以电子形式提交退款请求。但如果C公司作为缴款人请求退款的，因其不是本案的电子申请权限人，所以可以以纸件方式提交退款请求。

二、退款手续的办理

377 请求退款的基本流程是什么？

请求退款的基本流程包括三步，具体如图6-7所示。

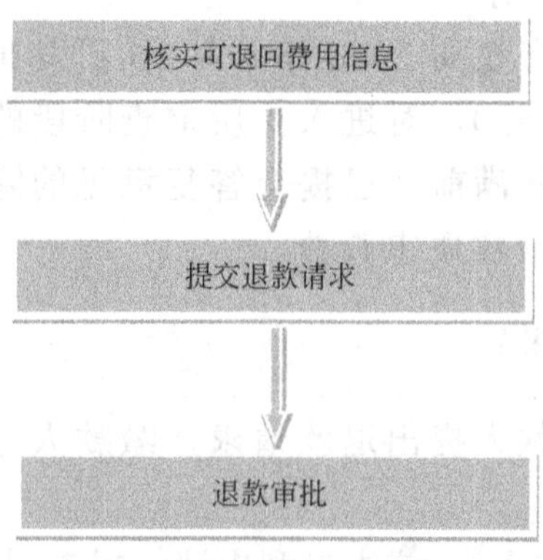

图6-7　请求退款的基本流程

378 如何提交退款请求？

当事人请求退款，应当提交“意见陈述书（关于费用）”的标准表格，纸件申请的表格可在国家知识产权局官方网站（http://www.cnipa.gov.cn）下载，该表格如何填写请见后续问题的详细解答。具体纸件表格如图 6-8 所示。

意见陈述书（关于费用）

请按照“注意事项”正确填写本表各栏

<table>
<tr><td colspan="2"></td><td>此框由国家知识产权局填写</td></tr>
<tr><td rowspan="3">①
专利申请或专利</td><td>申请号或专利号</td><td>递交日</td></tr>
<tr><td>发明创造名称</td><td>申请号条码</td></tr>
<tr><td>申请人或专利权人</td><td>挂号条码</td></tr>
<tr><td colspan="3">②陈述事项：</td></tr>
</table>

<table>
<tr><td rowspan="17">□退款请求</td><td rowspan="6">退款情形</td><td colspan="3">□根据专利法实施细则第 94 条第 4 款的规定请求退款
（提示：票据号码（收据号）请填写票据右上角号码）</td></tr>
<tr><td>费用种类</td><td>金额</td><td>票据号码（收据号）</td></tr>
<tr><td></td><td></td><td></td></tr>
<tr><td></td><td></td><td></td></tr>
<tr><td colspan="3">□根据国家知识产权局第 272 号公告请求退 50%实审费
（提示：票据号码（收据号）请填写票据右上角号码）</td></tr>
<tr><td>票据号码（收据号）</td><td colspan="2"></td></tr>
<tr><td rowspan="3">退款账户</td><td>开户行：</td><td colspan="2">示例：交通银行一湖南省长沙市湘府支行</td></tr>
<tr><td>银行账号：</td><td colspan="2"></td></tr>
<tr><td>开户名称：</td><td colspan="2"></td></tr>
<tr><td rowspan="7">退款审批通知书收件人</td><td>姓名：</td><td colspan="2"></td></tr>
<tr><td rowspan="3">地址：</td><td>省、自治区、直辖市：</td><td></td></tr>
<tr><td>市县：</td><td></td></tr>
<tr><td>城区（乡）、街道、门牌号：</td><td></td></tr>
<tr><td>邮政编码：</td><td colspan="2"></td></tr>
<tr><td>手机号码：</td><td colspan="2"></td></tr>
<tr><td>电子邮箱：</td><td colspan="2"></td></tr>
<tr><td>委托声明</td><td colspan="3">□受缴款人委托请求退款

（提示：此处所称“缴款人”为收费票据“交款人”栏目填写的姓名或者名称）</td></tr>
</table>

<table>
<tr><td colspan="2">□请求转换费用种类</td></tr>
<tr><td colspan="2">□缴纳专利费用后未收到国家知识产权局开出的费用收据</td></tr>
<tr><td colspan="2">□针对国家知识产权局于________年________月________日发出的 ________通知书（发文序号________________________）陈述意见</td></tr>
<tr><td colspan="2">③陈述的意见：（第②栏中已填写事项请勿在此栏中重复）</td></tr>
<tr><td colspan="2">④ 附件清单
□银行汇单原件 □邮局汇单原件 □费用收据原件
□加盖银行公章或经公证的银行汇单复印件
□加盖邮局公章或经公证的邮局汇单复印件
□费用收据复印件
□费用电子票据
□已备案的证明文件备案编号：_____
□</td></tr>
<tr><td>⑤ 缴款人、申请人（或专利权人）或专利代理机构签字或者盖章

年 月 日</td><td>⑥ 国家知识产权局处理意见

年 月 日</td></tr>
</table>

图 6-8 “意见陈述书（关于费用）”的纸件表格

电子申请的“意见陈述书（关于费用）”的表格可直接在系统中填写，应注意的是电子申请的该表格与纸件申请的略有不同，用退款票据接收人替代了退款审批通知书收件人，如图 6-9 所示。主要原因是为了简化流程，电子申请的通知书直接发送给电子申请的权限人，不再单独发送给指定的接收人。退款票据接收人为选填项，设立的主要目的是使退款票据能被相关工作人员及时接收，提高效能。

退款票据接收人	姓名：	××
	手机号码：	15261××
	电子邮箱：	2××3561@qq.com

图 6-9 “意见陈述书（关于费用）”的电子申请表格的退款票据接收人部分

379 “意见陈述书（关于费用）”表格中如何填写退款情形？

当事人在提交退款请求时须明确请求退款的法律依据和退款情形。“意见陈述书（关于费用）”表格中，包括两种退款情形：

（1）根据《专利法实施细则》第 94 条第 4 款的规定请求退款的，当事人可以根据实际情况进行勾选，并按照提示准确填写费用种类、金额及票据号码等信息；

（2）根据国家知识产权局第 272 号公告请求退 50%实审费的，当事人可以根据实际情况进行勾选，根据提示填写相关信息。

值得注意的是，退款请求人需要核实确保请求退回的费用信息与本专利申请或专利实际可退回的费用信息一致，否则将无法顺利通过退款审批。具体如图 6-10 所示。

②陈述事项：				
	退款情形	☒根据专利法实施细则第94条第4款的规定请求退款		
		费用种类	金额	票据号码：（收据号）
		实用新型专利申请费	75	0022301317
		☐根据国家知识产权局第272号公告请求退50%实审费		
		票据号码：（收据号）		

图 6-10 “意见陈述书（关于费用）”表格退款情形栏

380 “意见陈述书（关于费用）”表格中如何填写退款账户？

所谓退款账户，是指接收退款的银行账户信息，包括开户行、银行账号和开户名称，均要准确填写，开户行请按照示例填写，最好具体到地级市支行；同时要注意信息的填写位置，不要把开户行和开户名称混淆。如果信息填写错误会导致无法退款。具体如图 6-11 所示。

如果当事人要求通过邮局退款，此栏可不填写，在“意见陈述书（关于费用）”表格第 3 栏中写明请求邮局退款的意愿及收款人信息，收款人信息包括姓名、地址和邮政编码。

退款账户	开户行：	农业银行-江苏省××高新技术开发区支行
	银行账号：	××39387849××
	开户姓名：	××

图 6-11 “意见陈述书（关于费用）”表格退款账户栏

381 纸件申请的“意见陈述书（关于费用）”表格中如何填写退款审批通知书收件人？

国家知识产权局经审查在作出同意退款或者不同意退款的审批决定后，会发出退款审批通知书，纸件申请中的“意见陈述书（关于费用）”表格中的“退款审批通知书收件人”即是为了确保退款审批通知书能够及时送达退款请求人。此栏填写的退款审批通知书收件人的信息，包括收件人的姓名、详细地址、邮政编码、手机号码和电子邮箱等，信息一定要准确，以确保通知书能够及时送达。具体如图 6-12 所示。

退款审批通知书收件人	姓名：		
	地址：	省、自治区、直辖市：	
		市县：	
		城区（乡）、街道、门牌号：	
	邮政编码：		
	手机号码：		
	电子邮箱：		

图 6-12 纸件申请的“意见陈述书（关于费用）”表格退款审批通知书收件人栏

382 “意见陈述书（关于费用）”表格中委托声明的适用情形是什么？

如果退款请求人非缴款人，申请人（或专利权人）、专利代理机构作为非缴款人请求退款，可以勾选此项“受缴款人委托请求退款”予以声明，无须再单独提交缴款人签章的委托办理退款手续的证明材料。具体如图 6-13 所示。

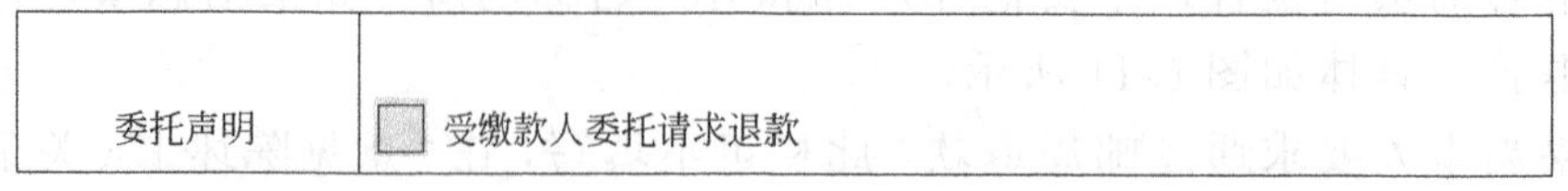

委托声明	☐ 受缴款人委托请求退款

图 6-13 “意见陈述书（关于费用）”表格委托声明栏

案例 6-13：退款请求人非缴款人

一件实用新型专利申请，申请人是A公司，委托了B代理机构。A公司在规定期限内先后缴纳了两笔申请费。现B代理机构提交退款请求，请求退回重复缴纳的申请费。此情形下，该笔费用的缴款人是A公司，B代理机构作为非缴款人提交退款请求的时候，就需要勾选“意见陈述书（关于费用）”表格委托声明栏，办理退款手续。

383 请求退款一般应提交什么证明文件？

当事人请求退款，应提交国家知识产权局收费电子票据或收费收据复印件、邮局或银行出具的汇款凭证等证明文件。

邮局或银行出具的汇款凭证一般需要提交原件，对于银行出具的缴费电子回单原件，也可以作为退款证明使用。如果不能提供原件的，也可以提供出具部门加盖公章确认的或经公证的复印件。❶

384 什么情形下请求退款可以不附具证明文件？

如果是电子申请，退款请求人既是该电子申请的权限人，也是请求退回费用的缴款人，即退款请求人、电子申请权限人和缴款人三者一致的情形可以不附具证明。

案例 6-14：请求退款可以不附具证明文件的情形

一件实用新型专利电子申请，专利权人为A公司，未委托专利代理机构，A公司即该电子申请的权限人，A公司在规定期限内先后缴纳了两笔第2年年费。A公司针对重复缴纳的第2年年费请求退款。此情形下，因退款请求人、电子申请的权限人和缴款人均为A公司，三者一致则无须附具证明文件，直接提交“意见陈述书（关于费用）”表格即可。

385 何时需要办理款项暂存？

缴费人所缴款项因费用汇单字迹不清或者缺少必要缴费信息造成既不能开出票据又不能退款的，该款项将入暂存。缴费人要求出暂存退款或确认收入的，可登录专利业务办理系统专利缴费服务模块暂存款办理页面提交出暂存订单。出暂存请求应当自缴费之日起3年内提出。经缴费人补充必要缴费信息的，专利费用管理处（或代办处）作出暂存处理，开出票据，确认收入，以出暂存之日为缴费日。❷

三、实务问题解答

386 著录事项变更费什么情况下可以退款？

如果导致著录项目变更请求被视为未提出的理由是“案件已失效”的，当事

❶ 国家知识产权局.专利和集成电路布图设计缴费服务指南附件1［EB/OL］.（2023-06-29）［2023-07-30］. https://www.cnipa.gov.cn/art/2023/6/29/art_1518_171803.html.

❷ 国家知识产权局.专利和集成电路布图设计缴费服务指南附件1［EB/OL］.（2023-06-29）［2023-07-30］. https://www.cnipa.gov.cn/art/2023/6/29/art_1518_171803.html.

人可以针对上述著录事项变更费请求退款。

案例 6-15：案件失效后请求退回变更费

一件实用新型专利申请，2021 年 9 月 21 日提交撤回专利申请声明，国家知识产权局于 2021 年 9 月 27 日针对撤回专利申请声明发出手续合格通知书，案件失效。申请人在 2021 年 9 月 30 日提交著录项目变更请求，请求将申请人由 A 公司变更为 B 公司，并缴纳了著录事项变更费 200 元。国家知识产权局于 2021 年 10 月 13 日针对上述变更请求发出视为未提出通知书，理由是案件已失效。此情形下，申请人可以针对变更费 200 元提出退款请求，办理退款手续。

387 实质审查费什么情况下可以退款？

对于实质审查费，可以退回的情形包括：

（1）当事人缴纳的实质审查费属于多缴、重缴、错缴的情况的；

（2）专利申请已被视为撤回或者撤回专利申请的声明已被批准后，并且在国家知识产权局作出发明专利申请进入实质审查阶段通知书之前，已缴纳的实质审查费；

（3）对进入实质审查阶段的发明专利申请，在第一次审查意见通知书答复期限届满前（已提交答复意见的除外）主动申请撤回的，可以请求退还 50%的专利申请实质审查费。

388 规定期限内足额缴纳的申请费是否可以退款？

申请人在规定期限内足额缴纳的申请费原则上不予退款，只有属于《专利法实施细则》第 94 条第 4 款规定的多缴、重缴、错缴的情形才予以退款。

案例 6-16：请求退回申请费的情形

一件实用新型专利申请，未享有费用减缴，申请日是 2021 年 9 月 15 日，2021 年 9 月 16 日缴纳专利申请费 500 元，申请人 2021 年 9 月 20 日针对此申请提交撤回专利申请声明，并请求退回 2021 年 9 月 16 日缴纳的申请费 500 元，此申请费不属于《专利法实施细则》第 94 条第 4 款规定的多缴、重缴、错缴的情形，不予退回。

第四节　费用种类转换

一、费用种类转换手续概述

389 什么是费用种类转换？

费用种类转换一般是依据当事人的请求，将同一专利申请（或专利）中的费用由一种费用种类转换为另一种费用种类的手续，帮助当事人解决费用种类缴纳错误的问题。如果当事人缴纳的费用种类明显错误，国家知识产权局也可以依职权对费用种类进行转换。

费用种类转换的，缴费日不变。

390 提出费用种类转换请求有期限限制吗？

请求费用种类转换，应当在转换后费用的缴纳期限内提出。逾期提出的费用种类转换请求不予转换。

案例 6-17：费用种类转换的提交时机

一件实用新型专利申请，未享有费减，申请日是 2021 年 3 月 31 日，申请费的缴纳期限届满日 2021 年 5 月 31 日，申请人 2021 年 4 月 10 日缴纳了恢复请求费 500 元。如申请人要请求将上述恢复请求费 500 元转换为申请费，则应当在 2021 年 5 月 31 日之前提出费用种类转换请求。

391 不同申请号之间的费用是否可以转换？

费用种类转换仅限于同一申请（或专利）中的费用，不同申请号之间的费用不能转换。

案例 6-18：不同申请号之间的费用种类转换

申请人先后提交了两件实用新型专利申请，分别为专利申请 A 和专利申请 B。申请人针对专利申请 A 缴纳了两笔申请费，但是未针对专利申请 B 缴纳申请费。后续申请人针对专利申请 A 提交费用种类转换请求，请求将专利申请 A 中缴纳的一笔申请费转换到专利申请 B 中。依据规定，不同申请号之间的费用不能转换，因此，该笔费用种类未予以转换。

二、费用种类转换手续的办理

392 如何提出费用种类转换请求？

请求费用种类转换，需要提交“意见陈述书（关于费用）”的标准表格，在第 2 栏中勾选“请求转换费用种类”，并在第 3 栏写明请求转换费用种类的具体信息，例如，请求将费用种类填写错误的收据号为××××××的申请费转换为年费，或者提交意见陈述书直接写明请求费用种类转换的具体信息。具体如图 6-14 所示。

☐ 请求转换费用种类
☐ 缴纳专利费用后未收到国家知识产权局开出的费用收据

图 6-14　“意见陈述书（关于费用）”表格请求转换费用种类栏

393 请求费用种类转换，是否需要提交证明文件？

请求费用种类转换，应当附具相应证明，例如，国家知识产权局开出的费用收据复印件、邮局或者银行出具的汇款凭证等。邮局或银行出具的汇款凭证一般需要提交原件，对于银行出具的缴费电子回单原件，也可以作为费用种类转换的证明使用。如果不能提供原件的，也可以提供出具部门加盖公章确认的或经公证的复印件。

394 谁可以提出费用种类转换请求？

请求费用种类转换，应当由缴款人提出。

如果申请人（或专利权人）或本专利申请（或专利）委托的专利代理机构请求费用种类转换，应当声明受缴款人委托办理费用种类转换手续。可以在“意见陈述书（关于费用）”第3栏中写明受缴款人委托办理费用种类转换手续，或者单独提交缴款人签章的委托办理费用种类转换手续的证明材料。

第五节 “局350号公告”相关专利费用问题

一、“局350号公告”概述

国家知识产权局于2020年1月28日发布了《关于专利、商标、集成电路布图设计受疫情影响相关期限事项的公告》（第350号）（简称“局350号公告”），明确了疫情防控期间因疫情影响造成权利丧失的救济程序等。

为进一步落实“局350号公告”，国家知识产权局后续又发布了相关说明或解答，《与疫情相关的恢复权利手续具体问题解答》（2020年2月3日）、《关于新冠肺炎疫情期间专利、集成电路布图设计相关期限事项的补充说明》（2020年2月21日）、《关于在新冠肺炎疫情期间缴纳专利年费滞纳金相关事宜的说明》（2020年3月4日）、《国家知识产权局关于新冠肺炎疫情期间专利商标、集成电路布图设计办理期限救济事项适用范围的通知》（2020年3月27日），针对与疫情相关的恢复权利手续、期限、专利年费滞纳金、办理期限救济事项适用范围等问题进行详细的解答。

395 依据“局350号公告”请求恢复权利有期限限制吗？

当事人因疫情相关原因延误专利法及其实施细则规定的期限或者国家知识产权局指定的期限，导致其权利丧失的，适用《专利法实施细则》第6条第1款的规定。当事人可以自障碍消除之日起2个月内，最迟自期限届满之日起2年内，请求恢复权利。

396 依据“局 350 号公告”办理恢复权利手续，是否需要缴纳恢复权利请求费？

当事人因疫情相关原因延误专利法及其实施细则规定的期限或者国家知识产权局指定的期限，导致其权利丧失的，适用《专利法实施细则》第 6 条第 1 款的规定，无须缴纳恢复权利请求费。

若当事人提交的证明材料不合格，则无法按照“局 350 号公告”中《专利法实施细则》第 6 条第 1 款规定的情形予以恢复，当事人只能按照《专利法实施细则》第 6 条第 2 款的规定办理恢复手续，此种情形当事人需要缴纳 1000 元恢复费。

397 因疫情相关原因延误哪些期限，可以适用“局 350 号公告”？

根据“局 350 号公告”延误的期限应为专利法及其实施细则规定的或者国家知识产权局指定的期限，常见的期限包括缴纳申请费期限、办理登记手续期限、缴纳年费滞纳金期限、答复补正或审查意见通知书的期限、办理实质审查手续的期限等。

398 因受疫情影响无法及时缴纳专利年费而产生的滞纳金是否可以免除？

如果当事人未及时缴纳年费是由于疫情造成的障碍而非当事人的自身原因，为减轻受疫情影响的当事人负担，对于年费缴纳期限届满的，在当事人所在省、自治区、直辖市重大突发公共卫生事件一级响应期间，不产生专利年费的滞纳金。

二、实务问题解答

399 依据“局 350 号公告”，应如何办理恢复权利手续？

当事人因疫情相关原因延误专利法及其实施细则规定的期限或者国家知识产权局指定的期限，导致其权利丧失的，请求恢复权利，需要：

（1）提交恢复权利请求书，说明理由。

（2）附具相应的证明材料，例如，村委会、社区居委会、街道办事处、工业区管委会、疫情防控工作领导小组、医疗机构等出具的证明文件，证明文件应记载当事人受疫情影响的具体时间，受疫情影响的具体情形（如参与防疫工作、延期复工、交通管制、隔离等），以及受疫情影响无法办理相关专利手续的人员或单位姓名或名称等信息。

如果在当事人所在省、自治区、直辖市重大突发公共卫生事件一级响应期间，因疫情相关原因延误专利相关期限并导致其权利丧失，当事人在规定期限内请求恢复权利的，无须提交证明材料。

（3）同时办理权利丧失前应当办理的相应手续，例如，提交补正或答复文件、缴纳相关费用等。

400 因疫情相关原因延误分案申请提出时机，是否可以适用“局350号公告”？

“局350号公告”中规定，当事人因疫情相关原因延误专利法及其实施细则规定的期限或者国家知识产权局指定的期限，导致其权利丧失的，适用《专利法实施细则》第6条第1款的规定。分案申请因提交时机[1]不符合规定，国家知识产权局会发出视为未提出通知书。分案申请被视为未提出，不属于可以恢复的情况。因此，因疫情相关原因延误分案申请提出时机的，不能适用“局350号公告”，请求办理恢复手续。

法条链接

◆ 《专利法》

第35条第1款 发明专利申请自申请日起三年内，国务院专利行政部门可以根据申请人随时提出的请求，对其申请进行实质审查；申请人无正当理由逾期不请求实质审查的，该申请即被视为撤回。

第41条第1款 专利申请人对国务院专利行政部门驳回申请的决定不服的，可以自收到通知之日起三个月内向国务院专利行政部门请求复审。国务院专利行政部门复审后，作出决定，并通知专利申请人。

◆ 《专利法实施细则》

第6条 当事人因不可抗拒的事由而延误专利法或者本细则规定的期限或者国务院专利行政部门指定的期限，导致其权利丧失的，自障碍消除之日起2个月内，最迟自期限届满之日起2年内，可以向国务院专利行政部门请求恢复权利。

除前款规定的情形外，当事人因其他正当理由延误专利法或者本细则规定的期限或者国务院专利行政部门指定的期限，导致其权利丧失的，可以自收到国务院专利行政部门的通知之日起2个月内向国务院专利行政部门请求恢复权利。

当事人依照本条第一款或者第二款的规定请求恢复权利的，应当提交恢复权利请求书，说明理由，必要时附具有关证明文件，并办理权利丧失前应当办理的相应手续；依照本条第二款的规定请求恢复权利的，还应当缴纳恢复权利请求费。

当事人请求延长国务院专利行政部门指定的期限的，应当在期限届满前，向国务院专利行政部门说明理由并办理有关手续。

本条第一款和第二款的规定不适用专利法第二十四条、第二十九条、第四十二条、第六十八条规定的期限。

第95条 申请人应当自申请日起2个月内或者在收到受理通知书之日起15日内缴纳申请费、公布印刷费和必要的申请附加费；期满未缴纳或者未缴足的，其申请视为撤回。

---

[1] 关于分案申请的提交时机，详见本书第四章第二节分案申请相关内容。

申请人要求优先权的，应当在缴纳申请费的同时缴纳优先权要求费；期满未缴纳或者未缴足的，视为未要求优先权。

第 96 条　当事人请求实质审查或者复审的，应当在专利法及本细则规定的相关期限内缴纳费用；期满未缴纳或者未缴足的，视为未提出请求。

第 97 条　申请人办理登记手续时，应当缴纳专利登记费、公告印刷费和授予专利权当年的年费；期满未缴纳或者未缴足的，视为未办理登记手续。

第 98 条　授予专利权当年以后的年费应当在上一年度期满前缴纳。专利权人未缴纳或者未缴足的，国务院专利行政部门应当通知专利权人自应当缴纳年费期满之日起 6 个月内补缴，同时缴纳滞纳金；滞纳金的金额按照每超过规定的缴费时间 1 个月，加收当年全额年费的 5%计算；期满未缴纳的，专利权自应当缴纳年费期满之日起终止。

第 99 条　恢复权利请求费应当在本细则规定的相关期限内缴纳；期满未缴纳或者未缴足的，视为未提出请求。

延长期限请求费应当在相应期限届满之日前缴纳；期满未缴纳或者未缴足的，视为未提出请求。

著录事项变更费、专利权评价报告请求费、无效宣告请求费应当自提出请求之日起 1 个月内缴纳；期满未缴纳或者未缴足的，视为未提出请求。

第 100 条　申请人或者专利权人缴纳本细则规定的各种费用有困难的，可以按照规定向国务院专利行政部门提出减缴或者缓缴的请求。减缴或者缓缴的办法由国务院财政部门会同国务院价格管理部门、国务院专利行政部门规定。

第七章

撤回、放弃及其他法律手续

本章将介绍撤回专利申请和放弃专利权手续，以及其他法律手续，包括什么是撤回和放弃，如何办理撤回和放弃手续，办理撤回和放弃手续常见的问题及注意事项等，以及期限的延长、申请日的更正等法律手续办理的基本知识。

第一节　撤回专利申请

一、撤回专利申请概述

401 什么是撤回专利申请？

根据《专利法》第 32 条的规定，申请人可以在被授予专利权之前随时撤回其专利申请。申请人撤回专利申请，既可以采取作为的方式，也可以采取不作为的方式。[1]前者是申请人“主动撤回”专利申请，后者是不作为导致专利申请“视为撤回”的法律后果。

申请人采取作为的方式撤回专利申请，即主动向国家知识产权局提出要求撤回专利申请的书面文件，明确表达要撤回专利申请的意愿，本书称为“主动撤回”。

[1] 尹新天．中国专利法详解［M］．北京：知识产权出版社，2011：408．

申请人采取不作为的方式撤回专利申请，主要是指申请人不按照《专利法》《专利法实施细则》的有关规定或者不按照国家知识产权局的有关要求在规定的期限内办理专利申请过程中的必要手续，而导致专利申请被撤回的结果，视为撤回不需要申请人启动程序，但也会导致专利申请被撤回的法律后果。本书称为“视为撤回”。例如，根据《专利法》第 35 条的规定，发明专利的申请人没有在申请日起 3 年内提交实质审查请求书，请求国家知识产权局对其专利申请进行实质审查的；申请人无正当理由逾期不请求实质审查的；根据《专利法》第 37 条的规定，专利申请进行实质审查阶段后，国家知识产权局认为该申请不符合专利法的规定，通知申请人在指定的期限内陈述其意见或对其专利申请进行修改，申请人无正当理由逾期不答复的，这些做法也会导致专利申请被撤回的法律后果。

402 撤回专利申请有什么意义？

《民法典》第 123 条规定，民事主体依法享有知识产权，所以申请专利的权利是一种民事权利，权利人有自主处分其知识产权的权利，撤回专利申请是申请人对其专利申请进行处分的方式之一。[1]撤回专利申请体现了申请人对其知识产权的处置权，即在申请授予专利权之前的专利申请有效存续期间内，申请人有权随时请求停止专利申请的审批进程，要求撤回其专利申请。

403 什么情况下申请人会撤回专利申请？

在提出专利申请之后，由于情况发生了一些变化，例如，申请人通过了解现有技术，认为自己的发明创造没有新颖性或创造性，不能被批准专利；或者申请人发现申请文件在撰写方面存在严重缺陷，可能导致保护范围受到严重限制；或者是申请人对其发明创造又进行了完善和修订，获得了更好的可以替代原来申请的发明创造；或者申请人认为自己的专利技术没有市场推广的价值，进行专利申请程序已没有任何意义和价值等，上述情况都可能导致申请人会主动提交撤回专利申请声明。

404 什么时候可以主动撤回专利申请？

原则上，只要专利申请尚未被授予专利权，申请人随时有权通过提出撤回专利申请声明的方式撤回其专利申请。例如，专利申请处于初步审查阶段、发明专利（实用新型专利和外观设计专利除外）处于实质审查阶段、专利申请处于复审阶段，处于上述阶段的专利申请，申请人均可以请求撤回。

值得注意的是，以下两种情形申请人不能再办理主动撤回手续：

（1）申请人要求撤回的专利申请已经失效的；

（2）申请人要求撤回的专利申请已进入授权公告准备阶段的。

---

[1] 尹新天．中国专利法详解．［M］．北京：知识产权出版社，2011：408．

405 中止期间可以撤回专利申请吗？

中止期间[1]不可以办理主动撤回。中止期间暂停专利申请的初步审查、实质审查、复审、授予专利权和专利权无效宣告程序；暂停视为撤回专利申请、视为放弃取得专利权、未缴年费终止专利权等程序；暂停办理撤回专利申请、放弃专利权、变更申请人（或专利权人）的姓名或者名称、转移专利申请权（或专利权）、专利权质押登记等手续。因此，中止期间不予撤回专利申请。申请人可以待中止程序结束后再撤回专利申请。

406 谁可以办理主动撤回手续？

申请人如果没有委托专利代理机构，可以由申请人办理撤回手续，提交撤回专利申请声明；申请人如果委托了专利代理机构，应当由被委托的专利代理机构办理主动撤回手续。

这里需要注意的是，委托专利代理机构办理撤回手续，应当同时提交全体申请人签字或者盖章的同意撤回专利申请的证明材料，以确认撤回行为是申请人真实意愿的表达。未委托代理机构且为多个申请人的情形，应当同时提交有全体申请人签字或盖章的请求主动撤回的证明材料。

案例 7-1：

一件专利申请，委托了阳光专利代理事务所，申请人为张三和李四，撤回专利申请声明由专利代理机构阳光专利代理事务所提交，同意撤回专利申请的证明材料既要有张三的签字，也要有李四的签字，缺一不可。

407 撤回专利申请声明可以附带条件吗？

撤回专利申请声明不能附带任何条件。撤回专利申请声明仅需要写明专利申请号、发明创造名称、申请人姓名或名称，包括全体申请人签字或盖章即可，无须对撤回专利申请的理由进行说明，更不能附带任何条件。

案例 7-2：

因为不熟悉专利申请流程，申请人在同一天提交了两件技术方案差别不大的专利申请，现在想要撤回其中一件申请，想请国家知识产权局在另一件专利申请授权后再对该撤回手续进行审批，申请人在撤回专利申请声明中附带上述说明，该附带条件的撤回专利申请声明不合格。

408 专利申请被视为撤回后可以补救吗？

可以。根据《专利法实施细则》第 6 条的规定，当事人因其他正当理由延误专利法或者其实施细则规定期限或者国务院专利行政部门指定的期限，导致其权

[1] 中止期间的概念详见本书第五章第一节问题 244 的解答。

利丧失的，可以自收到国务院专利行政部门的通知之日起 2 个月内向国务院专利行政部门请求恢复权利。[1]

二、主动撤回手续的办理

409 主动撤回手续需要提交哪些文件？

首先，需要提交规定格式的撤回专利申请声明。撤回专利申请声明是办理撤回专利申请手续的标准表格，在国家知识产权局官方网站（http://www.cnipa.gov.cn，首页—政务服务—表格下载—与专利申请相关—通用类）可以下载使用。

其次，如申请人委托了专利代理机构办理撤回手续，除需要提交专利代理机构签章的撤回专利申请声明外，同时需要提交全体申请人签字或者盖章的同意撤回专利申请的证明文件。

电子申请和纸件申请撤回专利手续都需要提交撤回专利申请声明及相关证明材料，但提交的形式要求有所不同。对于电子申请，撤回专利申请声明应当以电子形式提交，证明文件以扫描件形式作为附件提交，必要时国家知识产权局也可以要求申请人在指定期限内提交证明文件原件。对于纸件申请，撤回申请声明和证明材料都需要提交文件的纸件原件。

410 撤回专利申请证明文件有哪些要求？

撤回专利申请证明材料虽然没有规定的模板，但《专利法实施细则》规定了证明材料要写明申请号、申请人、发明创造名称等相关内容。对撤回专利的理由不需要进行说明，仅需要表明申请人同意撤回的意愿就可以。所以，撤回专利申请证明文件可以是全体权利人签章的撤回专利申请声明表格，具体如图 7-1 所示，也可以是全体申请人签章的表明撤回专利申请意愿的文字材料，具体如图 7-2 所示。

值得注意的是，撤回专利申请不得有任何附加条件。

如果专利申请只有一个申请人，并且没有委托专利代理机构，办理撤回专利申请手续仅需要提交一份申请人签章的撤回专利申请声明即可，无须附具其他证明文件。具体如图 7-3 所示。

411 撤回专利申请声明表格填写有哪些注意事项？

现结合撤回专利申请声明表格模板，详细说明一下撤回手续如何办理，办理过程中有什么需要注意的事项。

撤回专利申请声明表格共分 6 栏。第 1 栏共有三个填写项，具体如图 7-4 所示，分别是申请号、发明创造名称及申请人的信息项，这三项填写的内容要求必须准确无误。

---

[1] 关于恢复权利的内容详见本书第一章第三节实务问题解答中的权利恢复相关内容。

撤回专利申请声明

请按照“注意事项”正确填写本表各栏

①专利申请		此框由国家知识产权局填写
	申请号 20233006××××	递交日
	发明创造名称　包装×（1）	申请号条码
	申请人　×××××食品实业有限公司	挂号条码

② 声明内容：

根据专利法第32条的规定，声明撤回上述专利申请。

③全体申请人或代表人签字或者盖章

④附件清单

☒全体申请人同意撤回专利申请的证明

☐已备案的证明文件备案编号：________________

☐

⑤专利代理机构盖章	⑥ 国家知识产权局处理意见
2023年 4月20日	年　月　日

图 7-1　全体权利人签章的撤回专利申请声明表格

撤回专利申请声明

申请号：202020675××，发明创造名称：一种××垃圾清理设备， 申请人：××××建设工程有限公司，因提交专利申请文件有误，申请人主动要求撤回专利申请。

2023年4月21日

图 7-2 全体申请人签章的表明撤回专利申请意愿的文字材料

撤 回 专 利 申 请 声 明

<table>
<tr><td rowspan="3">①
专
利
申
请</td><td>申请号 202330021×××</td></tr>
<tr><td>发明创造名称 包装盒（××××）</td></tr>
<tr><td>申请人（第一署名人）耿××</td></tr>
<tr><td colspan="2">② 声明内容:

根据专利法第 32 条的规定，声明撤回上述专利申请。</td></tr>
<tr><td colspan="2">③附件清单
已备案的证明文件备案编号：__</td></tr>
<tr><td colspan="2">④代表人或专利代理机构
耿××</td></tr>
</table>

图 7-3 撤回专利申请声明

撤回专利申请声明

请按照“注意事项”正确填写本表各栏

①专利申请	申请号 202330062××××	此框由国家知识产权局填写 递交日
	发明创造名称 包装×(1)	申请号条码
	申请人 ×××××食品实业有限公司	挂号条码

图 7-4 撤回专利申请声明表格第 1 栏

表格的第 2 栏为声明内容，具体如图 7-5 所示，此项为表格自带内容，无须申请人填写，申请人仅需要核实所要办理的业务是否为“根据专利法第 32 条的规定，声明撤回上述专利申请”。

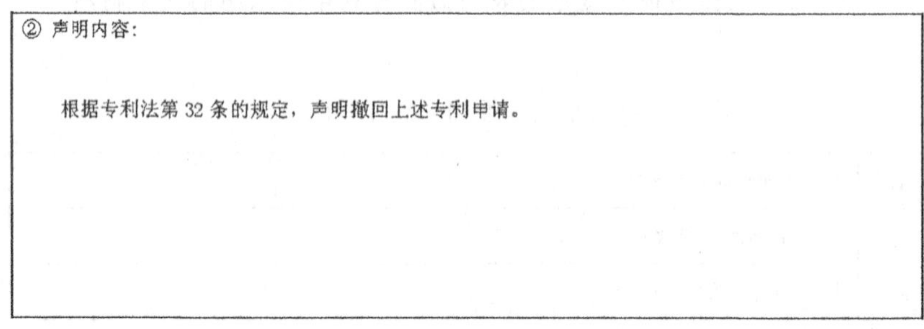

② 声明内容:

根据专利法第 32 条的规定，声明撤回上述专利申请。

图 7-5 撤回专利申请声明表格第 2 栏

电子申请和纸件申请表格第 3 栏内容有所不同，对于电子申请，其第 3 栏与纸件申请第 4 栏相同，相关要求在介绍纸件申请第 4 栏填写要求时一起介绍；对于纸件申请，第 3 栏可以由全体申请人或代表人签字或盖章，具体如图 7-6 所示，如此处仅有代表人的签字或盖章，全体申请人的签字或盖章也可以作为其他证明文件一同提交。

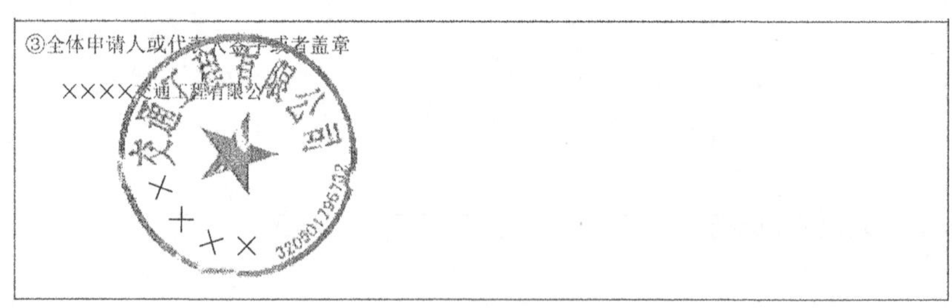

③全体申请人或代表人签字或者盖章

××××交通工程有限公司

图 7-6 纸件申请撤回专利申请声明表格第 3 栏

电子申请表格第 3 栏和纸件申请表格第 4 栏为附件清单，具体如图 7-7、图 7-8 所示，此处可以根据申请的真实情况填写，有附件就填写相关内容，无附件则无须填写。如有证明文件事先在国家知识产权局进行了备案，获得备案号，可以在“已备案的证明文件备案编号”处填写相关信息。

③附件清单 已备案的证明文件备案编号：____________

图 7-7 电子申请撤回专利申请声明表格第 3 栏

④附件清单 □ 全体申请人同意撤回专利申请的证明 □ 已备案的证明文件备案编号：____________ □

图 7-8 纸件申请撤回专利申请声明表格第 4 栏

电子申请表格第 4 栏是代表人或专利代理机构，纸件申请表格第 5 栏是专利代理机构签章，如本专利申请未委托专利代理机构，此处则无须签章。如本专利申请委托了专利代理机构，此处应当由专利代理机构签章。专利申请如以电子方式提交，专利代理机构签章为电子签章，具体如图 7-9 所示；专利申请如以纸件方式提交，专利代理机构签章应为公章原件，具体如图 7-10 所示。

④代表人或专利代理机构 ××××××知识产权代理事务所（普通合伙）

图 7-9 电子申请撤回专利申请声明表格第 4 栏

⑤专利代理机构盖章 ×××× 2023 年 04月 07日

图 7-10 纸件申请撤回专利申请声明表格第 5 栏

纸件申请表格第6栏为国家知识产权局处理意见，此栏无须申请人填写。具体如图7-11所示。

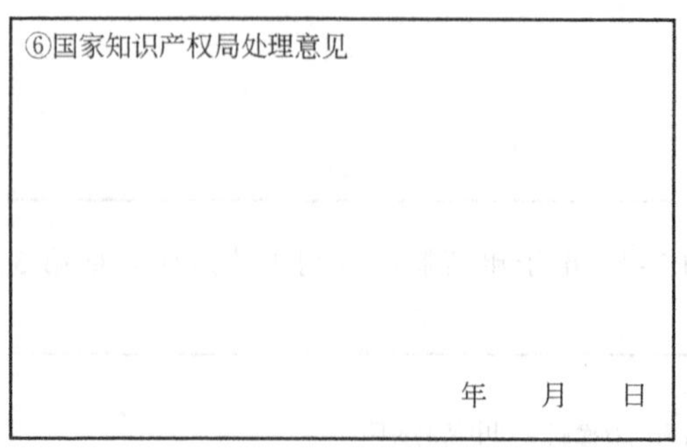
⑥国家知识产权局处理意见

年　月　日

图7-11　纸件申请撤回专利申请声明表格第6栏

412 撤回专利申请声明对签字和盖章有什么要求？

若申请人为个人，撤回专利申请声明及证明文件可以由个人签字或盖章。若申请人为单位，撤回专利申请声明及证明文件应当加盖单位公章，不能使用合同专用章、财务专用章等。

413 提交撤回专利申请声明后，会收到哪些通知书？

国家知识产权局收到申请人提交的撤回其专利申请声明，经审查，声明形式符合相关规定的，申请人会收到手续合格通知书。撤回手续合格之后，国家知识产权局会停止对该申请的审查处理程序。经审查，撤回专利申请声明形式不符合相关规定的，申请人会收到视为未提出通知书，该专利的审查处理程序继续进行。

值得注意的是，对于发明专利申请而言，如果撤回专利申请的手续是在国家知识产权局做好公布该专利申请的印刷准备工作后才提出的，那么，国家知识产权局仍会照常公布该专利申请，申请人会收到手续合格通知书，通知书中告知申请人“主动撤回”公告的卷期号，会在以后出版的专利公报上对撤回专利申请声明进行公告。

414 撤回专利申请手续不合格怎么办？

申请人收到“手续合格通知书”就意味着主动撤回专利申请手续办理成功；如果申请人收到“视为未提出通知书”，则要根据通知书中“视为未提出”的具体理由来决定下一步如何处理。

（1）如果“视为未提出”的理由是申请人要求撤回的专利申请已经失效，申请人则无须再次办理撤回手续，也无须答复通知书；

（2）如果“视为未提出”是申请人要求撤回的专利申请已进入授权公告准备阶段的，申请人仍需要放弃专利权，则需要在专利申请完成授权公告后办理放弃专利权手续，具体办理方式详见本章第二节的相关内容；

（3）如果“视为未提出”的理由是形式缺陷，如发明创造名称填写错误、缺少申请人签字或盖章的证明材料等，申请人需要重新办理撤回专利申请手续，提交的相关文件需要克服“视为未提出通知书”所指出的缺陷。

案例 7-3：

一件专利申请，申请人张三委托了代理机构阳光专利代理事务所，撤回专利申请声明表格由代理机构阳光专利代理事务所签章，但代理机构阳光专利代理事务所未同时提交申请人张三签章的撤回专利申请证明材料，国家知识产权局发出“视为未提出通知书”，通知书内容为“本案还需要提交全体申请人签章的撤回专利申请证明材料”。代理机构阳光专利代理事务所收到该通知书后，如申请人张三仍想办理撤回专利申请手续，则需要委托代理机构阳光专利代理事务所重新提交代理机构阳光代理事务所签章的撤回专利申请声明表格，同时还需要提交申请人张三签章的撤回专利申请证明材料。

三、实务问题解答

415 撤回手续办理成功后，申请人可以针对相同的发明创造再次提出专利申请吗？

申请人撤回专利申请并不意味着完全放弃或丧失对其发明创造申请获得专利的权利，仅是表明他终止了该专利申请的审查程序。申请人撤回专利申请后，可以就其发明创造在我国重新提出专利申请或者向外国提出专利申请，并且以被其撤回的专利申请做基础，就其在我国重新提出专利申请或者在外国提出的相关申请要求优先权。[❶]此处需要注意的是，要求本国优先权和国外优先权，在先申请、在后申请在权利人、发明人、时间等方面都有严格的规定，详见本书第四章第一节“涉及优先权的申请”的相关内容。

416 撤回专利申请声明中填写的信息应注意什么？

撤回专利申请声明填写的信息要准确无误，准确无误的标准不是要与申请日文件保持一致，而是要与国家知识产权局最新记载的信息内容保持一致。信息内容包括发明创造名称、申请人姓名或名称等。

案例 7-4：

申请人申请日提交的请求书中记录的发明创造名称为“一种用于冷却塔的防沙尘装备”，在专利审批过程中申请人将发明创造名称进行了修改，修改为“一种用于冷却塔的防沙尘装置”，修改发明创造名称申请经国家知识产权局审批合格后，申请人再次办理专利相关业务时，填写的发明创造名称则需要填写修改后的信息，而不是申请日填写的信息。

关于申请人填写项，申请人是指依法在我国享有申请专利权的自然人、法人

❶ 尹新天．中国专利法详解［M］．北京：知识产权出版社，2011：408．

或者其他民事主体，可以是通过申请专利而获得专利权的人，也可以是通过转让、继承等变更手续获得专利申请权的人。如果申请人有多个，此处可以仅填写第一署名申请人。

案例 7-5：

申请人张三提交了一件发明专利申请，专利申请在进入实质审查阶段时，申请人张三提交了著录项目变更申报书及证明材料，欲将专利申请权转让给申请人李四和申请人王二，国家知识产权局对转让请求进行审批，审批合格后发出手续合格通知书，专利权人由申请人张三变更为申请人李四和申请人王二，申请人李四为第一署名申请人。申请人再次办理专利相关业务时，申请人信息一栏应当填写申请人李四和申请人王二或者第一署名申请人李四，而非申请人张三。

417 已收到视为撤回通知书，申请人还可以办理主动撤回手续吗？

申请人收到视为撤回通知书，是否还可以办理主动撤回手续，主要是看恢复期限是否届满。若恢复期限已经届满的，申请人无须再提交撤回专利申请声明。对于已发出视为撤回通知书，但恢复期限还没有届满的，申请人是可以主动提交撤回专利申请声明的，申请人收到的手续合格通知书中会注明案件所处的状态。

恢复期限该如何计算？期限计算之前先要弄清四个概念：法定期限、指定期限、期限起算日和期限届满日。[1]何谓恢复期限届满日？撤回通知书发文日期加上 15 天等于通知书推定收到日，再加 2 个月（指定期限），得到的日期就是期限届满日。

案例 7-6：

某专利申请，国家知识产权局于 2020 年 11 月 27 日发出视为撤回通知书，根据相关规则通知书推定收到日为 2020 年 12 月 12 日（周六），该日期不顺延，2020 年 12 月 12 日再加上 2 个月的法定期限得到的日期为恢复期限届满日，即 2021 年 2 月 12 日，而 2021 年 2 月 12 日恰逢春节，所以，根据相关规则恢复期限可以延长至法定休息日后第一个工作日，也就是 2021 年 2 月 18 日（周四）。2021 年 2 月 18 日之前，申请人可以提出撤回专利申请，国家知识产权局会发出手续合格通知书，2021 年 2 月 18 日之后恢复期间已经届满，申请人无须再提交撤回专利申请声明。

418 专利申请已收到驳回通知书，还可以办理主动撤回手续吗？

专利申请被驳回后，如果申请人未提出复审请求或提出的复审请求没有被受理，申请人则不能办理撤回专利申请手续。如果申请人提出复审请求且被受理，专利申请进入复审程序后，申请人可以办理撤回专利申请手续，请求主动撤回专利申请。

---

[1] 详见本书第一章第三节“期限”的相关内容。

419 申请人因企业更名导致申请人盖章与申请日时的不一致怎么办？

撤回专利申请声明需要申请人签字或盖章，如果申请人为一家企业，该企业已在工商管理部门完成了企业更名手续，公章与申请日提交的文件中的公章内容不一致，这种情况下，申请人在办理撤回专利手续时，可以将工商管理部门出具的企业更名证明材料作为撤回专利申请声明的证明材料，与撤回专利申请声明一并提交。申请人完成了企业更名手续，虽然企业名称和公章内容与申请文件原始记录不一致，但证明材料可以证明申请人的主体资格未发生变化，撤回专利申请手续仍可生效。

420 提交专利申请时申请人姓名或名称填写错误怎么办？

如果申请人将企业名称填写错误，如应当是日光股份有限公司，错误填写成了日光有限公司，在办理撤回专利申请手续时，申请人除提交全体申请人盖章的撤回专利申请声明外，还需要提交申请人签章的公司名称填写错误的声明和相应的证明文件。证明文件可以是加盖企业公章的企业营业执照复印件等相关证明材料。国家知识产权局会对填写错误的申请人姓名或名称进行修改，修改完成后再对撤回专利申请声明进行审查。

421 撤回专利手续已合格，已缴纳的实审费可以申请退款吗？

根据国家知识产权局《关于停征和调整部分专利收费的公告》（等 272 号）的规定，专利申请已被视为撤回或者撤回专利申请的声明已被批准后，并且在国家知识产权局作出发明专利申请进入实质审查阶段通知书之前，已缴纳的实质审查费可以申请全部退回；如发明专利申请已进入实质审查阶段，主动申请撤回是在第一次审查意见通知书答复期限届满前提出的，或申请人未答复第一次审查意见通知书，已缴纳的实质审查费可以申请退回 50%。

422 申请人是否可以撤销撤回专利申请声明？

除专利申请被恶意撤回的情形外，申请人一般不可撤销已批准合格的撤回专利申请。所以，申请人在提交撤回专利申请的请求时要格外慎重。

423 专利申请被恶意撤回，这种情况怎么办？

申请人无正当理由不得要求撤销撤回专利申请的声明。但《民法典》第 7 条规定，民主主体从事民事活动，应当遵循诚信原则，秉持诚实，恪守承诺。《民法典》第 132 条规定，民事主体不得滥用民事权利损害国家利益、社会公共利益或者他人合法权益。《专利法》第 20 条规定，申请专利和行使专利权应当遵循诚实信用原则。不得滥用专利权损害公共利益或者他人合法权益。在申请权非真正拥有人恶意撤回专利申请后，申请权真正拥有人可要求撤销撤回专利申请声明。申请权真正拥有人在得知专利申请被恶意撤回后，首先应当到人民法院解决纠纷，纠纷由人民法院调解或者判决确定的，应当提交生效的人民法院调解书或者判决书，以及意见陈述书要求撤销撤回专利申请的声明。

424 专利申请被认定为非正常申请，是否应当办理撤回专利手续？

根据“局411号公告”第3条，专利申请如果被国家知识产权局初步认定存在非正常申请专利行为的，会依据相关规定启动专门审查程序，并通知申请人，要求立即停止有关行为，并在指定的期限内主动撤回相关专利申请。因此，若确实存在非正常专利申请的行为，申请人应当及时办理主动撤回手续。当然，如果申请人有足够的证据可以证明专利申请并非属于非正常申请专利行为的，也可以在指定的期限内提交陈述意见，并提交充分的证明材料。如果当事人无正当理由逾期不答复，相关专利申请也会被视为撤回。

第二节　放弃专利权

一、放弃专利权概述

425 什么是放弃专利权？

放弃专利权是专利权人对其专利权的直接处分。专利被授予专利权之后，在专利权期限届满前，专利权人可以在任何时候放弃其专利权。

专利权人以书面声明放弃其专利权，例如，作为一种公益行为，专利权人可以通过提交声明的方式放弃其一项事关公众利益且很有价值的专利权，以表明其服务于社会的奉献精神。[1]本书将此种情形称为“主动放弃”。

此外，权利人以不作为的方式导致专利权终止的法律后果，如专利权人未按照相关规定缴纳专利年费。缴纳年费是《专利法》规定的专利权人维持其专利权有效所应当承担的义务，如果专利权人采取不再缴纳年费的做法，就可以推断专利权人出于种种原因已经不再需要这一专利权了。[2]因此，专利权人没有按照规定缴纳年费的，可以视为是专利权人以不作为的方式在专利权期限届满前终止其专利权。本书将此种情形称为“未缴年费专利权终止”。

办理“主动放弃”专利权手续，不需要缴纳费用。

426 放弃专利权的意义是什么？

根据《专利法》的规定，专利权人放弃专利权，经国家知识产权局登记和公

[1] 尹新天．中国专利法详解［M］．北京：知识产权出版社，2011：465．
[2] 尹新天．中国专利法详解［M］．北京：知识产权出版社，2011：465．

告，其专利权即终止。其发明创造将进入公共领域，成为公有技术，任何人都可以不经许可自由使用，并无须向其支付报酬。但专利权人如果已经和他人签订了专利实施许可合同，其放弃专利权时应征得被许可人的同意或者赔偿由此给被许可人造成的损失。❶

427 "主动放弃"和"未缴年费专利权终止"的法律后果有什么不同？

"主动放弃"和"未缴年费专利权终止"的法律后果虽然都是其专利权的终止，但它们的专利权终止的生效日是不同的。不缴纳年费导致专利权终止的情形，专利权的终止日为上一年度应当缴纳年费的期限届满日，专利权人未按规定时间缴纳专利年费，国家知识产权局发出缴费通知书，通知专利权人补缴本年度的年费及滞纳金，专利权人在期满仍未缴纳或者缴足本年度年费和滞纳金的，自滞纳期满之日起 1 个月后国家知识产权局发出专利终止通知书，专利权人未按相关规定办理恢复手续或恢复手续不合格的，国家知识产权局将在终止通知书发出 4 个月后，在专利登记簿和专利公报上分别予以登记和公告。

主动放弃手续，即权利人提出放弃专利申请声明，手续符合国家知识产权局相关规定，放弃手续被批准后，根据主动放弃的不同类型，专利权终止日也有所不同。具体见表 7-1。

表 7-1 不同放弃类型专利权终止日对比

专利权终止类型		法律依据	专利权的终止日
主动放弃	普通的放弃	《专利法》第 44 条第 1 款第（二）项	手续合格通知书的发文日
	同日申请避免重复授权的放弃	《专利法》第 9 条第 1 款	发明专利的授权公告日
	无效宣告程序中的放弃		
未缴年费专利权终止		《专利法》第 44 条第 1 款第（一）项	上一年度应缴年费的期限届满日

428 什么时候可以办理主动放弃专利权手续？

专利权被授予之后，专利权人可以在任何时候声明放弃其专利权，即专利权人可以在获得专利权之后至专利权保护期间内随时主动提出放弃专利权声明。专利权人请求放弃的专利权，应当是已经授权公告的专利权，而且专利处于"专利权维持"状态。如果专利申请尚未授权，申请人可以撤回专利申请权；如果专利已经无效，也无须再办理主动放弃手续。另外，还请注意，若专利处于中止期间，暂停办理放弃专利权的手续。❷ 专利权人可以待中止程序结束后再放弃专利权。

❶ 陈小英．经济法律实务教程［M］．杭州：浙江大学出版社，2004．
❷ 关于中止期间的介绍，详见本书第五章第一节问题 244 的相关内容。

二、主动放弃手续的办理

429 谁可以办理主动放弃手续？

专利权人如果没有委托专利代理机构的，可以由请求书中确认的代表人办理放弃手续；专利权人如果委托了专利代理机构的，应当由被委托的专利代理机构办理放弃手续。

430 主动放弃手续需要提交什么文件？

首先，需要提交规定格式的放弃专利权声明。在国家知识产权局官方网站（http://www.cnipa.gov.cn，首页—政务服务—表格下载—与专利申请相关—通用类）可以下载使用。

其次，与撤回专利申请声明一样，如专利权人委托了专利代理机构办理放弃手续，除需要提交专利代理机构盖章的放弃专利权声明外，同时也需要提交全体权利人签字或者盖章的同意放弃专利权的证明材料，以确认放弃行为是专利权人真实意愿的表达。专利申请如果有两个以上的专利权人，放弃专利权声明需要全体权利人签字或者盖章同意。

431 放弃专利权证明材料有哪些要求？

放弃专利权证明材料同样没有规定的模板，证明材料中只要写明专利号、权利人、发明创造名称等内容，表明权利人同意放弃专利权的意愿即可，对放弃专利权的理由不需要进行详细说明。放弃专利权证明材料可以是包含全体权利人签章的放弃专利权声明表格，具体如图 7-12 所示，也可以是表达放弃专利权意愿的文字说明，具体如图 7-13 所示。

值得注意的是，专利权人请求放弃专利权，不得附有任何条件，放弃专利权只能放弃专利权的全部，不得请求放弃部分专利权。

432 放弃专利权声明表格第 2 栏“声明内容”如何填写？

放弃专利权声明的表格第 2 栏为声明内容，共有三个选项，具体如图 7-14 所示，此栏需要根据不同的放弃类型进行勾选。此栏非常重要，因为不同类型的放弃，其放弃专利权的生效日不同。

（1）第一个选项为“根据专利法第 44 条第 1 款第 2 项的规定，专利权人声明放弃上述专利权”。如果权利人是主动放弃专利权，则勾选该选项；选择此项，放弃专利权声明的生效日为手续合格通知书的发文日，放弃的专利权自该日起终止。

（2）第二个选项为“根据专利法第 9 条第 1 款的规定，专利权人声明放弃上述专利权”。如申请人同一天针对相同的发明创造既提交了发明专利申请，又提交了实用新型申请，为避免重复授权而选择放弃在先授权的专利时，则勾选该选项。

这种情形的放弃通常称为“同日申请的放弃”，同日申请的概念详见本书第二章第二节“九、同日申请声明”的相关内容。关于同日申请的放弃，此处应当注意填写的规范性，第二个选项中的“同样的发明创造申请号”应当填写的是发明专利的申请号，而表格第1栏专利号应当填写的是实用新型的专利号，这一点需要在填写表格的时候格外注意，实践中常出现此种申请号填反的错误。

放弃专利权声明

请按照“注意事项”正确填写本表各栏

<table>
<tr><td rowspan="3">①
专
利</td><td colspan="2">专　利　号　202020190×××</td></tr>
<tr><td colspan="2">发明创造名称　一种水利施工×××固定装置</td></tr>
<tr><td colspan="2">专利权人　××××水利水电工程有限公司</td></tr>
<tr><td colspan="3">② 声明内容:
☒根据专利法第44条第1款第2项的规定，专利权人声明放弃上述专利权。
☐根据专利法第9条第1款的规定，专利权人声明放弃上述专利权。
注：同样的发明创造申请号为 ________。
☐无效宣告程序中，根据专利法第9条第1款的规定，专利权人声明放弃上述专利权。
注：同样的发明创造专利号为 ________。</td></tr>
<tr><td colspan="3">③全体专利权人或代表人签字或者盖章
[印章：××××水利水电工程有限公司]</td></tr>
<tr><td colspan="3">④附件清单
☐全体专利权人同意放弃专利权的证明
☐已备案的证明文件备案编号：________
☐</td></tr>
<tr><td colspan="2">⑤专利代理机构盖章
[印章：×××知识产权代理事务所（普通合伙）]
2023年04月07日</td><td>⑥ 国家知识产权局处理意见

年　月　日</td></tr>
</table>

图 7-12　放弃专利权声明表格

放弃专利权声明

申请号：202020675××，发明创造名称：一种××垃圾清理设备，专利权人：××××建设工程有限公司，权利人声明自愿放弃上述发明创造。

2023年4月21日

图 7-13　表达放弃专利权意愿的文字说明

② 声明内容：

☐根据专利法第 44 条第 1 款第 2 项的规定，专利权人声明放弃上述专利权。

☐根据专利法第 9 条第 1 款的规定，专利权人声明放弃上述专利权。
注：同样的发明创造申请号为 ______________。

☐无效宣告程序中，根据专利法第 9 条第 1 款的规定，专利权人声明放弃上述专利权。

注：同样的发明创造专利号为 ________________。

图 7-14　放弃专利权声明表格第 2 栏

（3）第三个选项为“无效宣告程序中，根据专利法第 9 条第 1 款的规定，专利权人声明放弃上述专利权”。无效宣告程序是指无效宣告请求人依法提出无效宣告程序，国家知识产权局专利局复审和无效审理部会经专利权人陈述意见，对无效宣告请求进行审查，并作出审查决定。❶

此选项为相同的专利申请中一项专利申请被无效宣告，此时需要申请人对相同的专利申请作出选择，放弃其中的一项专利申请，保留另一项专利申请，第三个选项中“同样的发明创造专利号”应当填写的是需要保留的专利申请号，而表格第 1 栏专利号应当填写的是要放弃的专利申请号，此处需要格外注意，如果填写错误，会导致想要保留的专利申请的权利被放弃。

433 放弃专利权声明表格填写还有哪些注意事项？

下面结合放弃专利权声明表格模板，详细说明一下表格的填写及注意事项。

放弃专利权声明表格共分 6 栏。第 1 栏共有三个填写项，分别是专利号、发明创造名称及专利权人，这三项填写的内容同样要求信息准确无误。关于专利权人填

❶ 吴兆平，曹绍文. 专利权无效宣告程序［J］. 今日科技，1988（4）.

写项，如果专利权人有多个，此处可以填写第一署名专利权人或代表人。具体如图 7-15 所示。

放 弃 专 利 权 声 明

请按照“注意事项”正确填写本表各栏

①专利	专　利　号　202020675×××
	发明创造名称　一种××垃圾清理设备
	专利权人　××××建设工程有限公司

图 7-15　放弃专利权声明表格第 1 栏

电子申请和纸件申请表格第 3 栏内容有所不同，对于电子申请，其第 3 栏与纸件申请第 4 栏相同，相关要求在介绍纸件申请第 4 栏填写要求时一起介绍；对于纸件申请，此处可以由全体专利权人或代表人签字或盖章，具体如图 7-16 所示，如此处仅有代表人的签字或盖章，全体专利权人的签字或盖章也可以作为其他证明文件一同提交。

③全体专利权人或代表人签字或者盖章

××××建设工程有限公司

3408260102594

图 7-16　纸件申请放弃专利权声明表格第 3 栏

电子申请表格第 3 栏和纸件申请表格第 4 栏为附件清单，具体如图 7-17、图 7-18 所示，此处可以根据申请的真实情况填写，有附件就填写相关内容，无附件则无须填写。如有证明文件事先在国家知识产权局进行了备案，获得备案号，可以在“已备案的证明文件备案编号”处填写相关信息。

③附件清单

已备案的证明文件备案编号：____________

图 7-17　电子申请放弃专利权声明表格第 3 栏

电子申请表格第 4 栏是代表人或专利代理机构，纸件申请表格第 5 栏是专利代理机构签章，如本专利申请未委托专利代理机构，此处则无须签章，如本专利申请委托了专利代理机构，此处应当由专利代理机构签章。专利申请如以电子方式提交，专利代理机构签章为电子签章，具体如图 7-19 所示；专利申请如以纸件方式提交，专利代理机构签章应为公章原件，具体如图 7-20 所示。

④附件清单
□ 全体专利权人同意放弃专利权的证明
□ 已备案的证明文件备案编号：______________
□

图 7-18　纸件申请放弃专利权声明表格第 4 栏

④代表人或专利代理机构
××××××知识产权代理事务所(普通合伙)

图 7-19　电子申请放弃专利权声明表格第 4 栏

⑤专利代理机构盖章

2023 年04月07日

图 7-20　纸件申请放弃专利权声明表格第 5 栏

纸件申请表格第 6 栏为国家知识产权局处理意见，此栏无须专利权人填写。具体如图 7-21 所示。

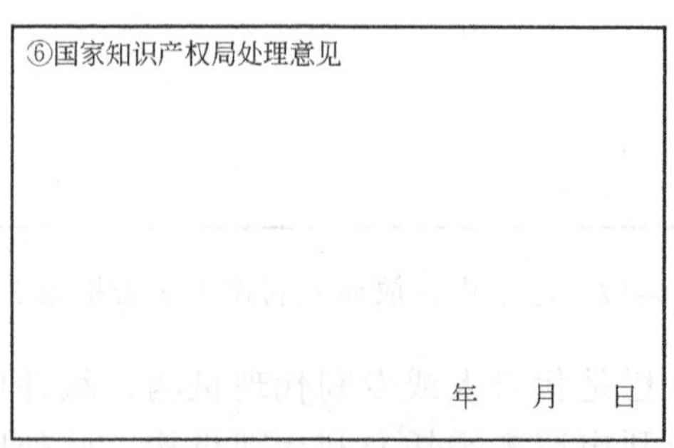
⑥国家知识产权局处理意见

年　月　日

图 7-21　纸件申请放弃专利权声明表格第 6 栏

三、实务问题解答

434 放弃专利权声明表格中发明专利和实用新型专利申请号填反了怎么办？

关于同日申请的放弃，应当格外注意填写的规范性，表格第1栏专利号应当填写实用新型的专利号，第2栏第二个选项中的“同样的发明创造申请号”应当填写发明专利的申请号。为了避免重复授权而提交放弃专利权声明的，如果放弃专利权声明表格第2栏第二个选项中的发明专利和实用新型专利申请号填反，即放弃专利权声明的第1栏中填写发明专利申请号，第2栏第二个选项中填写实用新型申请号，那么该放弃专利权声明将进入实用新型专利中，放弃专利权的程序将无法正常启动。申请号填写正确的情况下，放弃专利权声明将进入发明专利申请中，发明专利授权时即会启动放弃专利权声明的审批程序。如果申请人及时发现该问题，应尽快重新提交一份正确的放弃专利权声明。

435 撤回专利申请和放弃专利权手续有什么不同？

撤回专利申请和放弃专利权手续意义的不同在于它们放弃的权利不同。撤回专利申请手续放弃的是申请专利的人享有的“专利申请权”,“专利申请权”是指提交专利申请之后，申请专利的人享有的决定是否继续进行申请程序、是否转让专利申请的权利，其指向是已经提出申请但尚未被授权的发明创造。而放弃专利权放弃的是专利权人享有的“专利权”,“专利权”是指发明创造被公告授予专利权之后，权利人享有的转让其专利权、许可他人实施其专利、制止他人侵犯其专利权行为的权利，其指向是已经授予专利权的发明创造。

虽然这两种手续都是放弃一种权利，权利最终指向都是发明创造，但从专利审批程序的角度来看该发明创造处于不同的阶段（申请后授权前、授权后），因此两种手续放弃的权利的内容与效力是不同的，见表7-2。

表7-2　撤回专利申请与放弃专利权对比

手续类型	放弃的权利	专利审批阶段
撤回专利申请	专利申请权，包括是否继续进行申请程序、是否转让专利申请的权利	申请后授权前
放弃专利权	专利权，包括转让其专利权、许可他人实施其专利、制止他人侵犯其专利权行为的权利	授权后

436 质押期间，可以办理放弃专利权手续吗？

根据《专利权质押登记办法》第17条的规定，专利权质押期间，出质人未提交质权人同意其放弃该专利权的证明材料的，国家知识产权局不予办理专利权放弃手续。质押期间专利权人没有自由处分专利权的权利，所以专利权人如要放弃专利权，应当提交质权人同意放弃专利权的证明文件，文件中应当包含专利名称、申请号（专利号）的正确信息并由质权人签单或盖章。

437 实施许可期间可以放弃专利权吗？

专利实施许可是指专利权人许可他人在一定期限、一定地区、以一定方式实施其所拥有的专利，并向他们收取使用费用。专利实施许可仅转让了专利技术的使用权利，许可方（专利权人）仍拥有专利的所有权，被许可方只获得专利技术实施的权利，并没拥有专利所有权。所以，一般实施许可期间，专利权人可以放弃专利权。

438 申请人如何确认同日提交的申请为相同的发明创造？

申请人如何确认同一天提交的发明专利申请和实用新型专利申请是相同的发明创造？申请人可以从国家知识产权局发出的发明专利授权通知书中的具体内容了解同一天提交的实用新型专利申请与发明专利申请是否属于同样的发明创造，具体如图 7-22 所示，图中截取了发明专利授权通知书中的部分内容，从通知书内容可以得出同一天提交的实用新型专利申请进入了放弃专利权程序，也就是说权利人同一天提交的两个专利申请属于同样的发明创造；而如果两个专利申请不属于同样的发明创造，则会勾选“未进入放弃专利权的程序。理由是：申请人声明放弃的专利与本发明专利申请不属于相同的发明创造”。

☒ 申请人于2018年06月13日提交专利号为201520771××××的“放弃专利权声明”，经审查：
☒ 进入放弃专利权的程序。
☐ 未进入放弃专利权的程序。理由是：申请人声明放弃的专利与本发明专利申请不属于相同的发明创造。

图 7-22 发明专利授权通知书部分内容

439 同日申请的实用新型专利已提交了放弃专利权声明，是否还需要继续缴纳年费？

根据相关规定，对于同日申请的放弃，放弃实用新型专利权声明的生效日为发明专利权的授权公告日，放弃的实用新型专利权自发明专利权的授权公告日起终止。根据上述规定，在发明专利权授权公告日之前，实用新型专利仍然要保持专利权维持状态，而专利权人在法定保护期限内，只有依法向国家知识产权局缴纳规定的年费，才能使专利权处于“专利权维持”状态，所以实用新型专利在发明专利权的授权公告日之前仍然需要按要求缴纳足额年费。

440 专利权被宣告无效，在此之前人民法院作出的专利侵权判决还有效吗？

《专利法》第 47 条规定，宣告无效的专利权视为自始即不存在。但此处需要注意的是，虽然宣告无效的专利权被视为自始不存在，但宣告专利权无效的决定，对在宣告专利权无效前人民法院作出并已执行的专利侵权的判决、调解书，已经履行或者强制执行的专利侵权纠纷处理决定，以及已经履行的专利实施许可合同和专利权转让合同，不具有追溯力。依照上述规定不返还专利侵权赔偿金、专利使用费、专利权转让费，但因专利权人的恶意给他人造成的损失，应当给予赔偿，因明显违反公平原则的，专利权人应当全部或者部分返还专利侵权赔偿金、专利使用费、专利权转让费。

第三节　其他法律手续

一、期限的延长

441 什么是期限的延长？

根据《专利法实施细则》第 6 条第 4 款的规定："当事人请求延长国务院专利行政部门指定的期限的，应当在期限届满前，向国务院专利行政部门说明理由并办理有关手续。"第 86 条第 1 款及第 3 款规定："当事人因专利申请权或者专利权的归属发生纠纷，已请求管理专利工作的部门调解或者向人民法院起诉的，可以请求国务院专利行政部门中止有关程序。""自请求中止之日起 1 年内，有关专利申请权或者专利权归属的纠纷未能结案，需要继续中止有关程序的，请求人应当在该期限内请求延长中止。"因此，本书所称的"期限的延长"即指当事人因正当理由不能在期限内进行或者完成某一行为或者程序时，向国家知识产权局请求延长相应期限办理的手续。

442 哪些期限可以请求延长？

根据《专利法实施细则》第 6 条第 4 款、第 86 条第 3 款及《专利审查指南》第五部分第七章 4.1 及 7.4 的规定，可以请求延长的期限仅限于指定期限。

指定期限是指国家知识产权局在根据专利法及其实施细则作出的各种通知中，规定申请人（或专利权人）、其他当事人作出答复或者进行某种行为的期限。例如，在发明专利初步审查程序中，根据《专利审查指南》第一部分第一章 3.2、3.3 的规定，发明专利初审审查程序中，对于申请文件存在可以通过补正克服缺陷的专利申请，国家知识产权局发出的补正通知书应指定答复期限。对于申请文件存在不可能通过补正方式克服的明显实质性缺陷的专利申请，国家知识产权局发出的审查意见通知书也会指定答复期限。在发明专利实质审查程序中，根据《专利法》第 37 条的规定，"国务院专利行政部门对发明专利申请进行实质审查后，认为不符合本法规定的，应当通知申请人，要求其在指定的期限内陈述意见"。指定期限一般为 2 个月，发明专利申请的实质审查程序中申请人答复第一次审查意见通知书的期限为 4 个月。

此外，根据《专利审查指南》第五部分第七章 7.4"中止的期限"规定，中止期限也可以延长。可以请求延长的中止期限是指当地方知识产权管理部门或者人民法院受理了专利申请权（或专利权）权属纠纷时，国家知识产权局根据权属纠纷的当事人的请求中止有关程序的期限，该期限一般不得超过1年。

需要注意的是：

（1）无效宣告程序中，国家知识产权局专利局复审和无效审理部指定的期限不得延长。

（2）法定期限也不得延长，例如，发明专利申请的实质审查请求期限（自申请日起3年内）、申请人办理登记手续的期限（自收到通知书之日起2个月内）不得延长。

443 何时可以提交延长期限请求？

期限届满前均可以提交延长期限请求。

案例 7-7：

某件专利申请，国家知识产权局于2022年10月13日发出第二次补正通知书，指定期限为2个月，自收到通知书之日起算。该通知书推定收到日为2022年10月18日，答复期限的届满日即2022年12月28日。当事人在2022年12月28日（含）之前均可以提交延长期限请求。

444 如何办理期限延长手续？

请求延长期限，应当提交延长期限请求书（图7-23），并缴纳延长期限请求费。请注意：

（1）延长期限请求书应在所要求延长的期限届满日之前提交，并应准确填写相应内容。如果请求延长指定期限，其中第2栏“请求内容”，请勾选第一项“根据专利法实施细则第6条第4款的规定，请求延长国家知识产权局于________年_____月_____日发出的___________通知书（发文序号_______________）中指定的期限”，准确填写要求延长期限的通知书发文日、通知书名称及发文序号，同时勾选请求延长的时间（一个月或二个月），还应在第3栏中写明请求延长期限的理由；如果请求延长中止期限，第2栏“请求内容”应勾选第二项“根据专利法实施细则第86条第3款的规定，请求延长上述专利申请或者专利的中止程序”，并在第3栏写明请求延长期限的理由，在第4栏填写附件清单并提交权属纠纷受理部门出具的说明尚未结案原因的证明文件。

（2）延长期限请求费应在所要求延长的期限届满日之前缴纳，延长期限请求费以月计算，第一次请求延长每月300元；第二次请求延长每月2000元。

值得注意的是，若请求延长复审程序中的指定期限，则应当使用复审程序延长期限请求书（图7-24）。

445 谁可以办理期限延长手续？

如果专利申请或专利已委托专利代理机构的，期限延长的手续则应当由专利代理机构办理，延长期限请求书第5栏应由专利代理机构加盖公章。如果专利申请或专利未委托专利代理机构，则延长期限的手续应由专利申请的申请人或中止程序的请求人办理。如果申请人或者请求人为个人的，延长期限请求书第 5 栏应当由本人签字或者盖章；申请人或者请求人为单位的，延长期限请求书第 5 栏应当加盖单位公章。如果有多个申请人，延长期限请求书第 5 栏则应由代表人签字或者盖章。

延长期限请求书

请按照"注意事项"正确填写本表各栏

<table>
<tr><td rowspan="3">①
专利或申请 专利申请</td><td>申请号或专利号</td><td rowspan="3">此框由国家知识产权局填写
递交日

申请号条码

挂号条码</td></tr>
<tr><td>发明创造名称</td></tr>
<tr><td>申请人或专利权人</td></tr>
<tr><td colspan="3">②请求内容：
□根据专利法实施细则第 6 条第 4 款的规定，请求延长国家知识产权局于_____年_____月_____日发出的______________________通知书（发文序号 __________________）中指定的期限。
请求延长的时间：□一个月 □二个月
□根据专利法实施细则第 86 条第 3 款的规定，请求延长上述专利申请或者专利的中止程序。</td></tr>
<tr><td colspan="3">③请求延长期限的理由：</td></tr>
<tr><td colspan="3">④附件清单
□</td></tr>
<tr><td colspan="2">⑤申请人或请求人或专利代理机构签字或者盖章

年 月 日</td><td>⑥国家知识产权局处理意见

年 月 日</td></tr>
</table>

图 7-23 延长期限请求书示例

复审程序延长期限请求书

请按照 "注意事项" 正确填写本表各栏

<table>
<tr><td rowspan="3">②
专
利
申
请</td><td>申请号</td><td>① 案件编号</td></tr>
<tr><td colspan="2">发明创造名称</td></tr>
<tr><td colspan="2">复审请求人</td></tr>
<tr><td colspan="3">③ 请求内容：
根据专利法实施细则第 6 条第 4 款的规定，对上述专利申请的指定期限请求延长。
☐ 针对_____年_____月_____日国家知识产权局发出的__________通知书（发文序号__________）中指定的期限请求延长。
☐</td></tr>
</table>

④ 请求延长的期限	期限截止日期	请求延长的时间（以月计算）

<table>
<tr><td colspan="2">⑤ 请求延长期限的理由：</td></tr>
<tr><td colspan="2">⑥ 附件清单
☐</td></tr>
<tr><td>⑦ 复审请求人或专利代理机构签字或者盖章

年　月　日</td><td>⑧国家知识产权局处理意见

年　月　日</td></tr>
</table>

图 7-24　复审程序延长期限请求书示例

446 期限可以延长多久？

（1）指定期限。对同一通知或者决定中指定的期限，一次延长一般不超过 2 个月。延长的期限不足 1 个月的，以 1 个月计算。

（2）中止期限。对于专利申请权（或专利权）权属纠纷的当事人提出的中止请求，中止期限自请求中止之日起一般不超过 1 年。中止程序可以延长一次，延长的期限不得超过 6 个月。

延长请求经审查后国家知识产权局会发出延长期限审批通知书，符合规定的，将更改该期限的届满日并在通知书中告知；不符合规定的，通知书中会告知不予延长的理由。

案例 7-8：

某件专利申请，国家知识产权局发出的补正通知书指定的答复期限届满日为 2022 年 12 月 28 日，当事人于 2022 年 12 月 28 日提交延长期限请求书（部分内容如图 7-25 所示），符合规定，国家知识产权局发出延长期限审批通知书（图 7-26），告知当事人同意延长国家知识产权局于 2022 年 10 月 13 日发出的第二次补正通知书中规定的期限，该期限延长至 2023 年 1 月 30 日。

②请求内容：

☒ 根据专利法实施细则第6条第4款的规定，请求延长国家知识产权局于2022年10月13日发出的第二次补正通知书（发文序号 2022101001×××）中指定的期限。

请求延长的时间：☒一个月　☐二个月

☐ 根据专利法实施细则第86条第3款的规定，请求延长上述专利申请或者专利的中止程序。

③请求延长期限的理由：

申请人未能在规定的期限内完成答复第二次补正通知书的工作。

图 7-25 延长期限请求书部分内容示例

延 长 期 限 审 批 通 知 书

上述专利申请，当事人于 2022 年 12 月 28 日提出延长期限请求，经审查，符合专利法实施细则第 6 条第 4 款及第 99 条第 2 款的规定，同意延长国家知识产权局于 2022 年 10 月 13 日发出的第二次补正通知书中规定的期限，该期限延长至 2023 年 1 月 30 日。

图 7-26 延长期限审批通知书示例

二、申请日的更正

447 什么情形下可以请求更正申请日？

根据《专利审查指南》第五部分第三章“4.申请日的更正”的规定，申请人收到专利申请受理通知书之后认为该通知书上记载的申请日与邮寄该申请文件日期不一致的，可以请求国家知识产权局更正申请日。申请人应在递交专利申请文件之日起2个月内或者申请人收到专利申请受理通知书1个月内提出。

448 如何办理更正申请日手续？

应提交意见陈述书，并提交收寄专利申请文件的邮局出具的寄出日期的有效证明。证明中注明的寄出挂号号码与请求书中记录的挂号号码应一致。实践中申请人还可以提交以下证明文件：

（1）挂号信函收据或EMS信函详情单原件；

（2）挂号信函收据或 EMS 信函详情单复印件及邮局出具的加盖公章的证明文件原件；

（3）国家邮政网中记载的挂号信或 EMS 邮件跟踪信息查询记录及邮局出具的加盖公章的证明文件原件；

（4）邮局出具的加盖公章的国家邮政网中记载的挂号信或 EMS 邮件跟踪信息查询记录等。

案例 7-9：

某专利申请国家知识产权局确定的申请日为2022年6月8日，申请人提交意见陈述书，陈述该专利申请的申请文件于2022年6月5日就送到邮局，国家知识产权局当地专利代办处2022年6月8日才收到邮件，请求更正申请日为2022年6月5日。根据确定申请日的规则[❶]，通过邮局邮寄递交到国家知识产权局专利代办处的专利申请，以信封上的寄出邮戳日为申请日。但是该专利申请文件寄出的信封上没有邮戳，则以国家知识产权局专利代办处收到日为申请日。因此，国家知识产权局发出审查业务专用函（图 7-27），告知申请人如果对确定的申请日有异议，还可以进一步补交证明文件请求更正申请日。

审 查 业 务 专 用 函

上述专利申请或专利，申请人或专利权人于2022年07月19日提出意见陈述书，经审查，答复如下：

经核实，EMS 信封上没有邮戳，因此以收到日为申请日。若当事人对确定的申请日有异议，可以提交以下证明文件，请求更正申请日：

（1）挂号信函收据或EMS信函详情单原件；

（2）挂号信函收据或EMS信函详情单复印件以及邮局出具的加盖公章的证明文件原件；

（3）国家邮政网中记载的挂号信或 EMS 邮件跟踪信息查询记录以及邮局出具的加盖公章的证明文件原件；

（4）邮局出具的加盖公章的国家邮政网中记载的挂号信或EMS邮件跟踪信息查询记录。

图 7-27　针对更正申请日请求的审查业务专用函示例

❶ 详见本书第一章第一节问题 21 的解答。

449 如何得知申请日是否更正？

准予更正申请日的，国家知识产权局会修改专利申请的申请日，并发出修改更正通知书（图 7-28）；不予更正申请日的，国家知识产权局会对此更正申请日的请求发出视为未提出通知书，并说明理由。

修 改 更 正 通 知 书

国家知识产权局于××××年 5 月 19 日发出的专利申请受理通知书存在错误，予以更正。

更正项目：申请日
更正前：××××年 05 月 02 日；
更正后：××××年 05 月 01 日。

图 7-28 更正申请日的修改更正通知书示例

450 文件递交日可以请求更正吗？

当事人对国家知识产权局确定的其他文件递交日有异议的，也可提交意见陈述书请求更正文件递交日。请求更正文件递交日，应当提交国家知识产权局出具的收到文件回执、收寄邮局出具的证明或者其他有效证明材料。对于文件递交日更正请求的提出期限没有限制。

法条链接

◆ 《专利法》

第 9 条第 1 款 同样的发明创造只能授予一项专利权。但是，同一申请人同日对同样的发明创造既申请实用新型专利又申请发明专利，先获得的实用新型专利权尚未终止，且申请人声明放弃该实用新型专利权的，可以授予发明专利权。

第 32 条 申请人可以在被授予专利权之前随时撤回其专利申请。

第 44 条 有下列情形之一的，专利权在期限届满前终止：

（一）没有按照规定缴纳年费的；

（二）专利权人以书面声明放弃其专利权的。

专利权在期限届满前终止的，由国务院专利行政部门登记和公告。

◆ 《专利法实施细则》

第 6 条第 4 款 当事人请求延长国务院专利行政部门指定的期限的，应当在期限届满前，向国务院专利行政部门说明理由并办理有关手续。

第 36 条 申请人撤回专利申请的，应当向国务院专利行政部门提出声明，写明发明创造的名称、申请号和申请日。

撤回专利申请的声明在国务院专利行政部门作好公布专利申请文件的印刷准备工作后提出的，申请文件仍予公布；但是，撤回专利申请的声明应当在以后出版的专利公报上予以公告。

第 41 条 两个以上的申请人同日（指申请日；有优先权的，指优先权日）分别就同样的发明创造申请专利的，应当在收到国务院专利行政部门的通知后自行协商确定申请人。

同一申请人在同日（指申请日）对同样的发明创造既申请实用新型专利又申请发明专利的，应当在申请时分别说明对同样的发明创造已申请了另一专利；未作说明的，依照专利法第九条第一款关于同样的发明创造只能授予一项专利权的规定处理。

国务院专利行政部门公告授予实用新型专利权，应当公告申请人已依照本条第二款的规定同时申请了发明专利的说明。

发明专利申请经审查没有发现驳回理由，国务院专利行政部门应当通知申请人在规定期限内声明放弃实用新型专利权。申请人声明放弃的，国务院专利行政部门应当作出授予发明专利权的决定，并在公告授予发明专利权时一并公告申请人放弃实用新型专利权声明。申请人不同意放弃的，国务院专利行政部门应当驳回该发明专利申请；申请人期满未答复的，视为撤回该发明专利申请。

实用新型专利权自公告授予发明专利权之日起终止。

第 86 条第 1 款 当事人因专利申请权或者专利权的归属发生纠纷，已请求管理专利工作的部门调解或者向人民法院起诉的，可以请求国务院专利行政部门中止有关程序。

第 86 条第 3 款 管理专利工作的部门作出的调解书或者人民法院作出的判决生效后，当事人应当向国务院专利行政部门办理恢复有关程序的手续。自请求中止之日起 1 年内，有关专利申请权或者专利权归属的纠纷未能结案，需要继续中止有关程序的，请求人应当在该期限内请求延长中止。期满未请求延长的，国务院专利行政部门自行恢复有关程序。

附　录

附录一　国家知识产权局近年发布的相关公告

1.《关于全面推行专利证书电子化的公告》（第 515 号）

为贯彻落实党中央、国务院关于加强数字政府建设的决策部署，持续提高专利审查服务信息化和便利化水平，国家知识产权局自 2023 年 2 月 7 日（含当日）起，全面推行专利证书电子化。

当事人以电子形式申请并获得专利授权的，通过专利业务办理系统下载电子专利证书；以纸质形式申请并获得专利授权的，按照《领取电子专利证书通知书》中告知的方式下载电子专利证书。

特此公告。

国家知识产权局
2023 年 1 月 19 日

2.《关于专利、商标、集成电路布图设计受疫情影响相关期限事项的公告》（第 350 号）

为落实党中央、国务院防控新型冠状病毒感染肺炎疫情的决策部署，切实维护受疫情影响的当事人办理专利、商标、集成电路布图设计等事务的合法权益，根据突发事件应对法、专利法及其实施细则、商标法及其实施条例、集成电路布图设计保护条例及其实施细则等法律法规规章的有关规定，现对专利、商标、集成电路布图设计等事务办理的相关期限事项公告如下：

一、当事人因疫情相关原因延误专利法及其实施细则规定的期限或者国家知识产权局指定的期限，导致其权利丧失的，适用专利法实施细则第六条第一款的规定。当事人可以自障碍消除之日起 2 个月内，最迟自期限届满之日起 2 年内，请求恢复权利。请求恢复权利的，无需缴纳恢复权利请求费，但需提交恢复权利请求书，说明理由，附具相应的证明材料，同时办理权利丧失前应当办理的相应手续。

二、当事人因疫情相关原因延误商标法及其实施条例规定的期限或者国家知识产权局指定的期限，导致其不能正常办理相关商标事务的，相关期限自权利行使障碍产生之日起中止，待权利行使障碍消除之日继续计算，法律另有规定的除外；因权利行使障碍导致其商标权利丧失的，可以自权利行使障碍消除之日起2个月内提出书面申请，说明理由，出具相应的证明材料，请求恢复权利。

三、当事人因疫情相关原因延误集成电路布图设计保护条例及其实施细则规定的期限或者国家知识产权局指定的期限，导致其权利丧失的，适用集成电路布图设计保护条例实施细则第九条第一款的规定。当事人可以自障碍消除之日起2个月内，最迟自期限届满之日起2年内，请求恢复权利。请求恢复权利的，无需缴纳恢复权利请求费，但需提交恢复权利请求书，说明理由，附具相应的证明材料，同时办理权利丧失前应当办理的相应手续。

四、办理专利、商标、集成电路布图设计等事务的各类期限，届满日在2020年春节假期期间的，期限届满日将根据国务院办公厅有关春节假期的安排顺延至假期结束后第一个工作日。

特此公告。

国家知识产权局

2020年1月28日

3.《关于电子专利证书和专利电子申请通知书电子印章相关事项的公告》（第349号）

为贯彻落实党中央、国务院关于深化“放管服”改革的决策部署，优化营商环境，为创新主体提供高效便捷的服务，国家知识产权局对专利电子申请的专利证书和通知书相关事项进行调整。现公告如下：

一、对于授权公告日在2020年3月3日（含当日）之后的专利电子申请，国家知识产权局将通过专利电子申请系统颁发电子专利证书，不再颁发纸质专利证书。如有需要，电子申请注册用户可以通过专利电子申请网站（http://cponline.cnipa.gov.cn）提出请求，获取一份纸质专利证书。

二、自2020年2月17日起，专利申请受理阶段通知书不再使用“国家知识产权局专利申请受理章”，改为“国家知识产权局专利审查业务章”。

三、自2020年2月17日起，国家知识产权局专利局、各专利代办处以及各知识产权保护中心/快速维权中心不再提供专利电子申请通知书和决定的纸件副本；对于国家知识产权局已发出且没有签章的电子文件形式的通知书和决定，如有需要，电子申请注册用户可以通过专利电子申请网站提出请求，下载带有电子印章的通知书和决定。

四、用户可以通过专利电子申请网站对带有电子印章的电子专利证书、通知书及决定电子文件进行校验，相关操作流程及校验指南参见专利电子申请网站帮助文件。

国家知识产权局

2020年1月23日

4.《国家知识产权局发布《关于规范申请专利行为的办法》的公告》(第411号)

为认真贯彻落实党中央、国务院关于加强知识产权保护的各项决策部署，全面提高专利质量，确保实现专利法鼓励真实创新活动的立法宗旨，恪守诚实信用原则，国家知识产权局制定《关于规范申请专利行为的办法》，现予发布，自发布之日起施行。

特此公告。

国家知识产权局

2021 年 3 月 11 日

关于规范申请专利行为的办法

第一条 为坚决打击违背专利法立法宗旨、违反诚实信用原则的各类非正常申请专利行为，依据专利法及其实施细则、专利代理条例等有关法律法规，制定本办法。对于非正常申请专利行为及非正常专利申请，按照本办法严格审查和处理。

第二条 本办法所称非正常申请专利行为是指任何单位或者个人，不以保护创新为目的，不以真实发明创造活动为基础，为牟取不正当利益或者虚构创新业绩、服务绩效，单独或者勾联提交各类专利申请、代理专利申请、转让专利申请权或者专利权等行为。

下列各类行为属于本办法所称非正常申请专利行为：

（一）同时或者先后提交发明创造内容明显相同、或者实质上由不同发明创造特征或要素简单组合变化而形成的多件专利申请的；

（二）所提交专利申请存在编造、伪造或变造发明创造内容、实验数据或技术效果，或者抄袭、简单替换、拼凑现有技术或现有设计等类似情况的；

（三）所提交专利申请的发明创造与申请人、发明人实际研发能力及资源条件明显不符的；

（四）所提交多件专利申请的发明创造内容系主要利用计算机程序或者其他技术随机生成的；

（五）所提交专利申请的发明创造系为规避可专利性审查目的而故意形成的明显不符合技术改进或设计常理，或者无实际保护价值的变劣、堆砌、非必要缩限保护范围的发明创造，或者无任何检索和审查意义的内容；

（六）为逃避打击非正常申请专利行为监管措施而将实质上与特定单位、个人或地址关联的多件专利申请分散、先后或异地提交的；

（七）不以实施专利技术、设计或其他正当目的倒买倒卖专利申请权或专利权，或者虚假变更发明人、设计人的；

（八）专利代理机构、专利代理师，或者其他机构或个人，代理、诱导、教唆、帮助他人或者与之合谋实施各类非正常申请专利行为的；

（九）违反诚实信用原则、扰乱正常专利工作秩序的其他非正常申请专利行为及相关行为。

第三条　国家知识产权局在专利申请受理、初审、实审、复审程序或者国际申请的国际阶段程序中发现或者根据举报得知，并初步认定存在本办法所称非正常申请专利行为的，可以组成专门审查工作组或者授权审查员依据本办法启动专门审查程序，批量集中处理，通知申请人，要求其立即停止有关行为，并在指定的期限内主动撤回相关专利申请或法律手续办理请求，或者陈述意见。

申请人对于非正常申请专利行为初步认定不服的，应当在指定期限内陈述意见，并提交充分证明材料。无正当理由逾期不答复的，相关专利申请被视为撤回，相关法律手续办理请求被视为未提出。

经申请人陈述意见后，国家知识产权局仍然认为属于本办法所称非正常申请专利行为的，可以依法驳回相关专利申请，或者不予批准相关法律手续办理请求。

申请人对于国家知识产权局上述决定不服的，可以依法提出行政复议申请、复审请求或者提起行政诉讼。

第四条　对于被认定的非正常专利申请，国家知识产权局可以视情节不予减缴专利费用；已经减缴的，要求补缴已经减缴的费用。

对于屡犯等情节严重的申请人，自认定非正常申请专利行为之日起五年内对其专利申请不予减缴专利费用。

第五条　对于存在本办法第二条第二款第（八）项所述非正常申请专利行为的专利代理机构或者专利代理师，由中华全国专利代理师协会采取自律措施，对于屡犯等情节严重的，由国家知识产权局或者管理专利工作的部门依法依规进行处罚。

对于存在上述行为的其他机构或个人，由管理专利工作的部门依据查处无资质专利代理行为的有关规定进行处罚，违反其他法律法规的，依法移送有关部门进行处理。

第六条　管理专利工作的部门和专利代办处发现或者根据举报得知非正常申请专利行为线索的，应当及时向国家知识产权局报告。

管理专利工作的部门对于被认定存在非正常申请专利行为的单位或者个人应当按照有关政策文件要求执行有关措施。

第七条　对于存在第二条所述行为的单位或者个人，依据《中华人民共和国刑法》涉嫌构成犯罪的，依法移送有关机关追究刑事责任。

第八条　本办法自发布之日起施行。

5.《国家知识产权局关于〈专利审查指南〉修改的公告》（第328号）

为适应新技术快速发展的需要，回应创新主体对审查规则和审查模式的新诉求，提高专利审查质量和审查效率，国家知识产权局决定对《专利审查指南》作出修改。现予以发布，自 2019 年 11 月 1 日起施行。

特此公告。

国家知识产权局
2019 年 9 月 23 日

国家知识产权局关于修改《专利审查指南》的决定

（节选涉及发明初审及法律手续部分内容）

国家知识产权局决定对《专利审查指南》作如下修改：

一、第一部分第一章第 5.1.1 节的修改

将《专利审查指南》第一部分第一章第 5.1.1 节第（3）项第 5 段修改为：

但是，因审查员发出分案通知书或审查意见通知书中指出分案申请存在单一性的缺陷，申请人按照审查员的审查意见再次提出分案申请的，再次提出分案申请的递交时间应当以该存在单一性缺陷的分案申请为基础审核。不符合规定的，不得以该分案申请为基础进行分案，审查员应当发出分案申请视为未提出通知书，并作结案处理。

将《专利审查指南》第一部分第一章第 5.1.1 节第（4）项修改为：

（4）分案申请的申请人和发明人

分案申请的申请人应当与提出分案申请时原申请的申请人相同。针对分案申请提出再次分案申请的申请人应当与该分案申请的申请人相同。不符合规定的，审查员应当发出分案申请视为未提出通知书。

分案申请的发明人应当是原申请的发明人或者是其中的部分成员。针对分案申请提出的再次分案申请的发明人应当是该分案申请的发明人或者是其中的部分成员。对于不符合规定的，审查员应当发出补正通知书，通知申请人补正。期满未补正的，审查员应当发出视为撤回通知书。

本节其他内容无修改。

二、第一部分第一章第 6.7.2.2 节的修改

将《专利审查指南》第一部分第一章第 6.7.2.2 节第（2）项修改为：

（2）申请人（或专利权人）因权利的转让或者赠与发生权利转移提出变更请求的，应当提交双方签字或者盖章的转让或者赠与合同。必要时还应当提交主体资格证明，例如：有当事人对专利申请权（或专利权）转让或者赠与有异议的；当事人办理专利申请权（或专利权）转移手续，多次提交的证明文件相互矛盾的；转让或者赠与协议中申请人或专利权人的签字或者盖章与案件中记载的签字或者盖章不一致的。该合同是由单位订立的，应当加盖单位公章或者合同专用章。公民订立合同的，由本人签字或者盖章。有多个申请人（或专利权人）的，应当提

交全体权利人同意转让或者赠与的证明材料。

本节其他内容无修改。

…………

二十二、第五部分第二章第7节的修改

将《专利审查指南》第五部分第二章第7节第1段中“可以在汇款当日通过传真或者电子邮件的方式补充。补充完整缴费信息的，以汇款日为缴费日。”修改为“应当在汇款当日通过专利局规定的方式及要求补充。”并删除第2段内容。

本节其他内容无修改。

二十三、第五部分第七章的修改

将《专利审查指南》第五部分第七章标题“期限、权利的恢复、中止”修改为“期限、权利的恢复、中止、审查的顺序”。

在《专利审查指南》第五部分第七章中增加第8节，内容如下：

8. 审查的顺序

8.1 一般原则

对于发明、实用新型和外观设计专利申请，一般应当按照申请提交的先后顺序启动初步审查；对于发明专利申请，在符合启动实审程序的其他条件前提下，一般应当按照提交实质审查请求书并缴纳实质审查费的先后顺序启动实质审查；另有规定的除外。

8.2 优先审查

对涉及国家、地方政府重点发展或鼓励的产业，对国家利益或者公共利益具有重大意义的申请，或者在市场活动中具有一定需求的申请等，由申请人提出请求，经批准后，可以优先审查，并在随后的审查过程中予以优先处理。按照规定由其他相关主体提出优先审查请求的，依照规定处理。适用优先审查的具体情形由《专利优先审查管理办法》规定。

但是，同一申请人同日（仅指申请日）对同样的发明创造既申请实用新型又申请发明的，对于其中的发明专利申请一般不予优先审查。

8.3 延迟审查

申请人可以对发明和外观设计专利申请提出延迟审查请求。发明专利延迟审查请求，应当由申请人在提出实质审查请求的同时提出，但发明专利申请延迟审查请求自实质审查请求生效之日起生效；外观设计延迟审查请求，应当由申请人在提交外观设计申请的同时提出。延迟期限为自提出延迟审查请求生效之日起1年、2年或3年。延迟期限届满后，该申请将按顺序待审。必要时，专利局可以自行启动审查程序并通知申请人，申请人请求的延迟审查期限终止。

8.4 专利局自行启动

对于专利局自行启动实质审查的专利申请，可以优先处理。

本章其他内容无修改。

本决定自2019年11月1日起施行。

6. 《关于停征和调整部分专利收费的公告》（第272号）

为进一步减轻社会负担，促进专利创造保护，根据《财政部国家发展改革委关于停征、免征和调整部分行政事业性收费有关政策的通知》（财税〔2018〕37号）精神，国家知识产权局将于2018年8月1日起停征和调整部分专利收费，现公告如下：

一、停征专利收费（国内部分）中的专利登记费、公告印刷费、著录事项变更费（专利代理机构、代理人委托关系的变更），PCT（《专利合作条约》）专利申请收费（国际阶段部分）中的传送费。对于缴费期限届满日在2018年7月31日（含）前的上述费用，应按现行规定缴纳。

二、对符合《专利收费减缴办法》（财税〔2016〕78号）有关条件的专利申请人或者专利权人，专利年费的减缴期限由自授权当年起6年内，延长至10年内。对于2018年7月31日（含）前已准予减缴的专利，作如下处理：处于授权当年起6年内的，年费减缴期限延长至第10年；处于授权当年起7-9年的，自下一年度起继续减缴年费直至10年；处于授权当年起10年及10年以上的，不再减缴年费。

三、对进入实质审查阶段的发明专利申请，在第一次审查意见通知书答复期限届满前（已提交答复意见的除外）主动申请撤回的，可以请求退还50%的专利申请实质审查费。

根据上述调整，国家知识产权局对费用减缴请求书、意见陈述书（关于费用）等请求类表格作了修改，新版表格将于2018年8月1日起正式启用（表1、表2)，旧版表格同时停用。

特此公告。

附件：1.费用减缴请求书（申请日后提交适用）

2.意见陈述书（关于费用）

国家知识产权局

2018年6月15日

附录二　专利申请及手续用标准表格

1. 发明专利请求书

发 明 专 利 请 求 书

请按照“注意事项”正确填写本表各栏

				此框由国家知识产权局填写
⑦发明名称				①申请号
				②分案提交日
⑧发明人	发明人1		□不公布姓名	③申请日
	发明人2		□不公布姓名	④费减审批
	发明人3		□不公布姓名	⑤向外申请审批
⑨第一发明人国籍或地区 居民身份证件号码				⑥挂号号码
⑩申请人	□全体申请人请求费用减缴且已完成费用减缴资格备案			
	申请人(1)	姓名或名称		申请人类型
		国籍或注册国家（地区）		电子邮箱
		居民身份证件号码或统一社会信用代码		电话
		经常居所地或营业所所在地信息	经常居所地或营业所所在地	邮政编码
			省、自治区、直辖市	市县
			城区（乡）、街道、门牌号	
	申请人(2)	姓名或名称		申请人类型
		国籍或注册国家（地区）		电子邮箱
		居民身份证件号码或统一社会信用代码		电话
		经常居所地或营业所所在地信息	经常居所地或营业所所在地	邮政编码
			省、自治区、直辖市	市县
			城区（乡）、街道、门牌号	
	申请人(3)	姓名或名称		申请人类型
		国籍或注册国家（地区）		电子邮箱
		居民身份证件号码或统一社会信用代码		电话
		经常居所地或营业所所在地信息	经常居所地或营业所所在地	邮政编码
			省、自治区、直辖市	市县
			城区（乡）、街道、门牌号	
⑪联系人	姓　名		电话	电子邮箱
	省、自治区、直辖市			邮政编码
	市县		城区（乡）、街道、门牌号	

续表

<table>
<tr><td colspan="3">⑫代表人为非第一署名申请人时声明</td><td colspan="4">特声明第____署名申请人为代表人</td></tr>
<tr><td rowspan="4">⑬专利代理机构</td><td colspan="6">□声明已经与申请人签订了专利代理委托书且本表中的信息与委托书中相应信息一致</td></tr>
<tr><td colspan="3">名称</td><td colspan="3">机构代码</td></tr>
<tr><td rowspan="2">代理师(1)</td><td>姓　名
执业证号
电　话</td><td rowspan="2">代理师(2)</td><td colspan="3">姓　名
执业证号
电　话</td></tr>
<tr></tr>
<tr><td>⑭分案申请</td><td colspan="2">原申请号</td><td colspan="2">针对的分案申请号</td><td colspan="2">原申请日　年　月　日</td></tr>
<tr><td rowspan="2">⑮生物材料样品</td><td colspan="4">保藏单位名称（代码）</td><td>是否存活</td><td>□是　□否</td></tr>
<tr><td colspan="2">保藏日期　年　月　日</td><td colspan="2">保藏编号</td><td colspan="2">分类命名</td></tr>
<tr><td>⑯序列表</td><td colspan="6">□本专利申请涉及核苷酸或氨基酸序列表</td></tr>
<tr><td>⑰遗传资源</td><td colspan="6">□本专利申请涉及的发明创造是依赖于遗传资源完成的</td></tr>
<tr><td rowspan="6">⑱要求优先权声明</td><td>序号</td><td>原受理机构名称</td><td colspan="2">在先申请日</td><td colspan="2">在先申请号</td></tr>
<tr><td>1</td><td></td><td colspan="2"></td><td colspan="2"></td></tr>
<tr><td>2</td><td></td><td colspan="2"></td><td colspan="2"></td></tr>
<tr><td>3</td><td></td><td colspan="2"></td><td colspan="2"></td></tr>
<tr><td>4</td><td></td><td colspan="2"></td><td colspan="2"></td></tr>
<tr><td>5</td><td></td><td colspan="2"></td><td colspan="2"></td></tr>
<tr><td>⑲不丧失新颖性宽限期声明</td><td colspan="6">□已在国家出现紧急状态或者非常情况时，为公共利益目的首次公开
□已在中国政府主办或承认的国际展览会上首次展出
□已在规定的学术会议或技术会议上首次发表
□他人未经申请人同意而泄露其内容</td></tr>
</table>

续表

<table>
<tr><td>⑳保密请求</td><td colspan="2">□本专利申请可能涉及国家重大利益，请求按保密申请处理
□已提交保密证明材料</td></tr>
<tr><td>㉑同日申请</td><td colspan="2">□声明本申请人对同样的发明创造在申请本发明专利的同日申请了实用新型专利</td></tr>
<tr><td>㉒提前公布</td><td colspan="2">□请求早日公布该专利申请</td></tr>
<tr><td>㉓请求实质审查</td><td colspan="2">□根据专利法第35条的规定，请求对该专利申请进行实质审查。
请求对本申请延迟审查，延迟期限为 □1年 □2年 □3年
□申请人声明，放弃专利法实施细则第51条规定的主动修改的权利。</td></tr>
<tr><td>㉔摘要附图</td><td colspan="2">指定说明书附图中的图_____为摘要附图</td></tr>
<tr><td colspan="2">㉕申请文件清单
1. 请求书 页
2. 说明书摘要 页
3. 权利要求书 页
4. 说明书 页
5. 说明书附图 页
6. 核苷酸或氨基酸序列表 页
7. 计算机可读形式的序列表 份

权利要求的项数 项</td><td>㉖附加文件清单
□实质审查请求书 页
□实质审查参考资料 份
□优先权转让证明 份
□优先权转让证明中文题录 页
□保密证明材料 份
□专利代理委托书 页
总委托书备案编号（__________）
□在先申请文件副本 份
□在先申请文件副本中文题录 页
□生物材料样品保藏及存活证明 份
□生物材料样品保藏及存活证明中文题录 页
□向外国申请专利保密审查请求书 页
□其他证明文件（注明文件名称） 份
□</td></tr>
<tr><td colspan="2">㉗全体申请人或专利代理机构签字或者盖章

年 月 日</td><td>㉘国家知识产权局审核意见

年 月 日</td></tr>
</table>

发明专利请求书外文信息表

<table>
<tr><td>发明名称</td><td colspan="2"></td></tr>
<tr><td rowspan="3">发明人姓名</td><td>发明人 1</td><td></td></tr>
<tr><td>发明人 2</td><td></td></tr>
<tr><td>发明人 3</td><td></td></tr>
<tr><td rowspan="3">申请人名称及地址</td><td>申请人 1</td><td>名称
地址</td></tr>
<tr><td>申请人 2</td><td>名称
地址</td></tr>
<tr><td>申请人 3</td><td>名称
地址</td></tr>
</table>

2. 专利代理委托书

专 利 代 理 委 托 书

请按照“注意事项”正确填写本表各栏

根据专利法第18条的规定

委　托 ________________________________ 机构代码（__________）

1. 代为办理名称为 ______________________________ 的发明创造

申请或专利（申请号或专利号为__________）以及在专利权有效期内的全部专利事务。

2. 代为办理名称为____________________

专利号为____________________的专利权评价报告或实用新型专利检索报告。

3. 代为办理名称为____________________

申请号或专利号为____________________的中止程序请求。

4. 其他 ____________________

专利代理机构接受上述委托并指定专利代理师__________、__________办理此项委托。

委托人（单位或个人）　　　　（盖章或签字）

____

被委托人（专利代理机构）　　　　（盖章）

____

年　　月　　日

3. 补正书

补 正 书

请按照“注意事项”正确填写本表各栏

		此框由国家知识产权局填写
①专利申请	申请号	递交日
	发明创造名称	申请号条码
	申请人	挂号条码

② 补正原因

□根据专利法实施细则第 51 条的规定，请求对上述专利申请主动提出修改。

□根据专利法实施细则第 44 条的规定，针对国家知识产权局于______年____月_____日发出的____________通知书（发文序号__________________），进行补正。

③补正内容	文件名称	文件中的位置	补 正 前	补 正 后

④附件清单

□已备案的证明文件备案编号：________________

□

⑤ 申请人或专利代理机构签字或者盖章	⑥ 国家知识产权局处理意见

4. 著录项目变更申报书

著录项目变更申报书

请按照"注意事项"正确填写本表各栏

①专利或申请专利	申请号或专利号	本框由国家知识产权局填写 递交日
	发明创造名称	申请号条码
	申请人或专利权人	挂号条码

②□针对________通知书（发文序号________）进行著录项目变更。

③变更项目	变更前	变更后
□发明人或者设计人		
□申请人或者专利权人事项: □姓名或者名称 变更类型: □更名□转移 □继承□其他 □国籍或注册国家（地区） □地址、邮编 □统一社会信用代码或居民身份证件号码 □联系电话 □		
□联系人事项: □姓名 □地址、邮编 □联系电话 □		
□专利代理事项: □代理机构名称、代码 □专利代理师 □执业证号 □联系电话 □		

④附件清单

□双方当事人签章的权利转移协议书
□全体权利人同意转让的证明材料
□全体权利人同意赠与的证明材料
□双方当事人签字或盖章的说明变更理由的证明文件
□上级主管部门或当地工商行政管理部门出具的变更名称的证明文件
□户籍管理部门出具的更改姓名的证明文件
□公证机关证明继承人合法地位的公证书
□地方知识产权管理部门的调解书
□人民法院的判决书或者调解书
□国务院商务主管部门出具的证明文件
□地方商务主管部门出具的证明文件
□变更后申请人或者专利权人的专利代理委托书
□公证材料
□已备案的证明文件备案号:________
□

⑤当事人或专利代理机构签字或者盖章	⑥ 国家知识产权局处理意见
年 月 日	年 月 日

5. 意见陈述书（关于费用）

意 见 陈 述 书（关 于 费 用）

请按照“注意事项”正确填写本表各栏

<table>
<tr><td rowspan="3">①
专利或申请 专利申请</td><td colspan="4">申请号或专利号</td><td>此框由国家知识产权局填写
递交日</td></tr>
<tr><td colspan="4">发明创造名称</td><td>申请号条码</td></tr>
<tr><td colspan="4">申请人或专利权人</td><td>挂号条码</td></tr>
<tr><td colspan="6">②陈述事项：</td></tr>
<tr><td rowspan="18">□退款请求</td><td rowspan="6">退款情形</td><td colspan="4">□根据专利法实施细则第 94 条第 4 款的规定请求退款
（提示：票据号码（收据号）请填写票据右上角号码）</td></tr>
<tr><td>费用种类</td><td>金额</td><td colspan="2">票据号码（收据号）</td></tr>
<tr><td></td><td></td><td colspan="2"></td></tr>
<tr><td></td><td></td><td colspan="2"></td></tr>
<tr><td colspan="4">□根据国家知识产权局第 272 号公告请求退 50%实审费
（提示：票据号码（收据号）请填写票据右上角号码）</td></tr>
<tr><td>票据号码（收据号）</td><td colspan="3"></td></tr>
<tr><td rowspan="3">退款账户</td><td>开户行：</td><td colspan="3">示例：交通银行—湖南省长沙市湘府支行</td></tr>
<tr><td>银行账号：</td><td colspan="3"></td></tr>
<tr><td>开户名称：</td><td colspan="3"></td></tr>
<tr><td rowspan="7">退款审批通知书收件人</td><td>姓名：</td><td colspan="3"></td></tr>
<tr><td rowspan="3">地址：</td><td>省、自治区、直辖市：</td><td colspan="2"></td></tr>
<tr><td>市县：</td><td colspan="2"></td></tr>
<tr><td>城区（乡）、街道、门牌号：</td><td colspan="2"></td></tr>
<tr><td>邮政编码：</td><td colspan="3"></td></tr>
<tr><td>手机号码：</td><td colspan="3"></td></tr>
<tr><td>电子邮箱：</td><td colspan="3"></td></tr>
<tr><td>委托声明</td><td colspan="4">□受缴款人委托请求退款

（提示：此处所称“缴款人”为收费票据“交款人”栏目填写的姓名或者名称）</td></tr>
</table>

续表

□请求转换费用种类

□缴纳专利费用后未收到国家知识产权局开出的费用收据

□针对国家知识产权局于________年________月________日发出的________通知书（发文序号________________）陈述意见

③陈述的意见：（第②栏中已填写事项请勿在此栏中重复）

④ 附件清单

□银行汇单原件 □邮局汇单原件 □费用收据原件
□加盖银行公章或经公证的银行汇单复印件
□加盖邮局公章或经公证的邮局汇单复印件
□费用收据复印件
□费用电子票据
□已备案的证明文件备案编号：_____
□

⑤ 缴款人、申请人（或专利权人）或专利代理机构签字或者盖章 年 月 日	⑥ 国家知识产权局处理意见 年 月 日

6. 费用减缴请求书（申请日后提交适用）

费 用 减 缴 请 求 书
（ 申 请 日 后 提 交 适 用 ）

请按照“注意事项”正确填写本表各栏

① 专利或申请 / 专利申请或专利		此框由国家知识产权局填写
	申请号或专利号	递交日
	发明创造名称	申请号条码
	申请人或专利权人	挂号条码

② 请求费用减缴

申请人/专利权人请求费用减缴，且已全体完成费减资格备案。

③ 申请人（或专利权人）或专利代理机构签字或者盖章	④ 国家知识产权局处理意见
年 月 日	年 月 日

7. 撤回专利申请声明

撤 回 专 利 申 请 声 明

请按照"注意事项"正确填写本表各栏

<table>
<tr><td rowspan="3">①
专
利
申
请</td><td>申请号</td><td rowspan="3">此框由国家知识产权局填写
递交日

申请号条码

挂号条码</td></tr>
<tr><td>发明创造名称</td></tr>
<tr><td>申请人</td></tr>
<tr><td colspan="3">② 声明内容:

根据专利法第32条的规定，声明撤回上述专利申请。</td></tr>
<tr><td colspan="3">③全体申请人或代表人签字或者盖章</td></tr>
<tr><td colspan="3">④附件清单
☐全体申请人同意撤回专利申请的证明
☐已备案的证明文件备案编号：________
☐</td></tr>
<tr><td colspan="2">⑤专利代理机构盖章

年 月 日</td><td>⑥ 国家知识产权局处理意见

年 月 日</td></tr>
</table>

8. 放弃专利权声明

放弃专利权声明

请按照“注意事项”正确填写本表各栏

<table>
<tr><td rowspan="3">①
专
利</td><td colspan="2">专　利　号</td></tr>
<tr><td colspan="2">发明创造名称</td></tr>
<tr><td colspan="2">专利权人</td></tr>
<tr><td colspan="3">② 声明内容：
□根据专利法第 44 条第 1 款第 2 项的规定，专利权人声明放弃上述专利权。
□根据专利法第 9 条第 1 款的规定，专利权人声明放弃上述专利权。
注：同样的发明创造申请号为 ________________。
□无效宣告程序中，根据专利法第 9 条第 1 款的规定，专利权人声明放弃上述专利权。
注：同样的发明创造专利号为 ________________。</td></tr>
<tr><td colspan="3">③全体专利权人或代表人签字或者盖章</td></tr>
<tr><td colspan="3">④附件清单
□全体专利权人同意放弃专利权的证明
□已备案的证明文件备案编号：________________
□</td></tr>
<tr><td colspan="2">⑤专利代理机构盖章

年　月　日</td><td>⑥ 国家知识产权局处理意见

年　月　日</td></tr>
</table>

9. 意见陈述书

<table>
<tr><td colspan="3" align="center">意 见 陈 述 书</td><td>此框由国家知识产权局填写</td></tr>
<tr><td rowspan="3">①
专利或专利申请</td><td colspan="2">申请号或专利号</td><td>递交日</td></tr>
<tr><td colspan="2">发明创造名称</td><td>申请号条码</td></tr>
<tr><td colspan="2">申请人或专利权人</td><td>挂号条码</td></tr>
<tr><td colspan="4">② 陈述事项：关于费用的意见陈述请使用意见陈述书（关于费用）
以下选项只能选择一项
☐针对国家知识产权局于____年____月____日发出的____________通知书（发文序号____________）陈述意见。
☐针对国家知识产权局于____年____月____日发出的____________通知书（发文序号____________）补充陈述意见。
☐主动提出修改（根据专利法实施细则第51条第1款、第2款的规定）。
☐其他事宜。</td></tr>
<tr><td colspan="4">③ 陈述的意见：</td></tr>
<tr><td colspan="4">④附件清单
☐已备案的证明文件备案编号：____________
☐</td></tr>
<tr><td colspan="2">⑤ 当事人或专利代理机构签字或者盖章

年 月 日</td><td colspan="2">⑥ 国家知识产权局处理意见

年 月 日</td></tr>
</table>